Marion Gräfin Dönhoff

Der südafrikanische Teufelskreis

Reportagen und Analysen
aus drei Jahrzehnten

Deutsche Verlags-Anstalt
Stuttgart

CIP-Kurztitelaufnahme der Deutschen Bibliothek

Dönhoff, Marion Gräfin:
Der südafrikanische Teufelskreis:
Reportagen u. Analysen aus 3 Jahrzehnten/
Marion Gräfin Dönhoff. –
Stuttgart: Deutsche Verlags-Anstalt, 1987.
ISBN 3-421-06349-4

© 1987 Deutsche Verlags-Anstalt GmbH, Stuttgart
Alle Rechte vorbehalten
Lektorat: Margot Adrion
Typographische Gestaltung: Brigitte Müller
Satz: Setzerei Lihs, Ludwigsburg
Druck und Bindearbeit:
Mohndruck Graphische Betriebe GmbH, Gütersloh
Printed in Germany

Inhalt

Die achtziger Jahre

Vorwort

Dieses Buch umfaßt die Berichte, die ich in den Jahren von 1960 bis zum Frühjahr 1987 über Südafrika schrieb. Berichte, die von Sharpeville bis zu den ersten Einbrüchen in die Front der herrschenden *National Party* reichen – also von der Demonstration unbegrenzter Macht bis zu dem Moment, da nun nagender Zweifel einen Teil der Herrschenden erfaßt hat.

Südafrika ist ein Lehrstück für die Verführbarkeit des Menschen durch Macht und für den Erfindungsreichtum der Herrschenden, die ihre Interessen und Vorurteile mit moralischen Motiven so zu camouflieren wissen, daß die Erfinder schließlich selbst die Maskerade für echt halten.

Die Apartheid, die dem Außenstehenden als ein primitives, vorindustrielles System erscheint, ist in Wahrheit eine komplizierte und raffinierte Kombination von wirtschaftlichen Interessen, rassischen Vorurteilen und politischen Zwecken. Eine Kombination, die scheinbar unbeabsichtigt ein außerordentlich effizientes Herrschaftssystem darstellt. Die Nederduitse Gereformeerde Kerk, die große, repräsentative burische Kirche Südafrikas, hat diesem System noch besondere Weihen verliehen, indem sie die Apartheid theologisch rechtfertigte und also mit der Lehre von der gottgewollten Inferiorität der Schwarzen *den* Menschen, die dieses System praktizieren, jeglichen moralischen Skrupel ersparte.

Die Wirklichkeit Südafrikas ist durch viele Fakten bestimmt. Die beiden wichtigsten sind *erstens*: Eine Minderheit regiert ohne die Zustimmung der Mehrheit, der die Bürgerrechte vorenthalten werden. *Zweitens*: Eine hochentwickelte Industrie-gesellschaft ist mit einem armen, unterentwickelten Land der Dritten Welt zu einer nicht homogenen Einheit verwoben: Jemand hat einmal gesagt, der Computer sei als Instrument für die Apartheid ebenso charakteristisch wie der Sjambok, die Peitsche aus Elefantenhaut, mit der die Polizei die Schwarzen in Schach hält.

Seit die portugiesischen Kolonien Mozambique und Angola, die eine Art Pufferzone zwischen Südafrika und der Masse der schwarzafrikanischen Staaten bilden, selbständig geworden sind, hat sich für Pretoria vieles verändert. Das Land, das Jahrzehnte im Windschatten der Geschichte gelebt hat und jede Veränderung als Sünde gegen die Ordnung der Väter empfand, sieht sich plötzlich mit der Wirklichkeit des ausgehenden 20. Jahrhunderts konfrontiert. Nun steht es vor der Notwendigkeit, in einem »großen Sprung vorwärts« das nachzuholen, was versäumt wurde: die Anpassung an die geschichtliche Entwicklung. Und dies ist schwer, denn es heißt, die Macht nicht mehr monopoli-sieren zu können, sondern sie mit anderen teilen zu müssen. Das aber hat es wahrscheinlich noch nie gegeben, daß eine herr-schende Schicht Macht aufgibt, ohne durch Revolution oder Krieg dazu gezwungen zu sein.

Die Schwarzen, vor allem die junge Generation, sind sich plötzlich ihrer Situation bewußt geworden – aus ihrer Perspek-tive ist Südafrika das letzte Kolonialgebiet des afrikanischen Kontinents. Sie rebellieren, aber da sie keine Möglichkeit haben, sich politisch zu artikulieren und keine Macht, um ihre Wünsche durchzusetzen, suchen sie Zuflucht im Terrorismus. So begann die Eskalation von schwarzer Radikalität und polizeilicher Bru-talität, die der Ausnahmezustand, den die Regierung verhängt hat, zu stoppen versucht.

Gewiß ist die militärische Macht der Regierung unvergleich-lich viel größer als die Gewalt des Terrorismus, dennoch vermag Terror, wie man weiß, eine Gesellschaft zu zerstören. Schließlich sind weder die Franzosen in Algier noch die Portugiesen in Angola oder Mozambique militärisch besiegt worden, sondern ausschließlich durch wachsenden Terror.

Die Regierung ist überzeugt, daß hinter den Unruhen nichts anderes als der Kommunismus steckt. Sie bezeichnet jeden, der gegen Apartheid ist, als Kommunisten. Folge: Die Schwarzen ihrerseits identifizieren jeden, der für Apartheid eintritt, im Umkehrverfahren als Feind des Kommunismus, und ergo setzen sie Apartheid mit Kapitalismus gleich. Wodurch zukünftige Reformen ebenso erschwert werden dürften wie durch die Verteufelung des ANC, die die Botha-Regierung betreibt.

Die Führer des ANC, Nelson Mandela und Oliver Tambo, sind politisch denkende, sich verantwortlich fühlende Menschen, die offiziell und privat immer wieder erklärt haben, daß sie sich einen Mehr-Rassen-Staat wünschen, nicht eine umgekehrte Apartheid, durch welche die Weißen ihrer Rechte beraubt würden. Aber sie sind entschlossen, nicht auf Gewalt zu verzichten, solange das Regime der *National Party* seinerseits mit Gewalt diskriminierende Gesetze aufrechterhält, die der schwarzen Mehrheit das Recht vorenthalten, Staatsbürger zu sein, und die ihnen nicht gestatten zu leben und zu arbeiten, wo sie wollen.

Die Problematik Südafrikas enthält allen Zündstoff für eine lebensgefährliche Explosion. Es könnte sein, daß dort das letzte Kapitel dieses an Katastrophen so reichen Jahrhunderts geschrieben wird. Es könnte sein, aber es muß nicht sein, denn alle Beteiligten haben doch ein Interesse daran, das Land nicht zu ruinieren: die südafrikanischen Weißen, der ANC sowie die anderen Befreiungsgruppen, die Masse der Schwarzen und schließlich auch der Westen.

Es wäre absurd, wenn die Südafrikaner aller Farben nicht einen Weg fänden, um in gemeinsamen Verhandlungen ein Konzept für die Zukunft ihres Landes zu entwickeln – denn schließlich ist es ja ihrer aller Land.

Hamburg, im März 1987   *Marion Dönhoff*

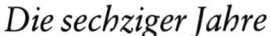

Die sechziger Jahre

Vom Umgang mit Afrikanern

Ob der Schwarze Erdteil kommunistisch wird, hängt allein vom Westen ab

Als ich aufbrach, Afrika zu bereisen, war es Dezember, und alle Welt machte sich mit dem Gedanken vertraut, daß im Jahre 1960 vier afrikanische Staaten ihre Unabhängigkeit erhalten würden. Inzwischen ist, gewissermaßen über Nacht, als fünfter noch der belgische Kongo hinzugekommen. Zusammen machen diese fünf Staaten rund ein Drittel der Bevölkerung des schwarzen Afrika aus.

Der Weg, den sie einschlagen, wird also von großer Bedeutung für die Entwicklung des ganzen Kontinents sein. Und überdies: Die Unabhängigkeit dieser fünf Staaten bedeutet fünf Stimmen mehr in der UN, und genau das ist es, worum es diesen Ländern *außenpolitisch* geht. Sie alle halten den UN-Botschafterposten in New York für den bei weitem wichtigsten.

Wir Europäer stehen seit Jahren im Zeichen des Ost-West-Konflikts. Wir sehen, daß diese Spannung die Afrikaner herzlich wenig interessiert. Aber wir müssen uns sagen: Seit Jahren wird um jede Handbreit ideologischen Bodens, sozusagen um jede Seele in der bekannten Welt, gerungen, und da taucht mit einem Male ein ganzer Kontinent neu aus dem Dunkel politischer Verschwommenheit auf und gewinnt Gestalt. Welche Chancen eröffnen sich! Welche Risiken zeichnen sich ab!

Augenblicklich tut jeder, was er kann. Die politische Prominenz des Westens bereist Afrika. Allein in den drei Monaten, in denen ich bisher durch West- und Zentralafrika gereist bin, traf ich einmal de Gaulle, zweimal Macmillan, dreimal Hammarskjöld. Ich traf Mr. Wilcox, den Unterstaatssekretär des amerikanischen *State Department,* und nicht zu vergessen Billy Graham, der auch sein Scherflein beiträgt. Seit Wochen reist er predigend durch Afrika. Und bei ihm möchte ich einen Moment verweilen...

Ich erlebte dieses modernen amerikanischen Propheten erstes afrikanisches Auftreten in Lagos, und es sei gleich gesagt, daß sich das Publikum weit weniger exaltiert und hysterisch gebärdete als in Europa. Etwa 30 000 Afrikaner. Sehr viele junge Männer. Auch Frauen mit Kindern an der Hand und Babys auf dem Rücken. Sie alle hatten sich in der Abenddämmerung auf dem Rennplatz von Lagos eingefunden. Sie lagerten auf dem Rasen, saßen oder hockten im Kreise, in Reihen oder wie es sich jeweils ergab.

Viele knieten. Alle lauschten andächtig, während die Nacht heraufzog und immer mehr Sterne am Himmel aufgingen. Hatte ich mich je zuvor in einer so menschlichen, so natürlich frommen Gemeinde befunden? Jedes Lied sangen sie auswendig. Nach jedem Bibelwort, das Billy Graham zitierte, sprach die Menge unaufgefordert und wie selbstverständlich das Amen. Es klang wie das Heranbrausen einer Brandungswelle, die dann langsam wieder verebbte.

Hier ein paar Sätze, die ein vorzüglicher *public relation*-Dienst durch Rundfunk und Zeitungen verbreitete: »Das Schicksal Afrikas wird nicht allein durch den *wirtschaftlichen* und *politischen* Fortschritt bestimmt werden, so wichtig dieser auch sein mag – Afrika muß in dieser Stunde der Entscheidung seine *geistige* Richtung wählen... Alle Vorteile, deren wir uns erfreuen, und jeder Fortschritt der westlichen Zivilisation wurde allein durch den Einfluß des christlichen Evangeliums ermöglicht. Wir beten dafür, daß Afrika in dieser seiner Stunde der Entscheidung sich für Jesus Christus entschließen möge.«

Niemand hat wohl angenommen, daß die Russen inzwischen untätig geblieben sind. Und der Einfluß der kommunistischen Welt hat sich ja soeben gezeigt, da Guinea die Kontakte zur DDR enger gestaltet hat – zum Leidwesen der Bundesrepublik Deutschland, deren Regierung sich doch viel vertrauensvolle Mühe um den Präsidenten Sekou Touré gemacht hat. Aber wir müssen damit rechnen, daß das Personal der Botschaften der Ostblockländer, das sogleich nach Eintritt der Unabhängigkeit in den verschiedenen afrikanischen Staaten seine Tätigkeit aufnimmt, längst in allen Wesenszügen des afrikanischen Brauchtums geschult wurde.

Ein wissenschaftliches Institut, das sich mit der Geschichte und Kultur Afrikas befaßt, ist in Moskau gegründet worden, und der Botschafter, den die Sowjetunion unlängst für Guinea ernannt hat, ist kein anderer als jener Nahostspezialist, der sich seinerzeit in Syrien die Sporen verdiente, indem er den Arabern tschechische Waffen aufschwatzte.

Das ist Moskaus Methode: Dort Waffen gegen Israel, hier Kenntnis afrikanischer Geschichte und Kultur – jedem das, wonach sein Herz begehrt! Bei alledem ist klar, daß die Sowjets den Afrikanern nicht mit dem Kommunismus ins Haus fallen. Sie wissen genau, daß es viel wirkungsvoller ist, die jungen Völker ernst zu nehmen und sie wie ausgewachsene, gleichberechtigte Nationen zu behandeln; wirkungsvoll vor allem, solange viele Europäer sich darin gefallen, immer wieder zu betonen: *You know, they are children ... ils sont des enfants ... im Grunde sind es ja alles Kinder...*

Gewiß sollten wir uns entschließen, einer Eigenschaft zu entsagen, die offensichtlich ein europäisches Charaktermerkmal ist: Wir sind arrogant. Wir glauben, daß Weltgeschichte *eo ipso* europäische Geschichte sei. Sie beginnt mit den Griechen und hat immer um den Mittelmeerraum und dessen Ausstrahlung gekreist. Aber beispielsweise die Chinesen und die alten orientalischen Reiche haben wir eigentlich nie für »ganz voll« genommen. Und am Ende halten wir gar – mindestens unbewußt – den modernen Aufstieg Amerikas, aber auch Rußlands für eine Panne der Weltgeschichte. Kurzum, wir neigen dazu – und das spielt in unserem Verhältnis zu Afrika eine entscheidende Rolle – *unser* System, *unsere* Weltanschauung, unseren *way of life* zum Maß aller Dinge zu machen. Und je nach unserer persönlichen Mentalität schauen wir gutmütig oder hochmütig lächelnd auf alle herab, die unser »Ziel der Klasse nicht erreichen«, weil sie andere Ziele haben.

Hier und nirgends anders sitzt das Problem. Hier findet man die Wurzel aller Anti-Weiß-Reaktionen und allen Mißtrauens gegen uns in Afrika. Kredite sind wichtig, aber sie sind nicht das Wichtigste. Das, was am nötigsten gebraucht wird, ist menschliche Achtung. Aber die ist nur möglich, wenn man versucht, diese so ganz anders gearteten Kulturen und Anschauungen nach ihren eigenen Maßstäben zu werten und ihre Bedeutung nicht an unserer Welt technischer *efficiency* zu messen.

Wieso eigentlich sind in unseren Augen alle diejenigen Menschen »Kinder«, die sich bescheiden, weil sie beschaulich leben wollen, und die, wenn sie in vier Tagen genug verdient haben, um davon sieben Tage leben zu können, den Rest der Woche unter einem Baum sitzen? Warum sind alle diejenigen Kinder, die nicht wissen, wie man Elektronengehirne bedient? Übrigens: Weiß jeder unter uns Europäern, die wir auf den Knopf drücken und das Radio anstellen oder den Hörer abnehmen und telefonieren, wirklich, was da eigentlich vor sich geht?

Was sagt Johny, der *houseboy,* in seinem Pidgin-English, als er dem Koch erklärt, was ein Dummkopf sei: »*An ignorant is someone who don't know the truth you know. All white people are ignorants.*« Ein Dummkopf ist ein Mensch, der nichts von den dir bekannten Wahrheiten weiß. Alle Weißen sind Ignoranten... *Johannesburg, im März 1960*

Sie sagen Partnerschaft und
meinen Apartheid

Wohin bläst der Wind in Afrika?
In Njassaland
scheiden sich die Geister

Der Oberste Gerichtshof von Njassaland liegt etwas außerhalb von Blantyre, der wichtigsten Geschäftsstadt des Landes. Vor dem stattlichen, modernen Gebäude stehen seit Wochen Tag für Tag mehrere Reihen Autos. Ihre Besitzer, oder vielmehr deren unbeschäftigte Ehefrauen, sitzen drinnen dicht gedrängt auf der steil ansteigenden Tribüne und verfolgen gespannt das Schauspiel, das sich dort bietet: Presse contra Polizei und Polizei contra Presse, »die weißen Raben«, so werden sie von den Schwarzen genannt, die dort ebenso interessiert lauschen wie die skeptisch-überlegen dreinblickenden Damen.

Es ist keine Gerichtsverhandlung im eigentlichen Sinne, sondern eine Kommission, die die Engländer eingesetzt haben, um zu untersuchen, was eigentlich den stürmischen Ereignissen zugrunde lag, die sich während Macmillans Besuch im Januar vor seinem Hotel in Blantyre abgespielt haben. Die englischen Korrespondenten, die ihren Premierminister begleiteten, hatten ihrer Empörung über die »rücksichtslosen und provozierenden Maßnahmen« der Polizei freien Lauf gelassen. Die Polizei wiederum war wütend über die »unfaire, einseitige Berichterstattung«.

Argwöhnische Wachsamkeit und festgenagelte, vorfabrizierte Urteile beherrschen die Verhandlung auf beiden Seiten: hier die Polizei, mit der die weiße Bevölkerung sich identifiziert, und dort die zugereiste Presse, die angeblich keine Ahnung davon hat, was im Lande los ist, die aber selber meint, dafür sehr viel besser zu wissen, woher der Wind draußen in der Welt bläst – ein Wind, der nun auch das ferne Njassaland erreichte.

17

Genau an dieser Frage aber scheiden sich die Geister, an der Frage nämlich: Ist das, was hier vorgeht, Teil jener großen sozialen Revolution, die einst von Europa ausging, dann Asien erfaßte und jetzt Afrika überrollt, oder ist es ein isolierter Vorgang, das Werk von ein paar zufällig zusammengelaufenen Extremisten, mit denen man aufräumen muß? Die Frage bildet nicht den Gegenstand der Untersuchung im Obersten Gerichtshof, aber sehr deutlich deren Hintergrund.

Von den vielen Leuten, den offiziellen wie den privaten, die ich hier gesprochen habe, glauben nur drei an »den Wind«, und nur sie möchten entsprechend handeln. Alle anderen sagen: »Wir werden ihnen den Unsinn schon austreiben – immer feste druff.«

Da war Mr. Blackwood, Justitiar einer großen Handelsfirma und Mitglied des Gesetzgebenden Rates. Er sagte: »Gut, daß Macleod (der Kolonialminister), ehe er hierherkommt, nach Salisbury geht – die werden ihm erst einmal den Marsch blasen.«

Mr. Blackwood, etwa 40 Jahre alt, schwarzes Bärtchen, scharfes Profil, beruft sich mehrfach auf den großen Bruder, Sir Roy Welensky, den Premierminister der Föderation in Salisbury: »Wenn das Kolonialministerium den Banda rausläßt und es Unruhen gibt – was unvermeidlich ist –, dann holen wir die Bundestruppen aus Südrhodesien herein. Zweieinhalb Bataillone sind schon hier, und dann können die uns alle...«

»Wer alle?«

»Nun, sowohl die Schwarzen wie *Her Majesty's Government*!«

»Ja, aber Sie können doch Dr. Banda und die 206 Afrikaner, die seit über einem Jahr ohne Gerichtsverfahren in Haft gehalten werden (ursprünglich waren es 1346), nicht in alle Ewigkeit hinter Schloß und Riegel lassen?«

»Warum nicht? Wir wissen, daß es Blutvergießen gibt, wenn Banda herauskommt, und es ist unsere Pflicht, Blutvergießen zu verhindern.« Der Justitiar blickt *suffisant* und überlegen drein. Aber er wird sich noch wundern: Ich glaube nicht, daß die Regierung in London seine Meinung teilt. Allerdings gewinnt man den Eindruck, daß die dem englischen Kolonialministerium unterstehende örtliche Regierung überhaupt nicht weiß, was sie will.

Selten noch sah ich so rat- und planlose Leute: Banda im Gefängnis ist für sie auf die Dauer ein peinlicher und unhaltbarer Zustand, aber Banda in Freiheit erscheint ihnen offenbar noch gefährlicher. Resultat: Sie wissen nicht, was sie tun sollen.

Die Weißen sagen, wir lassen nicht zu, daß Njassaland die Föderation verläßt und eine schwarze Regierung bekommt, wie Banda es fordert, und die Schwarzen sagen, wir lassen nicht mit uns reden, es sei denn, Njassa scheide aus der Föderation aus. Wir wollen nicht von jenen Reaktionären regiert werden, für die ein Afrikaner ein Mensch zweiter Klasse ist.

Vom 21. März bis 6. April tagt die *Monckton Commission* in Njassaland, die von den meisten Afrikanern boykottiert wird; in der gleichen Zeit kommt Macleod, den die meisten Europäer gern boykottieren würden, weil sie fürchten, er werde sie nach dem Muster von Kenya und Tanganjika »verkaufen«. Ratlosigkeit und Spannung steigen gleichermaßen.

Die Europäer haben Weisung bekommen, mit weißer Farbe große Zahlen auf die Dächer ihrer Häuser zu malen, damit bei einem etwaigen Einsatz von Flugzeugen die europäischen Wohnungen nicht gefährdet werden. Eine Maßnahme, die kaum zweckmäßig erscheinen kann, zeigt sie doch, wie hilflos die Regierung ist. Und überdies: Sollte es Unruhen geben, dann möchte ich das Haus sehen, das keine weiße Zahl auf dem Dache hat…

Der einzige, der wenigstens von einem Plan spricht, ist Mr. Allen Dixon, ebenfalls Mitglied des Gesetzgebenden Rates und im Hauptberuf Manager einer großen Firma. Sonnengebräunt, offen, ehrlich, freundschaftlich, ein Mann von echtem Schrot und Korn, aber der rettende Geist in einer politisch offenbar arg verfahrenen Lage? Nein, das dürfte er wohl kaum sein.

Die Engländer haben sich in Njassaland eine eigene Welt aufgebaut: Reiche gepflegte Teeplantagen, Geschäfts- und Handelshäuser, Gärten, Villen, Straßen, Hospitäler. Diese Engländer wissen, was sie geleistet haben. Und sie sagen: »Wenn hier etwas geändert wird – Selbstregierung der Afrikaner oder so – dann sollen die erst mal beweisen, daß sie es ebenso gut können wie wir.« Es sind im allgemeinen selbstbewußte, herrische Leute,

Männer der Tat, denen eine »ehrliche Haut« mehr gilt als »intellektuelle Rechtsverdreher und Haarspalter«. Politik ist ihnen ein »garstig Geschäft«.

Wie also sieht Mr. Dixons Plan aus? »Zunächst einmal müssen Sie bedenken«, sagt er, »daß die Afrikaner hier in Zentralafrika noch nicht so weit sind wie die in Westafrika. Die hier können einfach die Regierung noch nicht übernehmen.«

»Wie lange würde es nach Ihrer Meinung dauern, sie darauf vorzubereiten?«

»Vielleicht sechs bis zehn Jahre.«

»Heißt das denn nicht, daß die Afrikaner heute bereits so weit wären, wenn man 1953 bei Gründung der Föderation die Partnerschaft ernst genommen hätte?«

Dieser Logik kann sich Mr. Dixon nicht verschließen. Aber er meint, verpaßt sei verpaßt, nun müsse man eben aus den Fehlern lernen und schleunigst einen Zehnjahresplan aufstellen. Daß man mit solchen Fristen nur rechnen kann, wenn man sie rechtzeitig und freiwillig einräumt, und jedenfalls dann nicht mehr, wenn einem die Revolution das Gesetz des Handelns diktiert – das will ihm nicht in den Sinn.

»Mir ist es egal«, sagt er, »ob die Leute schwarz, weiß oder grün sind. Mir kommt es nur darauf an, daß diejenigen, die regieren, *educated* – gebildet – sind. Sobald dies der Fall ist, gibt's für mich keinen Unterschied zwischen Schwarz und Weiß.«

Wie oft habe ich diesen Satz hier gehört! Die Forderung, daß schwarze Analphabeten zu gebildeten Afrikanern werden müssen, ist ja die Grundlage der Partnerschaft und der Schlüssel nicht nur des Wahlsystems, sondern aller hiesigen Politik überhaupt. Der Satz ist also einleuchtend. Aber ist er wirklich ernst gemeint?

Wenn man Orton Chirwa hört, den Vorsitzenden der führenden afrikanischen *Malawi Congress Party,* möchte man daran zweifeln. Orton Chirwa ist Rechtsanwalt; soweit ich weiß, der einzige afrikanische Rechtsanwalt, den es in Njassa gibt. Kein Zweifel also, daß er zu den »Gebildeten« gehört. Er hat in London studiert und ist dort am Gericht zugelassen. Aber die Mehrzahl der Engländer in Blantyre würde nicht mit ihm zusammen am gedeckten Tisch Platz nehmen, weil er von schwarzer Hautfarbe ist – obgleich der gedeckte Tisch, den ich in seinem Hause sah, um kein Haar anders war als der irgendeines Weißen.

Chirwas Frau hat die höhere Schule besucht und spricht vorzüglich Englisch. Sie erwartet ein Baby und kam gerade vom Arzt, als ich ihren Mann besuchte. Im Krankenhaus darf sie nicht in die Abteilung der Europäer, wie es sich für einen *educated African* im Zeichen der Partnerschaft eigentlich gehören würde, sondern muß die afrikanische Abteilung konsultieren. Dort aber gibt es nicht einmal Bänke, so daß die Frauen auf dem Boden sitzen müssen, während sie – gewöhnlich stundenlang – warten.

Die Chirwaschen Kinder dürfen nicht in die europäische Schule gehen, auch nicht in die asiatische Schule der indischen Kolonie. Sie müssen die bei weitem schlechteste, die afrikanische besuchen. Schwer zu verstehen, wie auf diese Weise eine gebildete Schicht entstehen soll. Und ebenso schwer zu verstehen, warum man dieses Verfahren *Partnerschaft* und nicht *Apartheid* nennt, wie es die Südafrikaner sehr viel ehrlicher tun. Leicht verständlich hingegen, daß Orton Chirwa inzwischen so verbittert ist, daß er jedem Kompromiß abhold ist.

Ich sprach mit einem jungen Mann, der sein Studium in der Südafrikanischen Union absolviert hat – einem Mann von ruhigem, überlegenem Urteil und Manieren, die jedem Oxford-Zögling Ehre machen würden. Auch er war, wie alle gebildeten Afrikaner, in Haft gewesen. Jetzt ist er *grade one education officer* und hat eine verantwortliche Stellung. Sein Gehalt beträgt 650 Pfund im Jahr, also 650 DM im Monat.

Ein Engländer, der genau die gleiche Ausbildung und die gleichen Examen hat, beginnt genau die gleiche Tätigkeit mit einem Gehalt von 900 Pfund im Jahr...

Partnerschaft? Erziehung einer afrikanischen Elite?

Ich glaube, die Versäumnisse der Weißen auf diesem Gebiet sind weit zahlreicher als ihre Leistungen. Da gab es eine einzige Handwerksschule im Lande: Kanjedza, wo Mechaniker, Elektriker, Zimmerleute ausgebildet werden. Aber seit den Unruhen vor einem Jahr dient sie nicht mehr diesem nützlichen Zweck, sondern ist in ein Konzentrationslager umgewandelt worden: Stacheldraht, Wachtürme, Baracken...

Ich war dort und habe mit sechs jungen Internierten gesprochen, die von ihren Kollegen zum Lagerausschuß gewählt worden waren. Von diesen sechs Burschen waren fünf Akademiker (es gibt im ganzen Lande nur ein paar Dutzend). Es waren intelligente, keineswegs extrem wirkende Leute, die vor allem einen Wunsch haben: an entscheidender Stelle für ihr Land und ihre Landsleute arbeiten zu dürfen.

Die fünf Universitätsabsolventen hatten übrigens die gleichen Erfahrungen gemacht wie jener junge Lehrer. »Ich habe ausgerechnet«, sagte einer von ihnen, »daß ich erst im elften Jahr das Gehalt erreiche, mit dem ein Europäer im ersten Jahr eingestellt wird.«

Partnerschaft? Bildung einer afrikanischen Elite:

Die afrikanische Elite Njassalands saß – und sitzt zum Teil noch heute – im Gefängnis und im Lager: Wie viele Hoffnungen, wieviel guter Wille, Talent und Begeisterung liegen hier seit einem Jahr brach, schlimmer: sind in dieser Zeit radikalisiert worden! Und wieviel bedeutet heute ein Jahr in Afrika!

Nein, Njassaland – vielleicht das landschaftlich schönste Land, das ich in Afrika sah – kann einen nicht froh machen. Hier wurde eine große Aufgabe verkannt und verraten, die entscheidende Aufgabe unserer Zeit in Afrika: Partnerschaft.

Blantyre, Njassaland, Ende März 1960

Polizei-Einsatz statt Politik

Die blutigen Ereignisse von Sharpeville

Unter Berufung auf Artikel 35 der UN-Charta hat die afrikanisch-asiatische Gruppe in den Vereinten Nationen eine Sondersitzung des Sicherheitsrates einberufen. Begründung: Die Tötung waffenloser Personen, die in Südafrika gegen die Rassendiskriminierung demonstrierten, habe eine Situation geschaffen, »die ernste Möglichkeiten internationaler Spannung mit Gefahr für Frieden und Sicherheit enthält«.

Es gibt zwei Versionen jener blutigen Vorgänge. Die eine stammt aus dem südafrikanischen Außenministerium, das behauptet, in Sharpeville hätten 20000 Afrikaner – teilweise mit Waffen ausgerüstet – demonstriert, und sie seien es gewesen, die das Feuer zuerst eröffneten; die Polizei habe nur in Notwehr gehandelt.

Der einzige Journalist, der die Ereignisse an Ort und Stelle von Anfang bis Ende mitgemacht hat, gibt die andere Version. Humphrey Tyler von *Drum* schreibt, er habe die Vorgänge aus nächster Nähe – nicht einmal hundert Meter von der Polizeistation entfernt – mit angesehen. Er schätzt die Anzahl der Anwesenden auf 3000 und schreibt: »Ich habe, ehe die Schießerei begann, keinerlei Aufforderung gehört, daß sich die Menge zerstreuen solle. Und als das Schießen einmal begonnen hatte, hörte es erst wieder auf, als sich nichts mehr regte auf dem großen Platz vor der Polizeistation.«

Tyler fährt fort: »Die Polizei behauptet, sie habe sich in höchster Gefahr befunden, weil die Menge sie mit Steinen beworfen habe. Dennoch hat man nur von drei Polizisten gehört, die von

Steinen getroffen wurden, während die Afrikaner 70 Tote und 200 Verletzte hatten. Die Polizei hat ferner angegeben, die Menge sei mit gefährlichen Waffen ausgerüstet gewesen, die später über den ganzen Platz verstreut lagen.« Tyler meint, er habe sich sehr genau umgesehen und keine einzige Waffe entdeckt: »Nur Hüte, Schuhe und ein paar Fahrräder lagen zwischen den Toten.«

Am 24. Januar dieses Jahres sind in der Nähe von Durban neun Polizisten – vier Weiße und fünf Schwarze – unter grausamsten Umständen von einer aufgebrachten Menschenmenge gelyncht und getötet worden. Es ist also durchaus denkbar, daß die Polizisten in Sharpeville eingedenk jener Ereignisse die Nerven verloren haben.

Zwei hohe Richter sollen jetzt untersuchen, wie es zu den blutigen Ereignissen des 21. März gekommen ist. Aber welche der beiden Versionen sich auch als richtig oder richtiger herausstellen mag, soviel steht fest: In jedem Falle ist eine Regierung keine Regierung, bei der die Polizisten und nicht die Politiker die Verantwortung tragen. Denn wenn es für große Teile der Bevölkerung – nein, für die Majorität – nicht möglich ist, auf normale Weise, das heißt im Parlament oder in der Presse, ihre Meinung oder ihr Mißfallen kundzutun, dann bleibt eben nur die Demonstration. Den Demonstranten aber bleiben als *ultima ratio* nur die Steine, und dem Staat unter solchen Umständen nur die Polizei.

Armer Staat, arme Schwarze – und arme Weiße, denen nichts Besseres einfällt. *Johannesburg, im März 1960*

Schwarz und Weiß in Südafrika

Die soziale Revolution ist das entscheidende
Problem, nicht die Farbe

Wenn man aus West- und Zentralafrika kommt und durch die
eintönige, menschenleere Urlandschaft Betschuanalands nach
Südafrika hineinfährt, dann ist der erste, alles andere überschat-
tende Eindruck: »Dies hier ist ein weißes Land.« Bis an den
Horizont dehnen sich große Schläge, üppige Maisfelder und
Viehkoppeln. Verschwunden sind Steppe, Dornbüsche, Urwäl-
der und die vielgestaltigen kleinen Ackerflächen, die des Afrika-
ners Hacke hier und dort der Wildnis abgerungen hat. Man
meint, eher durch Texas zu reisen als durch Afrika.

Dieses »weiße Land« wird von 10 Millionen Afrikanern, 1,5
Millionen Mischlingen und Asiaten und von nur 3 Millionen
Europäern bevölkert. Aber die Europäer, die 1652 die erste Nie-
derlassung am Kap gründeten, sind eben schon seit 300 Jahren
im Lande und haben ihm darum das bestimmende Gepräge gegeben. Die Europäer: das heißt die Holländer und Engländer, die
jahrhundertelang miteinander rivalisierten.

Heute scheint das entscheidende Problem das Verhältnis von
Weiß und Schwarz zu sein. Aber die alte intereuropäische Rivalität wirkt psychologisch noch immer als wichtiger Faktor weiter,
weil die Buren im Kampf gegen die Engländer jenen Nationalismus entwickelt haben, der wiederum ihr puritanisches Sendungsbewußtsein und wohl auch ihr Rassenbewußtsein verstärkt hat. Beide, das Sendungsbewußtsein wie der Rassenstolz,
stehen heute einer »vernünftigen« Entwicklung im Wege.

Einer vernünftigen Entwicklung, was heißt das? Die Südafrikaner sind sehr empfindlich gegenüber jeder kritischen Analyse

durch Außenstehende; übrigens berechtigterweise, denn die Probleme sind so kompliziert, daß ein »Zugereister« sich sicherlich nicht anmaßen kann, sie besser zu verstehen als ein Eingesessener. Eines freilich vermag der von außen Kommende sehr viel besser zu beurteilen als der Einheimische, nämlich was in der Welt vorgeht und was die Stunde geschlagen hat. Und das scheint mir ein wichtiger Punkt zu sein.

Die Südafrikaner (genau wie ihre Nachbarn in der zentralafrikanischen Föderation) meinen, das Aufbegehren der Bantus sei lediglich einigen Extremisten zuzuschreiben, die durch die UN, durch Moskau oder auch durch die Amerikaner vom Wege der Tugend abgebracht wurden. Die Masse der Schwarzen, so meinten sie bisher, sei mit der Herrschaft der Weißen sehr zufrieden, zumal sie in der Union wirtschaftlich besser gestellt sind als anderwärts.

Sie glauben, was heute in Südafrika vor sich geht, sei ein isolierter Vorgang, sozusagen zufälliger Natur, und Wiederholungen seien bei einiger Entschlossenheit durchaus vermeidbar. Sie sehen nicht, daß diese Ereignisse Teil einer großen weltumspannenden sozialen Revolution sind, bei der das Farben-Problem nur einen Teilaspekt darstellt – man könnte sagen: noch erschwerend hinzukommt. Nämlich Teil einer sozialen Revolution, die seit 1789 Europa verwandelt, zu Beginn unseres Jahrhunderts Rußland ergriff und seit dem Zweiten Weltkrieg in Indien die Maharadschas, in Ägypten die Paschas und jetzt in den unabhängigen afrikanischen Staaten die Häuptlinge »entthront« hat.

Mit anderen Worten: Wir erleben überall, wie eine hierarchische Gesellschaft in eine egalitäre umgewandelt wird. Genau dies aber sind die Südafrikaner fest entschlossen, bei sich zu verhindern. Die Ereignisse der letzten zehn Tage haben gezeigt, daß sie bereit sind, alle ihnen zur Verfügung stehenden Mittel – Waffen, Ausnahmezustand, Haftbefehle – einzusetzen, um die europäische Vorherrschaft aufrechtzuerhalten. Kein Zweifel, daß sie einstweilen über die nötigen Machtmittel verfügen.

Kein Zweifel aber auch, daß die letzten Ereignisse doch auch die Grenzen dieser Macht ahnen lassen. Die Zeitspanne, in der man sie wird ausüben können, muß sich zwangsläufig in dem Maße verkürzen, in dem man die gemäßigten Führer der Afrikaner einsperrt und auf diese Weise dazu beiträgt, daß sie durch immer radikalere ersetzt werden.

Häuptling Luthuli, ein maßvoller (viele Afrikaner finden, zu maßvoller) Führer des *African National Congress* und ein betonter Christ, wurde vor vier Jahren als Zentralfigur der damaligen Unruhen verhaftet. Bis gestern ist er für eine schwarz-weiße Zusammenarbeit eingetreten, was vor zwei Jahren dazu führte, daß der rassenbewußte Flügel unter Robert Mangisto Sobukwe absplitterte und den sehr viel extremeren *Pan Africanist Congress* gründete. Jetzt sind Luthuli und Sobukwe zusammen mit vielen anderen Führern und zugleich mit mehreren europäischen Liberalen eingesperrt worden. Ob er auch heute noch nach den blutigen Ereignissen von Sharpeville für Zusammenarbeit der beiden Rassen ist?

Viele Kenner des südafrikanischen Schauplatzes befürchten, daß die zwangsläufig in immer jüngere und immer unkompetentere Hände abgleitende Führung der Bantu-Bewegung infiltriert werden wird von der großen Zahl Krimineller und »halbstarker« Jugendlicher, die ohnehin den Schrecken der großen Städte Südafrikas bilden. Wenn das geschieht, dann würde binnen kurzem die verantwortliche, politisch denkende schwarze Minorität überwältigt werden von einem unverantwortlichen terroristischen Mob, der die Masse der Schwarzen zum Aufstand zwingt.

Was ist denn eigentlich die Politik der Regierung? Die Devise, mit der Malans nationales Kabinett 1948 antrat, lautete Zurückdrängung der Bantus in ihre Gebiete. Das allgemeine Gefühl, Smuts habe auf diesem Gebiet zu wenig getan, war ja die Ursache für den Regierungswechsel. »Totale Gebietstrennung« forderte Daniel Malan daher. Und Dr. Eiselen, heute Staatssekretär im Ministerium für Bantu-Angelegenheiten und -Entwicklung, schrieb damals: »Das Endziel ist die Trennung von Weißen und Eingeborenen in eigene, auf sich selbst gestellte Gesellschafts- und Wirtschaftseinheiten.« Er fügte hinzu, daß dies nicht über Nacht geschehen werde, daß aber beispielsweise ein Zwanzigjahresplan »keine einzige Härte mit sich brächte, sondern sich als nützliche Politik für Weiß und Schwarz gleichermaßen erweisen werde.« Das war 1948.

Heute, 1960, schreibt der ehemalige höchste Richter Südafrikas, H. A. Fagan, der als Vorsitzender einer Kommission für Eingeborenenfragen 1948 den *Fagan-Bericht* veröffentlichte: »Über die Hälfte der zwanzigjährigen Zeitspanne ist bereits vorüber, mit einer Regierung am Ruder, die darauf eingestellt ist, die Trennungspolitik auszuführen, und die alle Kräfte anspannt, um dies zu tun. Trotzdem fehlen alle Anzeichen, die auch nur den Anfang jenes Prozesses andeuten...«

Fagan meint, dies sei ein Beweis dafür, daß die totale Rassentrennung nicht möglich ist, weil die Bantu-Reservate gar nicht in der Lage seien, die Masse der Bantus aufzunehmen, und weil auch die seit Kriegsende pilzartig aus dem Boden geschossene Industrie unmöglich auf die Bantus als Arbeitskräfte verzichten könne.

Das eigentliche Kernproblem Südafrikas lautet: Wie kann man die Beziehungen der verschiedenen Rassen zueinander ordnen? Wenn aber die Entflechtung der Rassen, wie jener höchste Richter sagt, nicht möglich ist, dann müßte man eben die Frage neu stellen. Zum Beispiel sollte man fragen: Wie kann man die Kontakte so gestalten, daß ein Zusammenleben ohne restlose Unterwerfung der einen Gruppe durch die andere möglich wird?

Schließlich gibt es doch für beide gemeinsame Interessen, die keine der beiden Rassen für sich allein wahrnehmen könnte. Schließlich haben doch beide das gleiche Vaterland. Im Grunde also eigentlich genügend Voraussetzungen für ein mögliches Zusammenleben. Man muß nur alle Wege noch einmal neu überdenken; sonst gerät man immer tiefer in die Sackgasse hinein.

Doch das klingt schon fast wie ein Ratschlag. Und Ratschläge, auch von befreundeten Außenseitern, sind in Südafrika nicht beliebt. *Johannesburg, im April 1960*

Die letzte Schlacht des Burenkrieges

Südafrika stimmt für die Republik und damit gegen die englische Krone

Es gab nur *ein* Thema in diesen Tagen in Südafrika: *the racial problem,* das Rassenproblem. Schon wenige Stunden nach der Ankunft in Kapstadt war mir dies klar. Etwas länger brauchte ich freilich, um zu verstehen, daß mit dem Rassenproblem nicht der Konflikt zwischen Schwarz und Weiß gemeint ist, sondern das Verhältnis zwischen den Buren und den Engländern in der Südafrikanischen Union.

Es scheint in der Tat die letzte Schlacht des Burenkrieges zu sein, die da soeben geschlagen wurde – 50 Jahre nach Gründung der Union und 58 Jahre, nachdem die Engländer 1902 die Buren des Oranje-Freistaates und der Transvaal-Republiken auf dem Schlachtfeld besiegt hatten.

Man muß sich die Geschichte dieses Landes, in der Blut und Tränen und die Rivalität zweier stolzer, die Weltmeere befahrender europäischer Nationen eine so große Rolle gespielt haben, vor Augen halten, um zu verstehen, warum dort auch heute noch, im Jahre 1960, die Fehden der Väter wichtiger erscheinen als die Probleme der heutigen Generation.

Es steht ja zwischen den beiden Volksgruppen nicht nur der Burenkrieg mit den oft beschworenen Konzentrationslagern, in denen die Briten die Buren vegetieren ließen; der Antagonismus reicht viel weiter zurück. Vor 300 Jahren waren die ersten Holländer – zunächst Schiffbrüchige – und dann Deutsche und Hugenotten im Kapland gelandet und hatten begonnen, sich dort anzusiedeln; 1687 waren es etwa 600. Ein Jahrhundert später, zur Zeit der Französischen Revolution, kam es zu den ersten schweren Kämpfen zwischen den Europäern und den von Norden vordringenden Bantu-Stämmen. Viele Siedlungen wurden damals verwüstet, Kolonisten getötet, das Land an den Rand des Ruins gebracht.

Just in diesem Moment erschien ein britisches Geschwader vor der Küste und besetzte nach kurzem Kampf das Kapland. Von 1797 an wurde das Gebiet als britische Kronkolonie verwaltet, allerdings sprach es der Friede von Amiens wieder den Holländern zu. Aber wenige Jahre später – 1806 nach dem Wiederausbrechen des englisch-französischen Krieges – tauchte die englische Flotte abermals vor Kapstadt auf und landete ein gewaltiges Truppenkontingent: 7000 englische Soldaten in einem Lande, das dazumal von 25 000 Weißen bewohnt war. Endgültig wurde jetzt die Kapkolonie dem britischen Reich einverleibt. Ein paar tausend Engländer wurden angesiedelt, und 1828 wurde Englisch zur offiziellen Landessprache erhoben, obgleich nur etwa 15 Prozent aller Bewohner britisch waren.

Der Gegensatz zwischen Buren und Briten wurde immer stärker. Schließlich verkauften viele Buren ihren Besitz, beluden die großen Planwagen, trieben ihre Herden zusammen und wanderten gen Norden, um der englischen Kolonialherrschaft zu entgehen. Der Treck, der zwischen 1836 und 1838 etwa 8000 Buren aus der neuen Heimat in die Ungewißheit trieb, ist eines der großen Heldenepen der Geschichte, ein nationaler Mythos, der, von Kirche und Schule gepflegt, noch heute lebendiges Bewußtsein des burischen Bevölkerungsteils ist.

Als freilich 1870 im Norden die Diamantenfelder von Kimberley und 16 Jahre später die Goldfelder am Witwatersrand entdeckt wurden, setzte eine riesige neue Einwanderung in die neuen burischen Gebiete ein. Der bäuerlichen Besiedlung durch die Buren – das Wort bedeutet ja »Bauern« – folgte nun eine mehr städtische, gewerbliche Einwanderung, die sich zum größten Teil aus britischen Elementen zusammensetzte.

In jenen Jahren verschärfte sich die Auseinandersetzung zwischen Buren und Briten. Sie gipfelte schließlich im Burenkrieg, in dem auch ein deutsches Freikorps in der republikanischen Bürgerwehr diente. (Übrigens steht das deutsche Element auch heute im großen und ganzen wieder auf der Seite der Republik, also der Buren.) Der Krieg endete 1902. Aber, wie gesagt, die letzte Schlacht jenes Krieges, der vier Jahre lang das Land der Bauern verheerte und ihnen so viel Entbehrungen und Erniedrigungen eintrug, ist erst in diesen Tagen geschlagen worden.

In all den Jahrzehnten seit der Jahrhundertwende haben die Buren, die sich heute Afrikaner nennen, davon geträumt, die Herrschaft der Engländer abzuschütteln, der Engländer, die sie um die Unabhängigkeit »betrogen« hatten, die den Städten ihren *way of life* aufprägten und einer fremden Krone die Treue hielten.

Mit Sehnsucht dachten die Nachkommen der ersten Kolonisten an die freiheitsliebenden rauhen Vorväter und glorifizierten deren Vergangenheit. Alles setzten sie daran, ihre nationale Einheit, Sprache und Kultur zu bewahren. Die reformierte holländische Kirche, die fest an die Berufung ihres Volkes und dessen Aufgabe glaubte, war dabei ein eifriger und zuverlässiger Helfershelfer.

Als dann schließlich vor zwölf Jahren die Nationalisten an die Regierung kamen, die Partei der Buren, zögerten sie nicht lange und begannen, ihre rassenstolze, selbstsichere Politik durchzusetzen: die Politik eigensinniger, konservativer, rustikaler Buren – Bauern. Und in diesem Jahr haben sie das Volk aufgerufen, für die langersehnte Republik zu stimmen. Für oder gegen: das war ein Kampf, an dem auch der letzte und sonst politisch ganz Uninteressierte teilnahm. 90 Prozent Wahlbeteiligung in einem Lande, in dem oft kaum die Hälfte der Wahlberechtigten zur Urne geht!

Einem Außenstehenden muß dieser Kampf in Afrika heute, da die Einheit unter den Weißen wichtiger wäre als alles andere, fast tragisch erscheinen. Und auch ein bißchen überholt und abseitig. Die Fetzen der Argumentation jedenfalls, die man in den Tagen des Wahlkampfes allenthalben auffängt: Sprache, Fahne, Nationalhymne kommen einem Europäer, der viele Federn und manche Illusion hat lassen müssen, reichlich überständig vor.

Der Ministerpräsident Südafrikas, Hendrik Verwoerd, und seine Partei sind der Meinung, die Einheit im Lande könne nur dadurch hergestellt werden, daß auch der britische Teil der Bevölkerung seine gefühlsmäßigen Bindungen an die alte Heimat und die Krone preisgebe und seine ungeteilte Loyalität Südafrika zuwende. Dies die Begründung für seinen Wunsch, Südafrika zur Republik zu machen, also an die Stelle der Königin einen Südafrikaner als Staatsoberhaupt zu setzen.

Ob eine solche staatsrechtliche, also doch nur formaljuristische Veränderung dazu angetan sein wird, die gewünschte Sinnesänderung hervorzubringen, mag freilich bezweifelt werden. Um so mehr, als der Abstimmung ein erbitterter Wahlkampf vorausging und die Republikaner nur eine knappe Mehrheit erreichten: 849 958 Wahlberechtigte stimmten für, 775 978 gegen die Republik. Mindestens wird jetzt alles von den nächsten Maßnahmen der Regierung abhängen. Wird sie, durch ihren Triumph beflügelt, zu neuen extravaganten Maßnahmen neigen, wie es die Engländer befürchten, oder wird sie, befriedigt über den Sieg, in der letzten Schlacht nun zum Ausgleich bereit sein? Und – so möchte man hinzufügen – sich den wirklichen Problemen des Landes zuwenden?

Ich erlebte den Tag der Wahl in Durban, einer Stadt, in der nur ein Drittel aller Einwohner Weiße sind. Vor dem Haus der *Natal Daily News* standen dicht gedrängt gut angezogene Inder und eine Anzahl Schwarze und verfolgten mit besorgten Mienen die Verkündung der Teilresultate. Sie – die Majorität der Bevölkerung – waren nicht gefragt worden, was sie über die Zukunft des Landes denken, das zwar nicht ausschließlich, aber doch auch ihr Land ist.   *Kapstadt, im Oktober 1960*

Angst vor dem Schritt nach vorn

Allzu große Selbstgewißheit
wechselt mit Mangel an Selbstvertrauen

Je länger man in diesem Lande herumreist und je mehr Menschen man spricht, desto deutlicher spürt man: Diese Leute haben immer wie in einer belagerten Festung gelebt. Neulich in Stellenbosch, der ältesten Universität Südafrikas, saß ich neben einem Professor, dessen Mutter während des Burenkrieges im Konzentrationslager sechs Kinder verlor, dessen Großvater sein Farmhaus und alle Habe durch die Überfälle kriegerischer Stämme eingebüßt hatte und dessen Urgroßvater als Kind den großen Zug der »Vortrecker« hatte mitmachen müssen.

Dieses Leben in äußerster Härte und ständiger Bedrohung hat ein robustes Volk geschaffen, dem es näherliegt, zu kämpfen, durchzuhalten und »den Helm fester zu binden«, als subtiles politisches Denken zu pflegen und die Kunst, Kompromisse zu schließen. Neulich sprach ich mit dem Chef des hiesigen Rundfunks über die UN-Sitzung und vertrat dabei den Standpunkt, es sei höchst erfreulich, daß der Westen die Schlacht nicht verloren habe. Hohngelächter und Mißbilligung auf der anderen Seite: »Wenn ihr im Westen so billig spielt, ja, wenn ihr schon froh seid, nicht zu *verlieren,* dann kann man sich wirklich keinen Illusionen über Europa hingeben!«

Die Südafrikaner wollen *mehr* als nur die Hoffnung, nicht zu verlieren. Sie wollen die Garantie, alles zu behalten, was sie mühsam erkämpft haben, sie wollen ihre politischen Vorrechte und ihre ökonomischen Positionen bewahren – und zwar auf lange, auf sehr lange Zeit hinaus. Und weil sie absolute Sicherheit und totale Garantie für dieses Ziel wollen, haben sie das Bestreben, sich in ihrer heute noch scheinbar günstigen Position einzubetonieren. Sie übersehen dabei, daß man in einer Welt, die sich unheimlich rasch verändert, heute keine Garantien für morgen und übermorgen schaffen kann.

Ihrem ganzen Denken haftet etwas merkwürdig Statisches an. Dies aber kann in einer überaus dynamischen Welt sehr gefährlich sein. Die Geschäftsleute wissen, daß Stillstand in einer expansiven Wirtschaft tödlich ist und daß es nur den Weg nach vorn gibt. Die Politiker wissen es offenbar nicht immer. Es ist aber ein Irrtum zu glauben, man könnte die Stellung, die die weiße Minderheit heute hat, auf Jahrzehnte hinaus bewahren, indem man sich in der heutigen Position verschanzt und einigelt. Nur wenn man den Mut zu einem Durchbruch nach vorn hat, kann man hoffen, sie auch morgen noch zu haben.

Nun ist das freilich leichter gesagt als getan. Denn die Probleme, denen Südafrika sich gegenübersieht, sind komplizierter und vielschichtiger als die irgendeines anderen Landes in diesem Kontinent. Aber während die Probleme besonders vielschichtig sind, ist die Mehrzahl der Menschen besonders einseitig in ihrem Vorstellungsvermögen und ihren Wünschen. Für sie gibt es nur eine begreifliche Furcht: von den Schwarzen majorisiert zu werden, nur einen Wunsch: ihre Umwelt, ihre Wirtschaft, ihren Lebensstandard unverändert zu erhalten, und nur den festen Glauben, daß zu diesem Ziel nur ein Weg führt: die totale Trennung aller Farbschattierungen in Sondergruppen, in Weiße, Mischlinge, Inder, Schwarze. Keine der beiden großen Parteien könnte es wagen, ihren Wählern eine Integration der Rassen vorzuschlagen.

Um nur Schwarz und Weiß zu nehmen: Da gibt es drei Millionen Weiße und ihre hochgetriebene, ebenso intensive wie empfindliche Industrie, die es mit jedem modernen Industrieland aufnimmt. Da gibt es neben dieser differenzierten Industriegesellschaft vier Millionen Schwarze, die in ihrer bargeldlosen traditionellen afrikanischen Welt in Reservaten leben. Sie werden magisch angezogen von dem Glanz der Großstädte, die wie Krebsgeschwüre wuchern würden, wenn man jene ungebetene Einwanderung nicht durch das Kontrollsystem der Ausweise verhinderte, das seinerseits wieder größte politische Empörung auslöst.

Da gibt es weitere drei Millionen Schwarze, die auf den Farmen arbeiten, Wohnung, Essen, aber sehr wenig Lohn bekommen – auch sie sind Teil einer modernen Geldwirtschaft. Und schließlich drei Millionen Schwarze, die in den Städten leben, als Industrie- und Minenarbeiter, aber teils durch Regierungsverordnungen, teils durch Gewerkschaftsbestimmungen (aus Angst vor billiger Konkurrenz und politischer Majorisierung) daran gehindert werden, in gelernte *jobs* aufzusteigen, und die sich daher mit einem Minimum von Einkommen und sozialem Ansehen begnügen müssen. Im letzten Jahr haben die 1,1 Millionen männlicher Bantu-Arbeiter (ohne Farm- und Minenarbeiter, die beide aus dem Rahmen fallen) zusammen nur rund 175 Millionen Pfund verdient. Der Durchschnittslohn je Arbeiter betrug also 160 DM im Monat, eine Summe, die für eine fünfköpfige Familie vielfach unter dem Existenzminimum (allgemeine Annahme: 180 DM) liegt.

Südafrika hat alles, wovon andere Leute träumen. Es hat riesige Bodenschätze, verfügt über Kapital und unbegrenzte Arbeitskräfte. Aber es hat noch etwas, das alle diese Reichtümer zunichte macht oder sie jedenfalls nicht zur vollen Auswirkung kommen läßt: Es hat Angst.

Darum erfindet die Regierung immer neue Reglementierungen und Gesetze, um sich die Schwarzen vom Leibe zu halten. Die Angst aber und das Bestreben, die weiße Position zu stärken, führt im Grunde genau zum Gegenteil, also zu einer Schwächung der Weißen. Insofern nämlich, als diese übertriebenen Maßnahmen den Bantu-Nationalismus anstacheln und ein militantes schwarzes Solidaritätsgefühl erzeugen.

Wenn man sich einmal das Farbenproblem wegdenkt, dann tritt darunter das gleiche soziale Problem zutage, das Europa jahrhundertelang – von der französischen bis zur russischen Revolution – geängstigt hat: die Spannung zwischen den Klassen. Hier die Privilegierten, die ihre Vorrechte bewahren wollen, dort die eifersüchtigen Unterdrückten, die nach Ausgleich und Aufstieg streben. Das Farbenproblem, dem so viele irrationale und emotionale Momente anhaften, kommt in Südafrika dann noch erschwerend hinzu.

Überläßt man die politischen Aspekte einer späteren Betrachtung, so ist zu der wirtschaftlichen Seite dieses Problems folgendes zu sagen: Die Arbeitgeber, die an billigen Löhnen interessiert sind, vergessen ganz, was schon Henry Ford nachgewiesen hat, daß nämlich die moderne Massenproduktion nur bei hohen Löhnen und entsprechender Massenkaufkraft funktionieren kann. Dabei ist Südafrika mit seiner hochentwickelten Industrie wohl das einzige Land dieses Kontinents, das aus dem tödlichen Kreislauf von Kapitalmangel und mangelnder Kaufkraft verhältnismäßig leicht herauskönnte.

Ferner: Die Gewerkschaften und die Regierung, die ängstlich darauf bedacht sind, die Bantus nicht über die unterste Stufe hinauskommen zu lassen *(job reservation)*, irren sich, wenn sie glauben, daß es in einer Volkswirtschaft ein bestimmtes Pensum an Arbeit gäbe, das für den einzelnen immer kleiner wird, je mehr Hände sich darin teilen. Sie sollten wissen, daß mehr Arbeitskräfte neue Arbeitsmöglichkeiten schaffen. Dies ist allgemein in der Welt seit der industriellen Revolution bekannt, und dies wissen wir Deutsche im besonderen, seitdem der riesige Flüchtlingsstrom »verdaut« wurde: Theoretisch hätte man 1945 voraussagen können, daß der plötzliche Zustrom von zehn Millionen mittelloser und daher zu billiger Arbeit entschlossener Menschen in ein Gebiet von vierzig Millionen Menschen die »einheimischen« Arbeiter unterbieten und um Lohn und Brot bringen würde. Praktisch hingegen geschah genau das Gegenteil. Alle Ökonomen sind sich heute darüber einig, daß dieser Zustrom an Arbeitskräften die Voraussetzung für das vielbesprochene Wirtschaftswunder war.

Auch in Südafrika würde das Aufsteigen der unterprivilegierten Schwarzen in gelernte Berufe nicht Weiße arbeitslos machen, sondern sie für neue höhere Entwicklungen freistellen. Und die steigende Kaufkraft der Bantus würde ganz zweifellos der Wirtschaft entscheidende neue Impulse geben.

Ein Geschäftsmann in Johannesburg, der sich speziell mit diesen Fragen beschäftigt, legte mir überzeugend dar, daß die Deflationspolitik, die die Regierung zwischen Mitte 1958 und Mitte 1959 betrieben hat, nur deshalb zu keinem größeren Rückschlag geführt hat, weil die Industrie sich entschlossen hatte, die Löhne zu erhöhen.

Es ist schwer, dieses Land und seine Menschen zu verstehen: Manchmal ist man verblüfft über soviel Selbstgewißheit und dann wieder erschrocken über den Mangel an Selbstvertrauen.

Johannesburg, im Oktober 1960

Südafrikas Utopie

Gespräch mit Ministerpräsident Verwoerd.
Ein »Commonwealth« der
getrennten Rassen

Der Tee und Berge von Kuchen und Torten waren abgeräumt
worden – die Unterhaltung konnte beginnen. Der Ministerpräsident von Südafrika Hendrik F. Verwoerd lehnte sich zurück. Er
wirkte gelassen und heiter. Die Haare sind weißgrau, die Augen
klein und behende. Verwoerd strahlt Wohlwollen und eine
gewisse Listigkeit aus. Seine Einwürfe sind rasch, seine Lust am
Dozieren ist groß.

Wir – fünf Journalisten verschiedener Nationalität – saßen
ihm gegenüber in seiner Residenz *Libertas,* einer Mischung von
Palais und Villa, würdig ohne bombastisch, modern ohne extravagant zu sein. Den mit Möbeln reichlich angefüllten Salon zieren ein schöner früher Gobelin und einige eher kleinbürgerlich
wirkende Bilder. Durch das Fenster sieht man in einen großzügigen Park, hinter dem sich die unendliche Weite des südafrikanischen Landes breitet.

»Werden Sie, Herr Ministerpräsident, nachdem das Referendum Ihnen die Vollmacht gibt, den langgehegten Wunsch der
britischen Bevölkerung zu erfüllen und Südafrika von der britischen Krone zu lösen, jetzt gewisse Modifikationen Ihrer bisherigen Politik zulassen?«

»Nein, ich sehe keinerlei Veranlassung dafür.«

»Ich meine, daß den Afrikanern in ihren städtischen Bezirken
das Recht zur kommunalen Selbstverwaltung eingeräumt wird
oder daß beispielsweise die Stellung der *coloureds* – der
Mischlinge also – in politischer und wirtschaftlicher Hinsicht
verbessert wird?«

(In der Kap-Provinz hatte ich allenthalben die Meinung gehört, den 1,5 Millionen Mischlingen, die den drei Millionen Weißen näherstehen als die Afrikaner oder die Inder, würden jetzt gewisse Rechte eingeräumt werden. Ein einleuchtender Gedanke, da auf diese Weise die Front der nichtweißen Majorität geschwächt würde.)

Der Ministerpräsident gibt einen historischen Abriß, bei dem die Vorfahren der Südafrikaner vorteilhaft von den Amerikanern abstechen, die bei ihrem Vorrücken die Indianer umgebracht haben, während die Buren die Schwarzen, die erst allmählich von Norden einsickerten, gewähren ließen: »Sollen wir heute darunter leiden, daß unsere Ahnen christlich und menschlich handelten? Nein, ich sage Ihnen, dieses ist weißes Land, und jede Konzession den Schwarzen gegenüber erzeugt nur den Wunsch nach neuen Konzessionen. Nehmen Sie beispielsweise Kenia. Dort wollten die Eingeborenen vor einigen Jahren nichts weiter als nur in einem beratenden Gremium vertreten sein. Heute fordern sie bereits die Unabhängigkeit.«

Ein französischer Journalist fragt, ob denn die Schwarzen in alle Zukunft von einer Mitwirkung bei der Regierung ausgeschlossen sein sollen.

Gegenfrage Verwoerds: »Geben Sie denn den Italienern, die in Frankreich einwanderten, das Wahlrecht? Wenn bei Ihnen, sagen wir, neun Millionen Russen ins Land kämen, würden Sie die als gleichberechtigte Bürger behandeln?«

Der Franzose findet das Beispiel schief und löst damit eine ärgerliche Bemerkung des Präsidenten aus: »Sie können sicher sein, daß wir uns durch Druck von außen nicht von unseren Plänen abbringen lassen, im Gegenteil…«

»Könnten Sie uns so etwas wie einen Plan andeuten, vielleicht einen Fünf- oder Zehnjahresplan, in dem durch politische Erziehung und technische Ausbildung die Schwarzen auf eine Mitregierung oder eine Selbstregierung vorbereitet werden?«

Verwoerd sieht mich fast verwundert an und verneint. Er will sich nicht festlegen. Und dann folgt ein langes Kolleg des ehemaligen Professors der Psychologie über die Apartheid, die Notwendigkeit einer getrennten Entwicklung der verschiedenen Rassen und Gruppen. In den vier klassischen Staaten – Transvaal, Oranje-Freistaat, Natal und Kap-Provinz – werden die Weißen leben; in acht Reservaten, die etwa 15 Prozent des gesamten Landes ausmachen, die Schwarzen.

Es wäre absurd, so sagt der Ministerpräsident, die Afrikaner einfach zu Nachahmern der Weißen zu machen und ihnen eine westliche Demokratie aufzuzwingen. Es handele sich vielmehr darum, ihre Persönlichkeit als Volk, als Rasse zu erhalten, ihre traditionellen Gemeinschaftsformen sowie die Autorität der Häuptlinge wieder zu entwickeln, das aber sei nur innerhalb geschlossener homogener Gruppen möglich. Dies geschehe zur Zeit in den Reservaten, an deren Rändern Industrien angesiedelt werden sollten, um den Afrikanern auf die Dauer die gleichen wirtschaftlichen Chancen zu bieten, die sie in den weißen Gebieten hatten. Und ganz am Schluß werde Südafrika – die vier weißen und die acht schwarzen Staaten zusammen – so eine Art Commonwealth bilden. Ja, genau wie das Commonwealth selbständiger Staaten werde das Ganze sein.

»Dann sehen Sie, Herr Ministerpräsident, also vor, daß es in den Bantu-Staaten schwarze Ministerpräsidenten, Kabinette und Parlamente geben wird?«

»Ja, genau dies.«

»Aber wie und wann wird man denn das Häuptlingssystem, das jetzt dort wieder belebt wird, in eine moderne parlamentarische Demokratie transformieren?«

»Oh, you can't do it over night.«

You can't do it over night ... es geht nicht über Nacht – das ist die Feststellung, die ich in Südafrika immer wieder hörte. Sie und dann jene andere: »Wir haben tausend Jahre gebraucht; die sollen sich nicht einbilden, daß sie das schneller können.« Als müßten noch nach der Erfindung des Bulldozers die Afrikaner erst einmal ein paar Generationen lang ihre Straßen mit Spaten planieren! Als hätten die Japaner uns nicht vorexerziert, daß sie nur 50 Jahre brauchten, um zur Industriemacht zu werden und die russische Seemacht zu schlagen. Und die Russen schließlich waren vor 40 Jahren, ehe sie als erste den Weltraum zu erforschen begannen – in ihrer Majorität ein Volk von abergläubischen Analphabeten. Gewiß, die Afrikaner sind weder Japaner noch Russen – ich meine nur so, wegen der tausend Jahre…

Als ich vor acht Monaten in Njassaland war, erging man sich dort in ähnlichen Zeitangaben. Inzwischen aber sind offenbar von den 1000 Jahren schon weit über 900 vergangen. Das Ganze ist ein Wettrennen mit der Zeit. Und Verwoerds Plan braucht mehr Zeit, als er voraussichtlich, nach der Entwicklung der Welt zu schließen, noch hat.

Was ist denn eigentlich sein Plan? Sein Plan ist, den Mehr-Rassen-Staat nicht durch Integration zu verwirklichen, sondern durch Separation und Desintegration. Jede Gruppe soll für sich leben: die drei Millionen Weißen, die neun Millionen Schwarzen, die eineinhalb Millionen Mischlinge und die halbe Million Inder. Wo sie bisher durcheinandersiedelten, da sollen sie laut Gesetz *(Group Area Act)* jetzt auseinandersortiert werden.

In der Stadt Durban zum Beispiel müssen allein 120 000 Inder von einem Stadtteil in den anderen ziehen. Dabei werden ihnen zwar neugebaute Häuser angeboten, die viel besser sind als die alten, aber der Nachteil ist: sie verlieren ihr Eigentum an Grund und Boden, denn die Unterstellung ist ja, daß in den weißen Gebieten nur Weiße Eigentum haben dürfen. Wenn die *Group Area Act* wirklich durchgeführt würde, dann müßten Millionen von Menschen umgesiedelt werden.

Innerhalb der Bantu-Gebiete, also innerhalb der schwarzen Reservate, gibt es einstweilen auch keine Ruhe. Dort nämlich werden die Schwarzen nach ethnischen Gesichtspunkten, also nach Stämmen, zusammengerückt und hin- und hergesiedelt. Es ist, als mache sich ein gigantischer Ordnungsfanatiker daran, aus dem Teppich, den die Geschichte gewoben hat, alle Fäden wieder herauszuziehen und sie nach Farben zu ordnen: alle blauen, roten, grünen separat für sich.

Die wirklichkeitsferne Prämisse, alle Schwarzen hätten ihre Heimat im Reservat und seien nur vorübergehend in den Städten (obgleich ihre Zahl in den letzten 40 Jahren dort sowohl absolut wie relativ rascher gestiegen ist als die der Weißen), hat eine Reihe sehr harter Konsequenzen für die schwarze Bevölkerung gebracht. So dürfen die mehr als eine halbe Million Schwarzen, die in Johannesburg leben, kein Grundeigentum besitzen, weil sie angeblich nur vorübergehend im weißen Gebiet sind – dabei weiß jeder, daß die Industrie ohne sie zum totalen Stillstand käme. Sie dürfen keine gelernte Arbeit ausführen, keine Lehrstellen annehmen, und wenn ein Geschäftsmann genug Geld verdient hat, ein Haus zu bauen, dann gehört ihm der Grund nicht, auf dem es steht.

Den Nicht-Weißen ist sozusagen alles vorgeschrieben. Wo und wie sie leben sollen, was sie arbeiten dürfen oder müssen, wann und wohin sie ziehen sollen. Auf diese Weise ist bei ihnen jede Initiative im Keim erstickt und das Entstehen einer gelernten Arbeiterklasse verhindert worden.

Dabei wäre es doch sehr einleuchtend gewesen, alles zu tun, um eine besitzgebundene schwarze Mittelklasse zu schaffen, die ein sehr viel sichereres Bollwerk gegen Radikalismus böte als die hohen Trennungsmauern entlang der Rassengrenze, hinter der sich nun Haß und Zorn vollkommen unkontrollierbar, ohne je ein Ventil zu finden, immer höher aufstauen.

Ein Wissenschaftler schwarzer Hautfarbe sagte: »Ich kann die Politik der Regierung nicht verstehen. Maßvolle, zur Zusammenarbeit bereite Führer sperren sie ein und wundern sich dann, wenn immer radikalere nachwachsen. Es gibt«, so sagte er – und das trifft zu – »bei uns mehr akademisch gebildete Afrikaner als in irgendeinem anderen Lande Afrikas. Es gibt Hunderttausende von Afrikanern, die nichts so sehr fürchten als das, was sie besitzen, ihr Geschäft, ihren Arbeitsplatz, ihr Einkommen zu verlieren. Diese Gruppe könnte als eine Art Stoßdämpfer dienen, aber die Regierung stößt sie mit Fleiß in eine Front mit den Extremisten, dem Proletariat und den Analphabeten.«

Tatsache ist, daß diese Regierung in bezug auf Häuserbau und Schulgründungen mehr für die schwarze Bevölkerung getan hat als alle anderen vor ihr. Während der letzten zwölf Jahre, ihrer Amtszeit, sind 1,2 Milliarden Mark für Schulen und Universitäten ausgegeben worden. 60 Prozent aller Kinder gehen heute zur Schule, in Johannesburg sind es fast 100 Prozent, und nahezu 2000 Schwarze studieren zur Zeit.

In der Politik ist alles eine Frage des Datums: zwanzig Jahre früher wäre diese Regierung ein Segen für das Land gewesen. Hätte sie damals die Grundlagen legen können, auf denen dann heute eine den Realitäten Rechnung tragende liberale Politik aufgebaut werden könnte, so wäre vieles anders. Aber damals wurde in sozialer Hinsicht wenig getan, und heute fehlt es an politischer Weitsicht.

Ein Silberstreif am innenpolitischen Horizont: In diesen Tagen wurde in Johannesburg eine »Deklaration« veröffentlicht, unter der 69 große Namen – wohlgemerkt beider Parteien – stehen. Sie beschwören die Regierung, das Einigende und nicht das Trennende zu betonen und die Beziehungen der Rassen untereinander neu zu überprüfen. Eine neue Hoffnung, daß Wirklichkeitssinn sich doch noch durchsetzen werde? Vielleicht.

Pretoria, im Oktober 1960

Treck in die Vergangenheit

Das schwierige Verhältnis der Buren
zu den Engländern

Ohm Krüger, der Präsident von Transvaal, von dem es heißt, er habe »mit sieben Jahren seine erste Antilope, mit elf seinen ersten Kaffern und mit vierzehn seinen ersten Löwen geschossen«, pflegte als alter Mann zu sagen, wenn er auch nie eine Schule besucht habe, so habe er doch eines gelernt: Freund und Feind zu unterscheiden. Ob auch Dr. Verwoerd diese Fähigkeit besitzt? Angesichts seines Entschlusses, lieber das Commonwealth zu verlassen, als seine von allen angefochtene Apartheid-Theorie zu revidieren, muß man dies bezweifeln.

Südafrika hat 1931 zusammen mit Kanada und Großbritannien das Westminster-Statut akzeptiert. Die Südafrikanische Union ist also sozusagen ein Gründungsmitglied des Commonwealth. Australien und Neuseeland folgten wesentlich später, und erst nach dem Zweiten Weltkrieg ist dann ein großer Schub neuer Staaten dazugekommen: Indien und Pakistan 1947, Ceylon 1948, Ghana und Malaya 1957, Nigeria 1960 – sie alle ehemalige Kolonien, deren Führer zumeist im Gefängnis gesessen hatten und deren Völker mit wenigen Ausnahmen schweren Blutzoll für die Freiheit hatten zahlen müssen. Sie alle sind freiwillig dem Commonwealth beigetreten, dieser erstaunlichsten aller Völkergemeinschaften, die Südafrika am 31. Mai ebenfalls freiwillig verlassen wird.

Auf der gleichen Konferenz, auf der Verwoerd diesen Beschluß faßte, erschien Erzbischof Makarios, der bis vor Jahresfrist erbittert gegen Großbritannien gekämpft hat, und beantragte die Aufnahme Zyperns in das britische Commonwealth. Sierra

Leone, Tanganjika, Kenia und Uganda sind die nächsten Anwärter. Welch seltsame Umschichtung!

Was wohl Cecil Rhodes, der englische Imperialist und südafrikanische Millionär, zu dem Beschluß gesagt hätte, den das Land, in dem er einst Ministerpräsident war, soeben gefaßt hat? Er, dessen Devise lautete: »Afrika britisch vom Kap bis Kairo«? Freilich, Ohm Krüger, der zwischen Freund und Feind zu unterscheiden vermochte, hatte zur Kategorie seiner Feinde schon immer die Engländer gerechnet. Die Engländer, die sich überall den Buren in den Weg stellten und ihnen das Land fortnahmen, das von jenen in eineinhalb Jahrhunderten erobert, gerodet und fruchtbar gemacht worden war.

Zornig hatten sich die starrköpfigen, stolzen Buren 1836 mit Bibel und Gewehr auf den großen Treck nach Norden gemacht, um fern von den Engländern ihrem eigenen *way of life* nachgehen zu können. Ohm Krüger hatte als Junge diesen schon fast zum Mythos gewordenen Treck mitgemacht. Er hat dann später erlebt, wie nach der Entdeckung der Goldvorkommen fremde Abenteurer – zumeist Engländer – zu Tausenden in das Land strömten und Städte gründeten, in denen der Mammon regierte und Korruption und Laster ihren Einzug hielten.

Und als Paul Krüger die Siebzig überschritten hatte, da brachen die Engländer 1899 den Burenkrieg vom Zaune. Sie hatten lange nach einem Kriegsgrund gesucht und ihn schließlich nicht gefunden, sondern provoziert. Als es endlich soweit war und die Ausgleichsuchenden im Parlament überstimmt worden waren, »da befand sich alles« – wie Churchill in seinen Erinnerungen schreibt – »in jener heiteren und gehobenen Stimmung, wie sie bei einem Kriegsausbruch zu herrschen pflegt«. Die Bilanz des Krieges: Die Engländer brannten 30000 burische Farmen nieder und sperrten 100000 Frauen, Kinder und alte Leute in Konzentrationslager, von denen 20000 dort starben.

Das schwierige Verhältnis der beiden europäischen Völker zueinander ist seit jeher das wahre Verhängnis Südafrikas gewesen. Wahrscheinlich ließe sich nachweisen, daß die unselige Apartheidsidee und die Überbetonung der Rassenpolitik im Grunde nur ein Aspekt der Differenzen zwischen Briten und

Buren war. Eine der vielen Ursachen für den großen Treck, also für den Auszug der Buren aus der Kapkolonie, war ja, daß die britische Regierung die Rassengleichheit vor dem Gesetz einführte.

Heute trauern viele in Europa der habsburgischen Monarchie nach, die es einst fertigbrachte, selbst noch in einer Zeit wachsender nationalistischer Unduldsamkeit ein weitverzweigtes Völker-, Sprachen- und Religionsgemisch unter einer Krone und in einem Geist zu vereinen. Daß das britische Commonwealth in unserer zerrissenen Welt ein noch viel größeres Wunderwerk staatsmännischer Weisheit und völkerrechtlicher Improvisation in Permanenz darstellt, bedenken nur wenige.

Aber es ist ein Wunder, daß mitten im kalten Krieg NATO-Mitglieder und Neutrale, Schwarze und Weiße, Industrienationen und Unterentwickelte gemeinsam um einen Tisch sitzen und über Rassenfragen, Verteidigung, Abrüstung, Atomversuchseinstellung und Preferenzzölle miteinander beraten..., daß Christen, Mohammedaner, Hindus und Buddhisten im ideologischsten aller Zeitalter ein so starkes Zusammengehörigkeitsgefühl entwickelt haben.

Wenn heute irgendwo zwölf Ministerpräsidenten, die weit über eine halbe Milliarde Menschen – Europäer, Asiaten, Afrikaner – vertreten, zusammenkommen, dann spricht man gewöhnlich ehrfurchtsvoll von einer Gipfelkonferenz – die Konferenz in London aber war nichts anderes als ein Familienrat.

Wenn dieses Commonwealth nicht wäre, dann könnte man wirklich daran zweifeln, ob ein Zusammenleben der immer unduldsamer, machthungriger und hektischer werdenden Völker, Rassen und Religionen in einer immer kleiner werdenden Welt überhaupt möglich ist. Aber gerade die Ereignisse der letzten Wochen in London haben gezeigt, wieviel prägende Kraft von dem Geist des doch eigentlich machtlos gewordenen britischen Weltreiches noch immer ausgeht. Im Ton und in den Allüren stand diese Konferenz, obgleich es um Apartheid ging, dem vornehmen Wiener Kongreß kaum nach. Keiner der Ministerpräsidenten forderte den Ausschluß der Südafrikanischen Union oder drohte während der sechs langen Sitzungen, die in jenen

Tagen stattfanden, mit seinem Austritt. Dr. Verwoerd, der das Versprechen, seine Apartheid-Politik zu ändern, nicht geben konnte, entschloß sich, die Konsequenzen selber zu ziehen – auch er in makelloser Haltung.

Die Folgen dieses Schrittes werden für Südafrika – wohlgemerkt: für Weiße *und* Schwarze – auf lange Sicht sehr bitter sein. Nur ein Volk, das den Kompromiß als Mittel der Politik verachtet und seine Zuflucht stets darin sieht, »den Gürtel enger zu schnallen« und »den Helm fester zu binden« (wie gut wir das kennen...) – nur solch ein Volk kann glauben, es sei sinnvoll, sich mit brutaler Gewalt gegen die allgemeine Entwicklung in der Welt zu stemmen.

Als Verwoerd bei seiner Rückkehr aus London von 50 000 Landsleuten auf dem Flughafen von Johannesburg als »der Führer der ganzen weißen Welt« begeistert empfangen wurde, sagte er: »Wir können uns nicht mehr zu Haus fühlen in einem Commonwealth, das mehr und mehr zu einer nichtweißen Gemeinschaft wird.« In London hatten sich die meisten der elf anderen Ministerpräsidenten derweil befriedigt über das Ausscheiden der Südafrikanischen Union geäußert, die als einzige die Gleichheit aller Rassen vor dem Gesetz verneint. Doch muß man befürchten, daß der sich nun verschärfende Kampf aller schwarzen Staaten Afrikas gegen die Union nicht ohne Folgen auch für das Commonwealth bleiben wird.

Es ist traurig, nein tragisch, daß die Südafrikaner, die ihr Land zu einem Wunder an materieller und technischer Entwicklung in Afrika gemacht haben, die politische Aufgabe, die unserem Jahrhundert und gerade auch ihnen gesetzt ist, nicht zu erkennen vermögen. Die Aufgabe nämlich, heute, da die Spannungen zwischen den sozialen Klassen innerhalb der weißen Welt im allgemeinen beseitigt worden sind, nun auch auf interkontinentaler Ebene einen Ausgleich zwischen Privilegierten und Unterdrückten anzustreben – wenn schon nicht aus moralischen oder menschlichen Gründen, so doch wenigstens aus Selbsterhaltungstrieb.

Denn das dürfte doch wohl sicher sein: In den zukünftigen Geschichtsbüchern wird der kalte Krieg und alles, was sonst noch heute im Vordergrund steht, verglichen mit den riesigen Umwälzungen, die sich in Asien und Afrika vollziehen, nur ein kurzes Kapitel füllen.

Auch Kennedy scheint dies erkannt zu haben. Schon in seiner Antrittsrede vor dem Kongreß kam dies deutlich zum Ausdruck: »Wenn die freie Gesellschaft nicht den Vielen helfen kann, die arm sind, dann kann sie niemals jene Wenigen retten, die reich sind.« Jetzt haben die USA auch entsprechend gehandelt. Adlai Stevenson, der US-Botschafter bei den Vereinten Nationen, stimmte während der vergangenen Woche zweimal mit den Antikolonialen – einmal gegen den NATO-Verbündeten Portugal und einmal, in der Frage der Treuhänderschaft Südwestafrikas, gegen Südafrika.

Bisher sind die Vereinigten Staaten von den neuen Völkern immer *nolens volens* mit den alten Kolonialmächten in einen Topf geworfen worden – vielleicht nicht zu Unrecht, denn sie haben sich bei den entscheidenden Abstimmungen fast immer der Stimme enthalten. Wenn die USA sich jetzt tatsächlich auf das Gesetz besinnen sollten, nach dem sie selbst einst angetreten sind, dann würde dies einen großen Impuls bedeuten für die Bewältigung der Aufgabe unseres Jahrhunderts. Und das ist auch dringend notwendig, denn Südafrika wird der Welt noch viele Kopfschmerzen bereiten. *Hamburg, im März 1961*

Die siebziger Jahre

Apartheid ist *counterproductive*

Südafrika ein Pulverfaß – darum zuerst weg
mit der Diskriminierung

Seit Jahren wußte jedermann, daß der Nahe Osten mit seinen
riesigen Ölvorräten ein begehrtes, von beiden Supermächten
umworbenes Gebiet ist. Aber daß plötzlich auch Afrika in die
tödliche Rivalität einbezogen werden könnte, hat niemand
vorausgesehen. Was ist der Grund für diese unerwartete Entwicklung?

Wenn man die weißen Politiker im südlichen Afrika fragt,
dann sagen sie: »Ganz klar, die Russen haben es auf unsere
unermeßlichen Bodenschätze abgesehen – Südafrika besitzt 70
Prozent der Weltreserven an Gold, 75 Prozent aller Reserven an
Chrom, die größten Vorkommen der Erde an Platin, Mangan,
Uran.« Zugegeben, es wäre ein verlockendes Ziel für Moskau,
den Westen von diesem potentiellen Reichtum abzuschneiden,
aber daß dies das entscheidende Motiv für die sowjetische Aktivität im Jahr 1976 ist, ist doch wohl ein Irrtum.

Für den Europäer, der diesen Teil der Welt bereist, stellt sich
die Kausalkette ganz anders dar: Der Rassismus der Weißen im
südlichen Afrika hat den allmählich immer stärker werdenden
Nationalismus der Schwarzen provoziert. Dieser Nationalismus
wird von den Weißen ganz einfach und ohne jedwede Differenzierung als Kommunismus abgestempelt und mit äußerster
Härte bekämpft.

Die Schwarzen reagieren darauf mit Angst, Ärger und Feind-
seligkeit. Aus der Tatsache, daß sie unterdrückt werden und der
Kommunismus verfolgt wird, wächst ihnen die Erkenntnis, daß
die Interessen der Afrikaner und der Kommunisten identisch

51

seien, denn: »Die Feinde meiner Feinde sind meine Verbünde-
ten.« Eine Faustregel, die sie durch die Befreiung Angolas nun
auch noch praktisch bestätigt sehen. Von Marxismus oder gar
marxistischer Theorie wissen sie mit Ausnahme derjenigen, die,
wie Moçambiques Chef Samora Machel, außerhalb des Landes
ausgebildet wurden, so gut wie nichts.

Außer Landes sind viele gegangen, weil sie zu Hause, eben
wegen der Rassengesetze, nichts werden konnten. Aus Südwest
sind seit Mitte der sechziger Jahre, so schätzt man, etwa 10 000
meist jüngere Leute weggegangen. Sie haben sich draußen der
Unabhängigkeitsbewegung SWAPO *(Southwest African People's
Organization)* angeschlossen, die Zweigstellen in Europa, Amerika und Schwarzafrika unterhält. Aus Rhodesien sind ebenfalls
6000 bis 10 000 junge Afrikaner über die Grenze ins nachbar-
liche Moçambique hinübergewechselt. Sie werden dort in Terro-
ristenlagern ausgebildet.

Diese Entwicklung ist durch die Gesetzgebung Südafrikas
nicht nur begünstigt, sondern, fast könnte man sagen, ausgelöst
worden. Die *Suppression of Communism Act* ist das Gesetz, das
die juristische Handhabe für Verhaftungen und Verbannungen
verdächtiger Personen liefert – wofür übrigens keine Begründung gegeben zu werden braucht und zuvor auch kein Verfahren
durchgeführt worden sein muß. Es bietet ferner die Möglichkeit,
kirchliche und studentische Gruppen, überhaupt jedwede Organisation für ungesetzlich zu erklären und aufzulösen, Veröffent-
lichungen zu verbieten und Bücher auf den Index zu setzen –
heute bereits 22 000 Titel.

Dieses Gesetz legt den Begriff des Kommunismus weiter aus,
als selbst Marx in seinen kühnsten Träumen zu hoffen gewagt
hätte. Kommunismus schließt laut Abschnitt 1 (1d) der *Suppression of Communism Act* alles ein, was feindselige Gefühle zwischen den europäischen und den nichteuropäischen Rassen der
Republik begünstigt. Wer also gegen Apartheid ist, wer auf die
Diskriminierungen im politischen, sozialen und wirtschaftlichen
Bereich hinweist, läuft Gefahr, als Propagandist des Kommunismus verdächtigt und entsprechend behandelt zu werden.

Die in die Apartheid eingebaute Diskriminierung aber geht

sehr weit: Es gibt in Südafrika keinen einzigen Schwarzen im Parlament, keinen Richter, keinen Offizier, keinen Verwaltungsbeamten – diejenigen, die die Gesetze beschließen und die, die sie anwenden, gehören dem Kreis der etwa vier Millionen Weißen im Lande an. Die achtzehn Millionen Afrikaner haben keine Stimme. Sie haben keine Gewerkschaft, sondern in Gestalt der *Works Committees* und *Liaison Committees* nur gewisse Beschwerdestellen; sie haben in den meisten Teilen des Landes kein Aufenthaltsrecht, dürfen in den städtischen Bereichen, wo ein Drittel von ihnen arbeitet, kein Eigentum besitzen und nur in drei genau definierten Fällen ihre Familien bei sich haben. In allen anderen Fällen müssen sie getrennt von Frau und Kindern in Kasernen leben, weil die Fiktion aufrechterhalten werden soll, daß die Schwarzen nur vorübergehend und sozusagen als Gastarbeiter in der weißen Welt anwesend sind. Ihre eigentliche Heimat, so heißt es, seien die ihnen zugewiesenen *Homelands,* die früheren Bantustans, wo ihre Familien leben müssen.

In einem dialektisch anmutenden Prozeß hat die hysterische Angst vor kommunistischer Infiltration dazu geführt, daß der Boden systematisch für den Kommunismus vorbereitet worden ist:

1. Dem schwarzen Arbeiter wird vorgeschrieben, wo er für wen zu welchem Preise und unter welchen Umständen welche Arbeit ausführen darf; er kann also nicht einmal über seine eigene Arbeitskraft verfügen – er ist politisch entrechtet.

2. In einem hochindustrialisierten Lande dürfen die Schwarzen bisher nicht zu gelernten Arbeitern herangebildet werden, und in ihrer Majorität werden sie zu extrem niedrigen Löhnen beschäftigt – sie werden also ökonomisch ausgebeutet.

3. Es gibt über 200 Rassengesetze, die alles minuziös regeln, was der Schwarze, der Mischling und der Asiate darf, vielmehr was sie nicht dürfen – sie sind also sozial geächtet.

»Was wäre eigentlich, wenn man eines Morgens aufwachte und alle Menschen wären grün?«, fragte ich einen jungen Anwalt. »Dann«, so lautete die prompte Antwort, »würden wir erkennen, daß wir in einem Klassenstaat, nein, in einem mittelalterlichen Zunftstaat leben.« Ich hatte Häuptling Mangope, den zukünftigen Ministerpräsidenten von Baphuthatswana, dessen Homeland im nächsten Jahr unabhängig werden soll, zum Mittagessen in ein Hotel eingeladen, dessen Restaurant seit kurzem auch Nicht-Weiße bedient. Da er aus Termingründen schon früh kommen mußte und ich sicher sein wollte, daß er keinen Peinlichkeiten ausgesetzt sein würde, sprach ich zuvor mit dem Manager: »Nein, ein Drink in der Bar ist nicht möglich, Schwarze dürfen nur trinken, wenn sie dazu auch essen!« Der größte Industrielle des Landes, Harry Oppenheimer, fragte neulich: »Wie kann man die schwarzen Südafrikaner gegen den Kommunismus aufrufen, wenn ihnen die Vorteile eines freiheitlichen Systems weitgehend versagt sind?«

Alle Schwarzen sind durch die Vielfalt der Verbote im höchsten Maße politisiert, vor allem durch die Paßgesetze, die fast jeden von ihnen mindestens einmal in seinem Leben erst in Konflikt mit den Behörden und dann ins Gefängnis bringen. Ich fand zufällig die offiziellen Zahlen für die zwölf Monate vom 1. Juli 1970 bis 30. Juni 1971 – in dieser Zeit wurden 615 075 Schwarze wegen Vergehens gegen die Paßgesetze verurteilt, also im Durchschnitt täglich 1685. Kein Wunder, daß die Schwarzen ihre Hoffnung auf den Erzfeind ihrer weißen Herren richten, auf die Sowjets, die allen Befreiung versprechen.

Das Dogma der Apartheid hält den Süden Afrikas so sehr in Bann, daß die Weißen selber gar nicht merken, wie sehr sie sich schaden. Wenn es der Apartheid nützlich wäre zu glauben, daß die Erde doch eine Scheibe sei, die Weißen dort würden es glauben. Ich war im Parlament, als der aus Israel zurückgekehrte Ministerpräsident Vorster sagte, er wolle ganz deutlich machen, daß die Identität nur durch getrennte Entwicklung behauptet werden könne – alles andere würde nur den Haß zwischen den Rassen schüren.

Helen Suzman, die einzige Frau im Parlament und lange Zeit die einzige Abgeordnete der oppositionellen *Progressive Party,* fragte: »Glaubt der *Prime Minister* wirklich, daß ein schwarzer Mann, der morgens um vier Uhr in seiner Kaserne aufsteht, um einen Lohn unterhalb des Minimums zu verdienen, um seine Identität besorgt ist? Man kann Identität nicht essen, man kann mit ihr nicht die Miete bezahlen, und ganz gewiß garantiert sie dem, der schwarz ist, in Südafrika nicht die Chancengleichheit.«

Heute ist die Aufmerksamkeit der Welt allein auf Rhodesien und Südwestafrika gerichtet, weil sich beide seit Jahren illegal verhalten – Rhodesien England, Südwest den Vereinten Nationen gegenüber. Der Kern des Übels aber ist die Diskriminierung, und ihre Bastion, wo sie am erbarmungslosesten praktiziert wird, ist Südafrika.

Die Diagnose also heißt: Der ganze Süden Afrikas ist zum Pulverfaß geworden, weil dort bis in diese späte Stunde des 20. Jahrhunderts eine mittelalterliche Zunftwirtschaft konserviert worden ist, und nicht, weil die Russen ein Auge auf die Bodenschätze geworfen haben. Viele werden meinen, dies sei übertrieben, es gebe keine Konfrontation. Gewiß, nicht heute oder morgen, aber die Weichen sind schon gestellt; es gilt, sie umzustellen.

Und wie könnte die Therapie lauten? Mit Sicherheit ist die Reihenfolge, die Henry Kissinger vorschlägt – zunächst *majority rule* –, falsch. Erst müssen die Weißen *selbst* die Diskriminierung beseitigen, um den Unzufriedenen im Innern und den Radikalen draußen den Wind aus den Segeln zu nehmen. Dann erst kann man langsam *majority rule* einführen. Macht man es umgekehrt, so spielt man nur den Russen in die Hände. Was geschieht, wenn die bisher Entrechteten, bei denen sich viel Haß und noch mehr Begehrlichkeit aufgestaut haben, plötzlich das politische Sagen haben, das hat Moçambique gezeigt. Davon hat letzten Endes niemand etwas – auch die Afrikaner nicht.

Pretoria, im Mai 1976

Die kommende Revolution:
blutig oder friedlich?

Das künstliche Gebäude der Apartheid
gerät ins Wanken

Wenn man gegen Abend von Pretoria her nach Johannesburg hineinfährt, wenn die ersten Lichter in den Hochhäusern der Stadt angehen, dann könnte man meinen, New York vor sich zu sehen: eine gigantische Großstadt – bald wird sie zwei Millionen Einwohner haben. Kaum zu glauben, was Jan Marais, der Präsident der *South African Foundation* in einer Rede sagt: »Vor rund hundert Jahren gab es in diesem Lande nur zehn Städte, die mehr als tausend Einwohner hatten und insgesamt lebten in Südafrika damals nur dreihunderttausend Weiße.«

Seit dem Zweiten Weltkrieg hatte Südafrika mit die höchsten Zuwachsraten aller westlichen Industriegesellschaften aufzuweisen. 40 Prozent der Industrieproduktion ganz Afrikas entstehen hier. Die in Südafrika erzeugte Menge an Stahl und Elektrizität – beides Maßstab für den Grad industrieller Entwicklung – ist größer als die aller anderen Staaten des Kontinents zusammen.

Man muß staunen, was hier geleistet worden ist. Allerdings fragt man sich, wieso in einer Welt, für die wirtschaftliche Leistung soviel bedeutet, ein solches Land zum allgemeinen Sündenbock hat werden können. Ist die Diskriminierung der Schwarzen und ihre Ausbeutung tatsächlich so gravierend?

Ich habe, seit ich 1960 zum erstenmal in Südafrika war, viel über dieses Land gelesen: aggressive Attacken auf die Apartheid und ideologische Abhandlungen gegen sie, apologetische Rechtfertigungen und eifernde Verteidigung der Rassentrennung – viel Gegensätzliches also, das von diesen oder jenen Interessen diktiert schien. So beschloß ich, mich diesmal vorwiegend mit der

Frage zu beschäftigen: Wie steht es wirklich mit der Diskriminierung? Schon deshalb schien mir dies wichtig, weil ich Kissingers Therapie für das südliche Afrika, die offenbar von Bonn übernommen wurde: »Vor allem erst einmal *majority rule*«, für verkehrt halte. Erst müßten, so meine ich, die Weißen selbst die Diskriminierung beseitigen, sonst würden sie mitsamt ihren Errungenschaften einfach hinweggefegt, sobald die schwarze Mehrheit regiert.

Frage: Hat es Diskriminierung immer gegeben? Ist sie, wie viele behaupten, in der letzten Zeit entscheidend abgebaut worden?

In Natal und der Kap-Provinz konnten Mischlinge *(coloureds)*, Asiaten und Afrikaner früher unter bestimmten Voraussetzungen auf der *common role* ebenso als Wähler registriert werden wie die Weißen. Dies galt bis 1910, also bis zu dem Augenblick, da die vier Provinzen Transvaal, Oranje Freistaat, Natal und Kap-Provinz zur Union zusammengeschlossen wurden. Die Mischlinge behielten das Wahlrecht zunächst noch; aber 1956 beschloß die Regierung, keine neuen Wähler aus ihren Reihen mehr zuzulassen. Die bereits Eingetragenen sollten bis zu ihrem Tode weiterwählen dürfen, doch 1970 wurden auch diese Veteranen gestrichen.

In der Kap-Provinz sind die Afrikaner 1936 rasch auf eine Extraliste gesetzt worden. Sie durften von da ab nur noch drei weiße Abgeordnete zum Parlament und zwei für den Provinzrat wählen. Diese stark eingeschränkte Vertretung der Afrikaner wurde schließlich 1959 ganz gestrichen, 1970 dann auch noch die Vertretung der Mischlinge und der Asiaten abgeschafft. Also: nicht *mehr* Vertretung, sondern immer *weniger*.

Die *Progressive Party* war die einzige Partei des Landes, die Vertreter aller Rassen als Mitglieder aufnahm. Aber 1968 setzte die Regierung dieser Praxis ein Ende, indem sie ganz einfach Parteien mit Mitgliedern verschiedener Rassen verbot.

Viel schlimmer aber als diese Entwicklung zu immer weiterer Einschränkung der politischen Vertretung, die doch nur wenige erregt, wirkt sich die Diskriminierung aus, die alle trifft. Mindestens die Hälfte aller Anklagen, durch die Afrikaner vor Gericht gebracht werden, würden Weißen gegenüber nie erhoben. Die

Zahlen für das Jahr 1970/71 – die einzigen, die sich auftreiben ließen – zeigen, daß in zwölf Monaten fast eine Million Afrikaner vor Gericht gestellt wurden, davon über 600000 wegen Vergehen gegen die Paßgesetze und fast 200000 wegen des Betretens unerlaubter Gebiete *(trespassing)*.

Die heutigen scharfen Paßgesetze wurden erst 1952 eingeführt. Alle Afrikaner müssen danach von ihrem 16. Lebensjahr an ein *reference book* haben. Darin werden von den Behörden alle nur erdenklichen Daten eingetragen: wo der Betreffende sich aufhalten darf (in weißen Gebieten nicht länger als 72 Stunden), für welche Art von Arbeit er zugelassen ist, bei wem er arbeitet – vom 16. Lebensjahr bis zum Grabe muß jeder Monat nachgewiesen werden. Wenn sich Lücken im *reference book* finden, wenn ein Schwarzer es nicht bei sich trägt oder es gar verloren hat, wandert er meist ins Gefängnis.

Schlimm für viele ist auch die *Group Area Act* von 1950. Ihr liegt die seltsame Vorstellung zugrunde, daß alle Rassengruppen in Stadt und Land gesondert für sich wohnen müssen. Um dies zu erreichen, mußten und müssen Zigtausende von Menschen hin- und herziehen, ihre Wohnungen aufgeben, die Kinder umschulen, häufig riesige Entfernungen und hohe Transportkosten in Kauf nehmen, um ihre Stellung nicht zu verlieren.

Besonders einschneidend für alle Afrikaner wirken sich auch die Sicherheitsgesetze aus, vor allem *die Suppression of Communism Act* von 1950, die dem Justizminister unbeschränkte Vollmacht gibt. Er kann ohne Verfahren Strafen gegen jeden verhängen, der nach seiner Meinung die Ziele des Kommunismus verfolgt – wobei schon gegen die Apartheid zu sein ausreicht, um als Kommunist verdächtigt zu werden. Der Minister kann Betroffene »bannen«: anordnen, daß sie in einem bestimmten Distrikt leben, ihre Wohnung nur zu bestimmten Zeiten verlassen, sich regelmäßig bei der Polizei melden, nicht mit anderen »Gebannten« zusammenkommen, keine Gäste bei sich empfangen ... Solche Entscheidungen, für die der Minister keinen Grund anzugeben braucht, gelten gewöhnlich zwei oder fünf Jahre; aber es gibt Leute, über die nach Ablauf dieser Frist der Bann von neuem ausgesprochen wird.

Der Minister kann auch Verhaftungen ohne Verfahren vornehmen. Laut Gesetz von 1965 kann er 180 Tage Einzelhaft verordnen. Ein unter dem Verdacht des Terrorismus Verhafteter kann so lange in Haft bleiben und verhört werden, bis er alle Fragen zur Zufriedenheit beantwortet hat. Anfang dieses Monats ist nun eine neue *State Security Bill* – allgemein SS-Bill genannt – im Parlament eingebracht worden. Der Gesetzentwurf gibt dem Minister Vollmacht, auch Nichtkommunisten zu »bannen«. Das Gesetz, so meinen viele, solle dazu dienen, kritisch eingestellte Weiße aus Presse und kirchlichen Organisationen auf unbefristete Zeit in Haft halten zu können. Alle schwarzen Führer des *African National Congress* (ANC) und des *Pan African Congress* (PAC) sind bereits seit vielen Jahren im Gefängnis – manche seit 13 Jahren.

Die in Johannesburg erscheinende *Rand Daily Mail* kommentierte das neue Gesetz in einem Leitartikel mit dem Satz, es sei kaum vorstellbar, daß die regierende *National Party* noch mehr Macht an sich bringen wolle: »Mit Hilfe ganzer Serien von Gesetzen haben sie während der letzten 28 Jahre eine Herrschaftsstruktur aufgebaut, die ohnegleichen ist. Sie können ohne Begründung Pässe verweigern und einziehen; sie können Leute verhaften und sie so lange, wie es ihnen paßt, im Gefängnis lassen, sie entscheiden, wo jedermann leben und wo Afrikaner arbeiten sollen; sie können Leute vor Gericht schleppen wegen Tatbeständen, die sie selbst ersonnen haben und die in keinem zivilisierten Lande der Welt als Verbrechen angesehen werden...«

In der Abhandlung eines bedeutenden aber offensichtlich uninformierten deutschen Industriefunktionärs las ich die Meinung referiert, die Einbuße an Lebensstandard, die der revolutionäre Kampf um Gleichberechtigung zwangsläufig mit sich bringen werde, würde von den etwa einer Million Schwarzen, die in Soweto – dem schwarzen Johannesburg – wohnen, gewiß als in keinem Verhältnis zu dem Nutzen stehend empfunden. Er selber setzt hinzu: »Die Betroffenen wissen, was ihnen ihr Häuschen und ihr Auto wert sind.«

Dazu muß man freilich wissen, daß zum steigenden Haß der

Schwarzen die Tatsache, daß ihnen das Häuschen eben nicht gehört, sehr erheblich beiträgt. Afrikaner dürfen unter keinen Umständen Eigentum in den Gebieten besitzen, die als »weiß« gelten. Präziser gesagt: Außerhalb der sogenannten Homelands gibt es für Schwarze kein Eigentum. Jene 100 000 »Häuschen«, die die Stadt Soweto bilden, sind kleine Betonklötze, die meisten ohne elektrisches Licht, alle ohne Kanalisation und fast alle doppelt und dreifach belegt. Niemand wünscht sich, dort zu leben – schon deshalb nicht, weil Hausangestellte, Arbeiter, Rechtsanwälte und Doktoren, die allesamt dort wohnen müssen, weil sie im weißen Johannesburg nicht schlafen dürfen, im Durchschnitt am Tag vier Stunden für die Hin- und Rückreise brauchen. Keineswegs vor jedem Häuschen steht das erwähnte Auto. Wenn ein paar Dutzend Soweto-Bewohner über ein Auto verfügen sollten, so wäre das viel.

Dies und vieles andere weiß der deutsche Autor natürlich nicht, und auch viele Südafrikaner wissen es nicht. Mir ist immer wieder aufgefallen, daß es zwei ganz verschiedene Gesellschaften in Südafrika gibt, die nichts miteinander zu tun haben und auch nichts voneinander wissen wollen – weil sie sich gegenseitig mißbilligen. Ich meine nicht die weiße und die schwarze Gesellschaft, sondern zwei weiße Gesellschaften.

Die einen empfinden die Diskriminierung der Schwarzen als Schande. »Ist es nicht unerhört«, sagen sie, »daß es für schwarze Kinder keine Schulpflicht gibt, daß die durchschnittlichen Ausgaben für Erziehung pro Kopf der weißen Kinder 490 Rand (1960 Mark) betragen, pro Kopf der Schwarzen nur 28 Rand (112 Mark); daß Kriegspensionen an Weiße, Mischlinge und Inder gezahlt werden, nicht aber an Afrikaner, obgleich 130 000 von ihnen in den beiden Weltkriegen eingezogen waren und im Feuer standen, auch wenn sie den Status von Nichtkämpfern hatten. Ist es nicht beschämend, daß die Afrikaner sich bisher nur als ungelernte, höchstens angelernte Arbeiter betätigen durften? Und wie grausam, daß viele Familien jahrzehntelang in Trennung leben müssen, weil die Männer nur in der städtischen Industrie Arbeit finden, die Frauen und Kinder aber in den meisten Fällen dort nicht leben dürfen.« Die so sprechen, versuchen zu helfen, wo sie es können: Sie erteilen begabten Schwarzen Unterricht, unterhalten Auskunftsbüros, kämpfen für Verbesserungen.

Ich habe einen Vormittag in einem Büro zugebracht, das von einer weißen Frauenorganisation geleitet wird, den *Black Sash*. Da saßen in drei Zimmern sechs ältere Damen an Schreibtischen, ihnen gegenüber hatten Mühselige und Beladene schwarzer Farbe Platz genommen, berichteten stockend von ihren Sorgen und suchten Rat. Nie habe ich so viele Paragraphen, Absätze, Dokumente erwähnen hören – mir wurde ganz schwindelig.

Da war eine dicke Frau, die seit zehn Jahren mit ihrem Mann in Soweto wohnte; jetzt hat er sie verlassen, und sie mußte daraufhin das Haus räumen, denn Frauen sind rechtlos. Seit Wochen verbringt sie mit ihrem Kind die Nächte in Ruinen oder offenen Lagerhallen. Sie weiß nicht wohin. Ins Homeland heißt die Parole – aber dort kennt sie niemand, sie befürchtet, dort keine Arbeit zu finden und allmählich zu verhungern.

Da war ein Mann, der seit sechs Jahren beim selben Arbeitgeber beschäftigt ist. Er verdient 120 Mark im Monat. Jetzt bekam er ein Angebot, bei dem er 160 verdienen würde, aber wenn er es annimmt, verliert er die Aussicht auf ein Wohnrecht in Johannesburg, weil man dafür zehn Jahre beim selben Arbeitgeber beschäftigt sein muß.

Ein Junge muß gegen seinen Willen in den Minen arbeiten, weil sein Vater ja auch Minenarbeiter gewesen ist...

Die Kette der Ratsuchenden reißt nicht ab.

Der andere Kreis von Südafrikanern weiß von alledem nichts – will es wohl auch nicht wissen. Für ihn sind alle Schwarzen unfähig, unintelligent, uninteressiert. Daß dieser Eindruck nur stimmt, weil man die Schwarzen künstlich niedrig hält, das leuchtet ihnen nicht ein. Auch nicht die Parallele zu den Juden: Wer hätte früher für möglich gehalten, daß sie glänzende Soldaten und hervorragende Bauern werden würden?

Ein junger, sehr kluger Anwalt burischer Abkunft sagte: »Da wird tatsächlich in der internationalen Presse oft behauptet, Südafrika sei eine Art Polizeistaat, dabei lebt man nirgends so frei wie hier.« Es stimmt: *Er* lebt vollkommen frei. Man kann vollkommen frei leben – man muß nur zwei Voraussetzungen erfüllen: von weißer Hautfarbe sein und die richtigen Anschauungen haben.

Es ist, als hätten die Selbstzufriedenen eine besondere Schutzschicht, die sie davor bewahrt, zu erkennen, was um sie herum vorgeht. Oft helfen sie auch selber mit semantischen Mitteln nach: Innenminister Connie Mulder meint, Apartheid sei das falsche Wort – es müsse *separate freedom* heißen. Und Botschafter Pik Botha sagte im Oktober 1974 vor der UN-Vollversammlung: »Es gibt Diskriminierung in Südafrika, aber sie darf nicht mit Rassismus gleichgesetzt werden. Wenn wir diese Diskriminierung haben, dann nicht, weil die Weißen in Südafrika einen ›Herrenvolk‹-Komplex haben, sondern weil diese Gesetze und Praktiken Teil der historischen Entwicklung in unserem Lande sind; sie dienen dazu, die Interessen aller Gruppen – nicht nur der Weißen – zu schützen.«

Ich bin in Südafrika immer wieder erwartungsvoll gefragt worden: »Was für Veränderungen bemerken Sie diesmal?« Es war klar, wonach gefragt wurde. Aber auch bei gewissenhaftester Prüfung konnte ich nur selten feststellen, daß das psychologische Klima sich verändert hat: Die Weißen sind nicht mehr so selbstsicher, sie sind vielmehr besorgt – und die Schwarzen sind selbstbewußter und erscheinen ausgesprochen ablehnend, zum Teil feindselig.

Oft mußte ich an die vielen Diskussionen denken, bei denen ich 1960 argumentiert hatte, es gäbe für Südafrika nur einen Weg: die »Ent-Diskriminierung«. Wie anders stünde das Land heute da, hätte man damals begonnen, die Schwarzen für die gemeinsame Entwicklung zu interessieren. Wahrscheinlich wäre es dann auch für die Regierung heute weniger gefährlich, ihnen das Stimmrecht zu gewähren, als es ihnen vorzuenthalten.

Ein im Sinne des ANC politisch sehr engagierter Afrikaner gab mir eine eindrucksvolle Schilderung von der scharfen Ablehnung der Weißen. Am einprägsamsten fand ich die Feststellung, daß heute kein Afrikaner mehr seinen Kindern europäische Namen gibt. Ein paar Tage später erzählte mir ein Arzt, daß in seinem Krankenhaus die schwarzen Schwestern, die bis dahin Mary,

Hetty, Edith hießen, sich jetzt umgetauft haben in Kholiswa, Mtombizodwa und Nomhthemba.

Zum erstenmal hat jetzt ein schwarzer Südafrikaner öffentlich *majority rule* – die Herrschaft der Mehrheit – gefordert. Es war Häuptling Buthelezi, der zukünftige Ministerpräsident von Kwa-Zulu, einem der zehn Homelands, die nach und nach unabhängig werden sollen. Gatsha Buthelezi hat am 14. März in Soweto eine Rede gehalten, die viel Aufsehen erregt hat.

Er sagte: »Ich glaube, daß die Weißen jetzt die Schrift an der Wand bemerken und erkennen, daß das Land sich auf *majority rule* hin entwickeln wird ... Die Apartheid, die wir hassen und die mit krebsartig wuchernden Gesetzen aufrechterhalten wurde, ist bereits von der Geschichte überholt worden ... Ich biete den Weißen – und wahrscheinlich geschieht dies zum letztenmal – die schwarze Hand der Freundschaft an. Es hängt von den Weißen ab, ob die kommende Revolution blutig oder friedlich sein wird.«

Die Schwierigkeit für die Weißen in Südafrika besteht darin, daß die *National Party* vor Jahrzehnten einen lebensfremden Plan entworfen hat, bei dem – Papier ist geduldig – alles reibungslos ineinandergreift, so daß am Schluß mühelos das herauskommt, was zu Beginn gewünscht wurde: die Verewigung der weißen Herrschaft. Politische Partei, Kirche, Schule und der Geheimbund der Buren, der Broederbund, sie alle wirken gemeinsam auf diesen Zweck hin. Und nun glaubt die Regierung, weder Apartheid und Diskriminierung abschaffen noch *majority rule* einführen zu können, ohne daß das gesamte Konzept zusammenbricht.

Das Konzept sieht vor, in Südafrika einen hochindustrialisierten Kern für die 4 Millionen Weißen zu schaffen, die dort zusammen mit den 2,5 Millionen Mischlingen und den 0,75 Millionen Asiaten leben, und die Stammesgebiete, die einem Hufeisen gleich das Land umrahmen, in neun Homelands einzuteilen und als Heimat der 18 Millionen Schwarzen zu betrachten. Das heißt: Jeder Schwarze – auch der, der schon in der zweiten oder dritten Generation in Johannesburg oder in der Kap-Provinz lebt, befindet sich dort nur als Gastarbeiter, darf deswegen dort auch kein Eigentum besitzen und ist je nach ursprünglicher Stammeszugehörigkeit Bürger eines Homelands.

An dieser Stelle wird wohl die erste Bresche in das künstliche Gebäude geschlagen werden. Im Oktober soll die Transkei, das erste dieser Homelands, unter seinem Häuptling Kaiser Matanzima unabhängig werden. Als jetzt die Verfassung des neuen Staates veröffentlicht wurde, erklärte Matanzima, wer Bürger dieses Landes werde, entscheide die schwarze Transkei, nicht das weiße Südafrika. Die 1,3 Millionen Transkeier, die in »weißen Gebieten« leben, würden nicht gezwungen werden, die Staatsangehörigkeit anzunehmen. Nur wer den Antrag stelle, dem werde sie gewährt.

Der zuständige Minister, M. C. Botha, konterte sofort: »Wenn die Transkei sich weigert, die Staatsangehörigkeit denen zu gewähren, die außerhalb ihres Territoriums leben, dann werden diese eben staatenlos – aber nicht durch unsere Schuld, sondern durch die der Transkei.«

Wenn Ministerpräsident Vorster die Drohung Bothas nicht wahrmacht, dann steht hier in der Tat das ganze Konzept der Regierung Pretorias auf dem Spiel. Macht er sie aber wahr, dann hat er in seinem Lande eines Tages neun Millionen staatenlose Afrikaner – das ist die Zahl der heute in weißen Gebieten lebenden Schwarzen; eine in all ihren Aspekten unvorstellbare Konsequenz. Es würde mich nicht wundern, wenn Matanzima sich unter diesen Umständen im letzten Moment weigerte, die Unabhängigkeit der Transkei zu akzeptieren.

Man kann nur hoffen, daß alle, die diesem paradiesischen Land und seiner weltfremden Regierung wohlgesonnen sind, darauf hinwirken werden, daß die Südafrikaner in letzter Stunde ihr Konzept neu überdenken. Noch ist es nicht zu spät – wenn auf der Stelle mit dem Abbau der Diskriminierung begonnen wird. *Johannesburg, im Mai 1976*

Sturmzeichen in Namibia

Vor zehn Jahren wären die heutigen Vorschläge
ein Sprung vorwärts gewesen

»Was ist denn Dirk Mudge eigentlich für ein Mann?« fragte ich
einen Windhoeker Geschäftsmann deutscher Sprache.

»Mudge ist ein ausgezeichneter Mann, er gehört zu den *Verligten*.«

»Und du Plessis?«

»Das ist ein typischer *Verkrampter*, der soll offenbar aufpassen, daß Mudge nicht zu viel Konzessionen macht.«

Die Verkrampten sind in Afrikaans, der Sprache der Buren,
die Konservativen – die Verligten sind die Liberalen. Das Wort
Verkrampt ist so einleuchtend, daß es keiner Übersetzungs-
Anstrengungen bedurfte; Verligt dagegen konnte ich mir erst
ableiten, als ich über einer Tür »Information« angeschrieben sah
und darunter in Afrikaans: »Inligting«. Die Liberalen sind also
– welche Befriedigung – die Informierten, die Aufgeklärten, ja
die Erleuchteten!

Das sind aber auch die einzigen Wörter, die ich in Südwestafrika, dem einstigen Deutsch-Südwest, das inzwischen Namibia
heißt, gelernt habe. Im übrigen genügt die Kenntnis der deutschen Sprache. In den Geschäften, auf der Post, im Hotel spricht
fast jedermann Deutsch. Im Restaurant hört man an den Neben-
tischen nur deutsche Unterhaltung. Ein Drittel der weißen Bevölkerung sind Deutsche: 30 000, von denen etwa 5000 einen bun-
desdeutschen Paß besitzen. Die Gesamtbevölkerung des Landes
erreicht noch nicht einmal die Millionengrenze; es gibt nur
knapp 800 000 Bürger weißer, brauner und schwarzer Farbe.
Sie leben auf rund 800 000 Quadratkilometern.

Namibia ist ein riesiges Land. Die Entfernung von der Nord-
grenze zur Südgrenze entspricht der Distanz von London nach
Rom. Aber es ist ein regenarmes, wüstenreiches Land – viel
Steppe, karges Weideland. Für den Ackerbau seien, so heißt es,
nur etwa ein Prozent des Bodens geeignet. Übrigens hat diese
traurige Kargheit auch ihre positiven Seiten. Das empfindet man
besonders, wenn man von Südafrika kommt, wo die Häufung
frühkapitalistischer Kontraste zwischen Reichtum und Armut
mit der geballten Hektik einer modernen Industriegesellschaft
dem Europäer empfindlich auf die Nerven geht. Da hat die Pro-
vinzialität, der Mangel an Luxus, das fast ein wenig Dörfliche
Namibias etwas geradezu Versöhnliches.

Dirk Mudge und Wentzel du Plessis spielen beide zur Zeit eine
wichtige Rolle in Namibia. Mudge, der Senior der Regierung
von Windhuk, ist der Erfinder jener »Turnhallen-Konferenz«,
die über die Zukunft des Landes bestimmen sollte und sich allmählich zu einer Art verfassunggebender Versammlung entwik-
kelt hat. Die Einladungen gingen aus vom Landesrat, der par-
lamentarischen Vertretung der Weißen. Eingeladen wurden die
Führer von elf verschiedenen Bevölkerungsgruppen: von den
Weißen, den Mischlingen und von neun afrikanischen Stämmen.
Diese Führer verfügen über ganz verschiedene Legitimationen:
Die Weißen, die Ovambos, die Mischlinge und die Rehoboter
haben – jedenfalls theoretisch – demokratisch gewählte Vertretungen; die Hereros und andere Stämme halten am traditionellen
Häuptlingssystem fest.

Die Turnhalle, wo die Versammlung tagt, ist ein Gebäude aus
den Tagen Kaiser Wilhelms. Mudge hat die Veranstaltung in
endlosen Gesprächen vorbereitet. Er ist ganz der Typ, der das
Sitzfleisch für derartige afrikanische Palaver hat: groß, bedäch-
tig, offenbar durch nichts aus der Ruhe zu bringen und ohne
Zeitgefühl. Wenn er einem die Hand drückt, weiß man, dies ist
ein Farmer, kein Schreibtischmensch. Die »Turnhalle« ist ein
phantastisch anmutendes Unternehmen.

Am 1. September 1975 kamen die Vertreter der elf Gruppen
zum erstenmal zusammen. Sie waren gebeten worden, so wenige
Delegierte wie möglich mitzubringen. Die Ovambos – mit annä-

hernd 350 000 Stammeszugehörigen fast die Hälfte der gesamten Bevölkerung – erschienen mit 15 Abgesandten, die Hereros dagegen hatten für 50 000 gleich 44 Delegierte aufgeboten. Dennoch stimmte die sehr verständige Versammlung dieser enormen Disproportionalität zu, weil jedermann zugab, daß das in viele Regionen aufgesplitterte Stammesgebiet der Hereros eine so vielköpfige Repräsentation erforderlich machte.

Die Teilnehmer einigten sich ferner auf sieben Konferenzsprachen und darauf, daß nicht abgestimmt wird, sondern für alle Fragen ein allgemeiner Konsens herbeigeführt werden muß. Stünde auf solche Weise nicht jeder Gruppe ein Veto zu, wäre die ganze Sache vermutlich gar nicht zustande gekommen. Und dann ging es los: ohne Vorsitzenden, ohne Verfahrensregeln, ohne Tagesordnung, ohne Konzept. Dies alles sollten die etwa 170 Konferenzteilnehmer erst selber bestimmen, denn niemand sollte sich bevormundet fühlen.

»Wie viele Monate hat es denn gedauert, bis sie über die Verfahrensfragen einig waren?« Ich dachte an die vielen Konferenzen zwischen Ost und West, die nie über die Diskussion der Tagesordnung hinausgekommen sind. Mudge antwortete:

»Oh, das ging sehr schnell. Zunächst wurde Einigung darüber erzielt, daß jede Gruppe einen Vorsitzenden stellt und daß der Vorsitz täglich wechselt. Am dritten Tag haben alle erklärt, ich solle den Vorsitz in Permanenz führen. Das war mir gar nicht so recht, denn ich wollte ja auch gelegentlich reden, darum wurden zwei Vertreter bestimmt, die abwechselnd dann einspringen, wenn ich das Wort ergreife. Schon nach vierzehn Tagen hatten wir uns auf ein Grundsatzprogramm geeinigt.«

Die wichtigsten Punkte dieses Grundsatzprogramms sind die Verurteilung von Gewalt zur Beseitigung der alten Ordnung oder zur Errichtung der neuen. Ferner: Selbstbestimmung mit friedlichen Mitteln, Achtung der Interessen aller Gruppen, auch der Minderheiten. Der entscheidende Satz lautet: »Daß wir die Förderung und Achtung der Menschenrechte und Grundfreiheiten aller ohne Diskriminierung wegen Rasse, Hautfarbe oder Religion akzeptieren.« Unter den südafrikanischen Gegebenheiten wäre dies in der Tat ein riesiger Sprung vorwärts.

»Im März dieses Jahres«, fuhr Mudge fort, »haben wir dann beschlossen, neben den vier Arbeitsgruppen, die wir bereits hatten, eine fünfte als verfassunggebende Versammlung zu konstituieren. Sie besteht aus 40 Leuten, 3 Weißen und 37 Nichtweißen. Mich haben sie wieder zum Vorsitzenden gemacht.«

»Welche Vorstellungen haben Sie denn selber? Welches Ziel steuern Sie an?«

»Ich habe keinerlei vorgefaßte Meinung. Die Leute sollen sich wirklich das System schaffen, mit dem sie leben möchten. Immer wieder sind überall so viele Fehler gemacht worden – wir hier wollen ohne alle Voraussetzungen und ohne vorfabrizierte Klischees anfangen. Sie müssen bedenken, dies ist nicht nur eine verfassunggebende Versammlung, dies ist gleichzeitig ein Seminar, quasi ein Universitätslehrgang. Die Beteiligten sollen verstehen lernen, wie eine moderne Verwaltung funktioniert und was die Konsequenzen allzu leicht getroffener Entscheidungen sind – wie sich also beispielsweise zu hoch festgesetzte Mindestlöhne auswirken. Das alles braucht Zeit. Wir haben von Anfang an mit drei Jahren gerechnet.«

Eine Verfassung, die ohne jede Voraussetzung von Leuten entworfen wird, die ihrerseits ohne jede Kenntnis von Theorie oder Praxis sind – da darf man wirklich gespannt sein, was dabei herauskommt. Einstweilen macht es aber allen viel Spaß. Ich unterhielt mich mit Kloppers, dem Führer der Mischlinge, und Dr. Africa, dem Chef der Rehoboter. Beide sprachen mit großer Achtung von Dirk Mudge und betonten, wie harmonisch die Diskussionen verliefen und wieviel unerwartete Übereinstimmung es zwischen den Rassen und Gruppen gebe.

Auch ich hatte den Eindruck, daß Mudge es ehrlich meint. Einige Leute glauben, eben dies sei der Grund, warum Minister du Plessis, der als einziger Südwestler im Kabinett von Pretoria saß, jetzt plötzlich von Vorster in seine Heimat zurückgeschickt worden ist und dort (an Stelle von Mudge) zum Führer der weißen Delegation ernannt wurde. Die meisten Beobachter sind nämlich der Meinung, Vorsters Devise – »Die Leute in Südwest müssen ihr Schicksal selber bestimmen« – sei wieder einmal nur eine Finte, um Zeit zu gewinnen.

Um den Hintergrund dieser Befürchtung zu verstehen, muß man sich einmal die Geschichte des Mandats Südwestafrika vergegenwärtigen. Am 28. Juni 1919 hatte Deutschland in Versailles alle Kolonien an die alliierten und assoziierten Mächte abgetreten. Im gleichen Jahr wurde der Völkerbund geschaffen, das Mandatssystem eingeführt und Südafrika zum Mandatar von Südwest ernannt. Als 1945 die Vereinten Nationen gegründet waren und bald darauf der Völkerbund aufgelöst wurde, behauptete die südafrikanische Regierung, sie sei nicht verpflichtet, ein neues Treuhandabkommen mit der UN abzuschließen, weil das Mandat zugleich mit dem Völkerbund erloschen sei; sie stellte darum den Antrag, das Gebiet annektieren zu dürfen. Die Vollversammlung lehnte das Gesuch ab und forderte Südafrika auf, mit der UN ein Treuhandabkommen abzuschließen. Pretoria weigerte sich, aber der damalige Ministerpräsident Jan Smuts erklärte sich bereit, auf freiwilliger Basis – »ohne daß dadurch Verpflichtungen entstehen« – Berichte über das Gebiet einzureichen.

Als 1948 die *National Party* ans Ruder kam, änderte sich diese konziliante Haltung sofort: Die Berichte wurden mit der Begründung eingestellt, die UN habe kein Recht, sich in Südwest einzumischen. Von da an bis zum heutigen Tage spannt sich eine lange Kette von vergeblichen UN-Aktionen: Rechtsgutachten des Internationalen Gerichtshofes im Haag von 1950, 1955, 1956, 1962, 1966, 1971. Am 27. Oktober 1966 faßte die Vollversammlung den Beschluß Nummer 2145, mit dem sie das Mandat direkt der UN unterstellte und eine Art Exilregierung bildete, die Namibia bis zur Erlangung der Unabhängigkeit verwalten soll.

Diese und alle folgenden Resolutionen wurden von Pretoria nicht akzeptiert, obgleich sie immer härter formuliert worden sind. So hieß es beispielsweise 1970: »Die fortgesetzte Anwesenheit der südafrikanischen Administration in Namibia ist gesetzwidrig, folglich sind alle Handlungen der südafrikanischen Regierung in bezug auf Namibia ungültig.«

Im März 1972 kam UN-Generalsekretär Kurt Waldheim mit einer gemischten Delegation nach Südafrika zu Verhandlungen, die sich in den verschiedensten Formen bis 1973 hinzogen. Erst hatte man gemeint, sie seien ganz fruchtbar, aber dann stellte sich heraus, daß den Worten keine Taten folgten; so beschloß der Sicherheitsrat im September 1973 einstimmig, die Verhandlungen abzubrechen. Ein Jahr später, im Dezember 1974, forderte er, wiederum einstimmig, Südafrika auf, »die notwendigen Schritte zum Rückzug seines Verwaltungsapparates aus Namibia zu ergreifen«. Wieder ohne Resonanz.

Was den Vereinten Nationen in nahezu dreißig Jahren nicht gelungen ist, das haben nun die Ereignisse in Angola bewirkt: Die Regierung in Südafrika hat endlich eingesehen, daß sie die Annexion von Namibia nicht länger aufrechterhalten kann. Es scheint, daß Vorster sich darauf einstellt, der Unabhängigkeit dieses Gebietes zuzustimmen – allerdings wohl nur unter Bedingungen, die seinem Grundkonzept für Südafrika nicht widersprechen. Damit aber sind nun die Weichen für die nächste Konfrontation gestellt.

Vorsters Konzept für Namibia sieht analog seinen Vorstellungen für Südafrika vor, das Land in separate, unabhängige Stammesgebiete aufzuteilen und das verbleibende Gebiet als Heimat der Weißen zu deklarieren. Darum sind auch die Delegierten für die »Turnhalle« nach ethnischen Gesichtspunkten ausgesucht – es sind rassische Gruppen und Vertreter der Stämme eingeladen worden, nicht die Parteien. Dies ist der Grund, warum die *Namibia National Convention* in unerbittlicher Opposition zur »Turnhalle« steht – eine Vereinigung von fünf politischen Parteien, darunter die bei weitem bedeutendste, die SWAPO. Sie alle, die Anhänger politischer Parteien, wollen einen modernen Einheitsstaat und nicht die Aufsplitterung des Landes in Einzelteile, die nicht lebensfähig sind und die in altertümlicher Weise von einer schon heute längst überholten, für die zukünftigen Probleme ganz und gar ungeeigneten Häuptlingshierarchie verwaltet werden.

Um diese Frage geht ein erbitterter Kampf: politische Parteien oder Verewigung des Stammessystems? Südafrika steht mit seiner Auffassung von den Homelands in Namibia allein gegen einen Teil der Bevölkerung, gegen alle schwarzen Staaten Afrikas, also gegen die OAU *(Organization of African Unity)* und vor allem gegen die UN. Man kann sich nicht gut vorstellen, wie Südafrika und die »Turnhalle« dieser Übermacht auf die Dauer standzuhalten gedenken. Zumal niemand bisher die Frage hat beantworten können, wie es eigentlich gelingen soll, eine moderne Demokratie ohne Parteien aufzubauen.

Welcher Teil der schwarzen Bevölkerung Namibias für die SWAPO und gegen die »Turnhalle« ist, läßt sich schwer feststellen. Nicht nur die Vertreter der Parteien, sondern auch einige Weiße meinen, es seien heute schon 40 bis 50 Prozent, und wenn erst einmal im Wahlkampf für die Partei agitiert werden könne, würden 80 Prozent diese Partei wählen. Viele Weiße dagegen behaupten, die Anhängerschaft sei ganz gering, außerdem sei die SWAPO von Kommunisten beherrscht und auch von ihnen gegründet worden. Dies aber stimmt nicht. Die Gründung der SWAPO hat mehr mit der Kirche als mit den Kommunisten zu tun.

Der Anfang der Partei geht zurück auf die frühen fünfziger Jahre. Damals gab es einen schwarzen anglikanischen Geistlichen, Pater Theophilus, der im Ovamboland eine politische Organisation gründete, die den seltsamen Namen trug *The Cry of the people is God*. Der Gründer, der bald darauf nach Windhuk zurückgerufen wurde, hatte einen Schüler mit Namen Toivo, der in Kapstadt lebte und mit Kommunisten in Kontakt war, aber weit engere Beziehungen zu den Liberalen hatte. Er gründete 1957 in Kapstadt eine neue Organisation, die OPO, die stark von christlichem Gedankengut beeinflußt war. Das Hauptziel dieser Organisation galt der Beseitigung des Wanderarbeiter-Systems.

Die OPO wurde dann 1960 von Sam Nujoma in eine reguläre Partei umgewandelt, die SWAPO. Nujoma, der heute in Lusaka lebt, ist noch immer Präsident der Partei. Sie hat einen gemäßigten Flügel *(internal wing)* in Namibia und einen radikaleren außerhalb des Landes *(external wing)*, mit mehreren Stützpunkten in Europa und Amerika. Die SWAPO, die von der UN als die einzig legitime Vertretung Namibias angesehen wird, hat einen erstaunlich hochentwickelten Parteiapparat. Dies ist darauf zurückzuführen, daß im Laufe der Jahre Tausende – und sicherlich nicht die schlechtesten – aus Namibia geflüchtet sind. Sie werden nun überall in der Welt, in Europa, Australien, Tansania ausgebildet, teils für friedliche, aber teils auch für terroristische Zwecke. Sam Nujoma selbst ist wahrscheinlich Marxist. Bis 1966 trat die Partei ganz strikt für friedliche Methoden ein. Da sie damit aber keinerlei Erfolg erzielen konnte, haben diese Anschauungen sich geändert. Seither wird offen Gewalt geübt.

Im Januar dieses Jahres fand in Dakar eine wichtige Konferenz zum Thema Namibia statt. Eingeladen hatten drei Organisationen: das Institut für Menschenrechte in Straßburg, die Internationale Juristenkommission und die Internationale Vereinigung demokratischer Anwälte. Aus Südafrika war Professor John Dugard, Dekan der juristischen Fakultät vom Witwatersrand gekommen, der zugleich Mitglied des *South African Institute of International Affairs* ist. Die SWAPO, geführt von Präsident Sam Nujoma, war ebenfalls anwesend. Sie spielte eine wichtige Rolle und zeigte sich so maßvoll wie möglich.

In seinem Bericht über die Konferenz sagt Professor Dugard: »Der *external wing* der SWAPO hat eine eindrucksvolle Organisation aufgebaut: er unterhält neun Missionen, vorwiegend in westlichen Ländern und in Afrika, einen Beobachter bei den UN und diplomatischen Status in einigen afrikanischen Ländern, beispielsweise im Senegal. Und nicht nur Ovambos gehören zur Partei, wie es oft heißt. Einige ihrer fähigsten Führer sind Hereros oder Damaras... Ganz gewiß gibt es keine ausreichenden Beweise für die in Südafrika oft aufgestellte Behauptung, die Partei sei in ihrer Ausrichtung marxistisch; schon deshalb nicht, weil der Einfluß der Kirchen, vor allem der lutherischen, innerhalb der SWAPO sehr groß ist.« Soweit Professor Dugard.

Ich besuchte in Windhuk den Sekretär der Partei, Daniel Tjongarero, der gleichzeitig der Redakteur der evangelisch-lutherischen Kirchenzeitung *Immanuel* ist. Der Weg zu ihm führte durch einen verwilderten Garten und endete vor einem kleinen Gartenhaus. Ich betrat einen einfachen, weiß gekalkten Raum und fand dort einen jungen Mann mit revolutionärer Frisur und unwirscher Miene am Schreibtisch sitzen. Offenbar ist er es mittlerweile leid, immer wieder die gleichen Fragen beantworten zu müssen.

Nein, der Unterschied zwischen *external* und *internal* SWAPO bestehe nicht im Ziel, sondern nur in der Wahl der Mittel. – »Was ist denn das Ziel?« – Tjongarero kramt in der Schreibtischschublade und fördert das Programm zutage, auf das alle sich geeinigt haben: Namibia soll ein Einheitsstaat unter einem gewählten Präsidenten werden. Eine *Bill of Rights,* Bodenreform, unabhängige Gerichte... Die drei großen Bergwerksgesellschaften – Oppenheimers Diamanten-Mine, die Tsumeh-Kupferbergwerke und Rio Tinto Zinc's Uranium – sollen zu 51 Prozent verstaatlicht werden. Also *mixed economy.*

»Es heißt, die SWAPO wolle, daß alle Weißen das Land verlassen?« Tjongarero schüttelt mit dem Kopf und liest mir den einschlägigen Passus vor, aus dem hervorgeht, daß jeder, der in Namibia geboren ist oder seit fünf Jahren dort lebt, auf Antrag eingebürgert wird.

»Wenn Sie gerade aus Kapstadt kommen«, sagt er, »werden Sie ja gehört haben, daß dort der anglikanische Erzbischof und die versammelte Synode die südafrikanische Regierung aufgefordert haben, Verhandlungen mit der SWAPO aufzunehmen.« Die Turnhallenleute seien, so sagt er, soweit es sich um Schwarze handele, Marionetten der Regierung, nicht aber Repräsentanten der Bevölkerung. Die Weißen versuchten nur Zeit zu gewinnen; sie meinten es nicht wirklich ernst. Der Präses der evangelischlutherischen Kirche, Lukas de Vries, den ich anschließend aufsuchte, ein sehr kluger, liberaler Mann, bestätigte, daß auch seine Kirche es für notwendig erachtet, zum Besten des Landes mit der SWAPO zusammenzuarbeiten.

Armer Dirk Mudge, er steht mit seiner »Turnhalle« gegen eine Welt von Feinden. Hätte er doch dieses Unternehmen vor zehn Jahren gestartet – wie anders sähe es heute in seinem Lande aus. Damals war die SWAPO noch eine kleine, gutbürgerliche Partei; an der Grenze Namibias im Norden hielten noch die Portugiesen Wache; die weißen Farmen brauchten sich nicht mit Wachtürmen und Scheinwerfern gegen Terroristen zu schützen, und die schwarzen Brüder im nachbarlichen Angola hatten nie weder einen Russen noch einen Kubaner auch nur von ferne gesehen. *Tempi passati...*   *Windhuk, im Juni 1976*

In Soweto wird
getötet und gezündelt

Die Südafrikaner meinen, ihre Zukunft
zu sichern, aber sie zerstören sie

Man muß hoffen, daß die südafrikanische Regierung jetzt nach den Ereignissen von Soweto die blutige Schrift an der Wand richtig deutet. Die Gefahr ist allerdings groß, daß nun die Parole ausgegeben wird: »Den Helm fester binden« und »den Gürtel enger schnallen«. Kompromisse schließen und elastisches Reagieren sind schließlich nicht die hervorstechenden Eigenschaften der Südafrikaner.

Was sich in den letzten Wochen in Soweto ereignete, war kein Blitz aus heiterem Himmel. Der Streit um die Unterrichtssprache Afrikaans schwelt seit Monaten. Bereits Ende 1974 wurde angeordnet, daß vom fünften Schuljahr an – während der ersten vier Jahre bedient man sich der Stammessprache – die Hälfte der Fächer in Englisch, die andere in Afrikaans gelehrt werden solle. Die Führer der Homelands, der Lehrerverband, Eltern- und Schulräte brachten sehr bald Bedenken vor und forderten, ausschließlich beim Englisch zu bleiben.

Ihre Sorge war, die Kinder würden unter solchen Umständen noch weniger lernen als bisher, weil erstens die meisten Lehrer Afrikaans gar nicht ausreichend beherrschen und weil zweitens die Kinder schon jetzt überfordert sind, da sie mit elf Jahren von dem ihnen geläufigen Idiom auf Englisch überwechseln müssen. Alle Afrikaner haben den berechtigten Verdacht, sie sollten auf diese Weise von der *lingua franca* Afrikas ferngehalten und am Lesen der englischen Presse gehindert werden. Die Schüler selbst, vor allem die Halbwüchsigen, hassen Afrikaans, das sie nur als die Sprache der Polizei kennen.

Wie bei fast allen Schwarz-Weiß-Beziehungen liegt auch hier wieder eine Diskriminierung vor: Weiße Kinder dürfen zwischen Englisch und Afrikaans wählen, brauchen also nur eine Unterrichtssprache neu zu lernen, während für die schwarzen Kinder in den weißen Gebieten (in den Homelands dürfen sie bei Englisch bleiben) gleich zwei Sprachen auf einmal neu sind. Ferner: In der Realschule bekommen weiße Kinder die Schulbücher umsonst, während die viel ärmeren Eltern der schwarzen Kinder sie kaufen müssen.

Obgleich die Regierung in dieser immer schwieriger werdenden Zeit alles daransetzen müßte, um keinen Anlaß zur Unruhe zu geben und alles Aufreizende zu vermeiden, begann das Jahr 1976 damit, daß der gerade im Sprachenstreit sehr einsichtige stellvertretende Minister für Bantu-Erziehung Janson durch Andries Treurnicht abgelöst wurde, ein Mann, den die Afrikaner als Scharfmacher und Reaktionär fürchten. Schon im Februar wurden zwei Mitglieder eines *School Boards* in Soweto abgesetzt, woraufhin der ganze *Board* zurücktrat. In den folgenden Monaten wurden fünf Direktoren ausgewechselt. Mitte Mai begann dann eine Boykottbewegung: Im Juni befanden sich in Soweto sieben Schulen mit mehreren tausend Kindern im Streik. Fünf Schulen stellten noch einmal in aller Form den Antrag, es bei Englisch als der einzigen Unterrichtssprache zu belassen – die Regierung ignorierte diese Petition.

Der hierauf am 16. Juni folgende Protestmarsch von etwa 5000 Schülern führte schließlich zur Explosion. Mehrere Schulen wurden niedergebrannt, und alle Verwaltungsgebäude der übervölkerten Millionenstadt, in der Armut, Arbeitslosigkeit und Verbrechen konzentriert sind, beschädigt. Rasch griff dann die Empörung auf Alexandra und andere schwarze Städte über.

Während Soweto, etwa 25 Kilometer von Johannesburg entfernt, von der weißen Metropole durch ein großes Militärlager getrennt ist, stößt das Elendsviertel Alexandra direkt an die Luxusvillen Johannesburgs. Alexandra soll jetzt dem weißen Gebiet zugeschlagen werden, darum erhalten die Schwarzen Räumungsbefehle. Weil sie aber nicht wissen wohin, ihnen auch keine Ersatzunterkünfte zugewiesen werden, denn es gibt keine –

die Wohnungsnot unter der schwarzen Bevölkerung ist haarsträubend –, klammern die Familien sich an ihre Bleibe, bis die Bulldozer kommen und die winzigen einstöckigen Häuschen niederwalzen.

Ich habe selten etwas so Gespenstisches gesehen wie Alexandra bei Nacht: Die Asphaltstraße hört schlagartig auf, es wird plötzlich dunkel. In den Häusern, die noch stehen, und in einigen mit Blech und Brettern notdürftig restaurierten Ruinen brennen Petroleumlampen – elektrisches Licht gibt es nicht. Überall auf dem Gelände wird abgekocht. Allenthalben brennen Feuer – die Kinder sitzen im Kreis darum herum. Weiter unten sieht man einen hellerleuchteten Komplex riesiger Gebäude, Fenster an Fenster, mehrere Etagen hoch.

Ich ging näher – es ist ein paar Wochen her – und sah jene Zwingburgen mit ihren riesigen Toren, die nachts verschlossen werden, dahinter ein erleuchteter Hof. Es sind die sogenannten Hostels: Dort hausen 2000 männliche Arbeiter, jedes Zimmer mit sechs bis acht Personen belegt, und über 1000 Frauen, je vier in einem Raum. Ich konnte mir unschwer vorstellen, welcher Geist des Aufruhrs hinter diesen Mauern brütet, vielmehr künstlich herangezüchtet wird.

Manche Leute meinen, Vorster sei Veränderungen gegenüber viel aufgeschlossener als viele seiner Anhänger. Auf die naheliegende Frage, warum er, dessen Partei seit Jahrzehnten über eine Zweidrittelmehrheit im Parlament verfügt, dann nicht entscheidende Schritte zur Abschaffung der Diskriminierung unternimmt, lautete die Antwort:

»Weil er die extremen Rechten fürchtet, die Mitglieder der *Herstigte Nasionale Party*.«

»Wie viele Sitze hat diese Partei denn im Parlament?«

»Keinen.«

Nun ist sicher richtig, daß das Gros der weißen Gewerkschaften, der Farmer, des Mittelstandes und der reichen Leute auf Sicherheit, auf Erhaltung ihres Besitzstandes und ihrer Privilegien erpicht ist – in jedem Lande der Welt ist dies so. Von der Regierung aber erwartet man schließlich anderes: mehr Weitsicht, mehr Entschlossenheit, mehr Durchsetzungsvermögen.

Werden wir nun nach den beängstigenden Ereignissen in Soweto und den eindringlichen Unterhaltungen des Ministerpräsidenten in Europa eine politische Wende erleben? Die erste Vermutung eines südafrikanischen Kabinettministers nach dem Aufstand in Soweto lautete: Kommunistische Agitatoren, Feinde des Landes haben dies angezettelt. Nicht weniger deprimierend ist es, daß zwei Tage nach jenem 16. Juni die Regierung zwei Vorlagen einer Kommission abgelehnt hat, die sich mit der Zukunft der zweieinhalb Millionen Mischlinge beschäftigt.

Der Ablehnung verfielen: erstens der Vorschlag, den Mischlingen im Parlament von Kapstadt endlich wieder Repräsentation zu gewähren; zweitens die Aufhebung des Mischehenverbots zwischen Weißen und Mischlingen, das soviel Schnüffelei und Denunziantentum verursacht. Auch hier wieder steht »der Nutzen« für die Rassisten in keinem Verhältnis zu dem Schaden, den sie sich selbst zufügen. In den letzten zehn Jahren vor dem Verbot wurden im ganzen Lande im Jahr durchschnittlich nur 20 Mischehen zwischen Schwarz und Weiß und 27 zwischen Weißen und Mischlingen geschlossen.

Man kann den gequälten Aufschrei des schwarzen Dean der Anglikanischen Kirche Desmond Tutu verstehen: »O Gott, bitte, bitte hilf uns, laß die Weißen unsere Stimme hören, ehe es zu spät ist.«   *Johannesburg, im Juni 1976*

John Vorsters Widersprüche

Er wird von Schwarz und Weiß hart bedrängt

Das waren harte Tage für Ministerpräsident Vorster, aber er gab sich gelassen und ließ sich auch durch aggressives Verhalten nicht beeinträchtigen. Auf die Frage eines Fernsehreporters: »Wieviel Isolierung können Sie sich denn in Südafrika leisten?« antwortete er ohne Zögern: »Isolierung? Lieber Mann, ich weiß nicht, wovon Sie reden. Immer mehr Länder interessieren sich für uns.«

Hart war für ihn nicht nur, in dieser ungewohnten Weise interpelliert zu werden; bedrückend und deprimierend muß es gewesen sein, daß ihm seine beiden Gesprächspartner – der amerikanische Außenminister Kissinger wie auch der deutsche Bundeskanzler Schmidt – unmißverständlich klargemacht haben, daß Südafrika bei seiner heutigen Politik – auch wenn es zum Äußersten kommen sollte – keinerlei westliche Unterstützung erwarten könne.

Für den Ministerpräsidenten eines Landes, in dem der Besucher von Vertretern der Regierung und anderen Politikern immer wieder empört gefragt wird: »Wann wird der Westen endlich aufwachen? Wie lange wollt ihr noch tatenlos zusehen, wie die Russen Stück für Stück diesen Kontinent verspeisen?«, war dies sicher ein unsanftes Erwachen. Denn in Vorsters Fall gilt es nicht nur daheim Illusionen zu zerstören – der Entschluß, die Diskriminierung radikal abzubauen, bedeutet Umverteilung, also die Preisgabe handfester materieller Vorteile der weißen Bevölkerung.

Vorster ist nicht zu beneiden. Von zwei Seiten wird er erbarmungslos unter Druck gesetzt: Seine Landsleute verlangen

Sicherheitsgarantien sowie die Festschreibung der Apartheid mit allen Privilegien, die dies bedeutet; die übrige Welt — egal ob Weiß oder Schwarz — fordert Aufgabe der Apartheid und Abbau der Privilegien. Dies aber bedeutet schwindende Sicherheit und sinkenden Lebensstandard.

Sicherlich sind dem Ministerpräsidenten während der letzten Monate schon gelegentlich Zweifel an der Praktizierbarkeit jenes Konzepts gekommen, das sein Vorgänger Verwoerd ersonnen hat und das als Denkgebäude ungemein typisch für einen doktrinären Professor ist. Einem Politiker, der ja nicht in Generationen denkt, hätte eine solche Absurdität nie einfallen können. Zu glauben, daß im Jahrhundert der Emanzipation in Schwarzafrika vier Millionen Weiße in alle Ewigkeit 85 Prozent des Landes als Eigentum genießen könnten, während für achtzehn Millionen Schwarze Heimat, Bürgerrecht und Besitztum auf die restlichen 15 Prozent beschränkt bleiben — dazu gehört schon eine gute Portion Weltfremdheit. Nicht daß Teilung undenkbar sei — vielleicht ist sie die einzige Lösung —, aber ganz gewiß nicht im Verhältnis ein Siebtel zu sechs Siebtel, und dies in umgekehrter Proportion zur Bevölkerung.

Wie unrealistisch das Ganze ist, mag aber der Ministerpräsident Südafrikas wohl erst während seines Besuches in der Bundesrepublik realisiert haben. Denn zu Hause pflichten ihm seine Landsleute bei, und wer zu widersprechen wagt oder gegen die Apartheid auftritt, wird eingesperrt. Welche Konsequenzen Vorster aus der neuen Erkenntnis ziehen wird, ist freilich ganz ungewiß. Sein Verhalten war nie leicht vorauszusagen. Niemand hätte geglaubt, daß er sich 1974 plötzlich — teils heimlich, teils offiziell — aufmachen würde, um die schwarzen Regierungschefs verschiedener afrikanischer Länder zu treffen. Ein Annäherungsmanöver, das außerordentlich erfolgreich war, bis Vorster sich ebenso plötzlich entschloß, Truppen nach Angola zu schicken und wenig später einen Pakt mit Israel zu schließen. Damit wurden alle vorangegangenen Bemühungen wieder zunichte gemacht.

Der heute sechzigjährige Balthazar Johannes Vorster wurde als dreizehntes von vierzehn Kindern eines Schafzüchters in der

Kap-Provinz geboren. Er studierte an der Universität Stellenbosch Soziologie und Psychologie bei Professor Verwoerd, dem späteren Ministerpräsidenten, und Rechtswissenschaft. Nach Absolvierung seiner Examen wurde er Rechtsanwalt in Port Elizabeth.

Früh begann Vorster sich politisch zu betätigen, zunächst parteipolitisch: Er leitete die *Junge Nationale Partei* – nach dem Ausbruch des Zweiten Weltkrieges auch in militanter Weise: Der Bure John Vorster empörte sich gegen die Engländer, die sein Land, Südafrika, zwangen, gegen die Deutschen zu kämpfen. Er, der heute erbarmungslos gegen Kritiker und Oppositionelle vorgeht, war Mitgründer der Widerstandsgruppe *Ossewa Brandwag*, der »Ochsenwagen-Garde«, die im Untergrund mit Sabotage und terroristischen Aktionen gegen die Regierung arbeitete. Mit 25 Jahren war er General dieser Truppe. Ein Jahr später, 1942, wurde er von der Smuts-Regierung verhaftet und für vierzehn Monate eingesperrt.

Sein Nationalismus, den er selber damals so definierte: »Ein christlicher Nationalismus, der ein Verbündeter des Nationalsozialismus in Deutschland ist«, war zu jener Zeit so extrem, daß die Partei, der er heute angehört, nach dem Krieg nicht bereit war, ihn aufzunehmen. Sein Antrag wurde mit der Begründung abgelehnt, daß er »sich einer autoritären Staatsführung verschrieben hat und für die Beseitigung politischer Parteien eintritt«. Der Sprung ins Parlament gelang Vorster erst 1953, zunächst freilich nur auf die Hinterbänke; seine Karriere begann fünf Jahre später, 1958. Damals trat er als stellvertretender Minister für Erziehung, Kunst und Wissenschaft ins Kabinett ein. Unter ihm wurde dann mit Hilfe der *Bantu Education Act* das Prinzip der Apartheid auch an Schulen und Universitäten eingeführt.

Als Vorster 1961, nach den blutigen Ereignissen von Sharpeville, von seinen ebenso überraschten wie ratlosen Landsleuten zum Justizminister gemacht wurde, packte er diese Aufgabe mit Eifer und Energie an. Er reorganisierte die Polizei, setzte das »Sabotage-Gesetz« durch (1962) und das »Gesetz zur Unterdrückung des Kommunismus« (1963) – die beide dem Minister und der Geheimpolizei unbeschränkte Macht verliehen. Mit Hilfe dieser Gesetze wurden die schwarzen Führer der panafrikanischen Organisationen und die Exponenten der Kommunistischen Partei auf die Gefängnisinsel Robben Island verbannt, wo sie heute, 13 Jahre später, noch immer sitzen. Auf diese Weise ist es gelungen, alle Feinde der Apartheid zu eliminieren, und das sind die Liberalen und die Kommunisten gleichermaßen.

Nach der Ermordung Verwoerds durch einen geistesgestörten Parlamentsdiener im Jahre 1966 wurde Balthazar Johannes Vorster Ministerpräsident und Vorsitzender der *National Party*. Zum allgemeinen Erstaunen übte er dieses Amt mit weniger Härte aus, als er sie auf dem Ministersessel bewiesen hatte.

Die Südafrikaner halten jeden, der ihre Maßnahmen kritisiert, für einen Feind ihres Landes, Freunde sind nur die, die ihnen zustimmen. Objektiv kann nur sein, wer ihre Vorstellungen akzeptiert. Durch diese Einstellung haben sie sich selber jeden Korrektivs beraubt. Denn woher soll Einsicht in die Notwendigkeit von Veränderungen kommen, wenn Kritik im heimischen Bereich geahndet und die von draußen nicht akzeptiert wird?

Man möchte wünschen, die Südafrikaner würden endlich einsehen, daß Apartheid ihren Interessen nicht dient, sondern ihnen im Gegenteil nachhaltig schadet. Denn:

Erstens – solange sie die soziale und politische Ordnung ihres Landes nicht ändern, solange können Europa und Amerika sie aus moralischen Gründen nicht unterstützen.

Zweitens – solange Pretoria seine Sicherheit auf Waffen stützt, wird es gezwungen sein, seinen Wehretat jedes Jahr (1975 um 50 Prozent) erheblich zu erhöhen. Es wäre aber billiger und sinnvoller, die Situation der Schwarzen zu verbessern, als Flugzeuge zu kaufen, um sich gegen sie zu schützen.

Drittens – erst wenn die ehrgeizige südafrikanische Industriegesellschaft begreift, daß Kapital und Arbeit allein nicht die entscheidenden Faktoren sind, sondern daß die psychische Verfassung und der Ausbildungsstand aller Arbeitenden entscheidende Momente sind, werden sie einsehen, daß der Abbau der Diskriminierung und die bestmögliche Ausbildung der Schwarzen auch im Interesse der Weißen liegen.

Es ist einfach absurd, wenn die südafrikanische Wirtschaft heute über einen Mangel an gelernten Arbeitern klagt, wo sie es doch selber ist, die mit ihren Rassengesetzen verhindert hat, daß eine solche Schicht entsteht. 1980, so ist ermittelt worden, werden 3,8 Millionen qualifizierter Arbeiter in der Industrie gebraucht. Es werden aber nur 1,8 Millionen Weiße zur Verfügung stehen: höchste Zeit, die miserable schwarze Schul- und Fachbildung von Grund auf zu verbessern.

Ministerpräsident Vorster war nur selten in seinem Leben außerhalb Südafrikas. Wenn die Reise in die Bundesrepublik ein wenig dazu beigetragen haben sollte, ihm einen Eindruck vom politischen Klima in Europa und der Einstellung westlicher Staatsmänner zu vermitteln, so wäre das im Sinne einer friedlichen Evolution sehr viel wert.

Wir aber sollten bei aller berechtigten Kritik nicht vergessen, wie schwer es ist, auf etwas zu verzichten, was man noch besitzt. Wir haben zwanzig Jahre gebraucht, um den Verzicht auf die Ostgebiete auszusprechen, die wir längst verloren hatten. Ist es vorstellbar, daß wir 1939 auf sie verzichtet hätten?

Bonn, im Juli 1976

Arme Schwarze – arme Weiße

Eine selbstverschuldete vorrevolutionäre Situation

Wenn sich ein Arzt ständig in seinen Diagnosen irrt und darum falsche Therapien verordnet, wird seine Klientel ihn verlassen. Wenn eine demokratische Regierung ihr Land durch falsche Maßnahmen in eine ausweglose Situation manövriert, werden die Wähler sie über kurz oder lang davonjagen. Nur in Südafrika ist dies nicht der Fall.

Auch jetzt, wo die Unruhen mittlerweile auf Kapstadt und andere Städte übergegriffen haben, lautet die offizielle Diagnose noch immer: »Dies ist eine von Feinden unseres Landes organisierte Kampagne.«

Auf die Idee, daß da etwas in Gang gekommen ist, was eine Eigengesetzlichkeit besitzt, was nicht den Kommunisten in die Schuhe geschoben werden kann, sondern ganz im Gegenteil durch die eigene engstirnige Rassenpolitik hervorgerufen wurde – auf diese Idee kommen die Regierenden offenbar nicht. Und warum reagieren die südafrikanischen Wähler nicht?

Kurz gesagt deshalb, weil Südafrika keine normale Demokratie ist. Wenn zwanzig Millionen aus einer Gesamtbevölkerung von vierundzwanzig Millionen kein Stimmrecht haben und eine Minderheit von vier Millionen Weißen, die alle Rechte, Privilegien und Vorteile genießt, in ihrer überwältigenden Majorität nur das eine Interesse hat, diesen Zustand zu erhalten, und nur die eine Angst, majorisiert zu werden, dann gibt es keine Veranlassung zum Alternieren der Parteien. Von den 171 Parlamentssitzen verfügt die seit fast dreißig Jahren regierende *National Party* über 123, die oppositionelle *United Party* nur über 36

Stimmen – und sie zieht in allen entscheidenden Fragen mit den Regierenden an einem Strang.

Wenn es aber keine Kontrolle gibt und überhaupt keine Kritik, weil fremde Kritik nicht geduldet und eigene nicht geübt wird, dann schichten sich Irrtümer und Mißgriffe allmählich zu erdrückenden Gebirgen auf. Es ist verblüffend, wie weit sich unter solchen Umständen »die da oben« von »denen dort unten« entfernen, und wie wenig die Regierenden von den Regierten wissen, wenn diese ihren Unmut nicht artikulieren können. Nur in kommunistischen Staaten, in Polen beispielsweise, konnte man jüngst ähnliche Beobachtungen machen.

In Südafrika wird einem stets gesagt: »Man muß die Schwarzen wie Kinder behandeln, sie sind ganz unpolitisch.« Und: »Nein, Sie irren sich, die sind weder frustriert noch haßerfüllt.« Nur diese Blindheit erklärt, wie es möglich war, daß nach jahrelangem Streit die Behörden plötzlich im Juni dieses Jahres auf den Gedanken kamen, in den Schulen von Soweto das verhaßte Afrikaans als Unterrichtssprache einzuführen, wodurch dann die Explosion ausgelöst wurde.

Da aber die Ursachen falsch diagnostiziert werden, meidet die Regierung auch jetzt noch nicht jedes laute Wort, wie dies in einem gefährlichen Lawinengebiet geboten ist, sondern poltert ruhig weiter. Vier Wochen nach dem Aufstand in Soweto wurden indische Geschäftsleute, die in Johannesburg in einem Quartier leben, das im vorigen Jahr zum »weißen Gebiet« erklärt worden war, plötzlich mitsamt ihrem Mobiliar von Beamten gewaltsam auf die Straße gesetzt. Der Demonstrationszug, den die Inder daraufhin bildeten, wurde von der Polizei mit Schlagstöcken und Hunden auseinandergetrieben.

Fast zur gleichen Zeit ist die Inderin Fatima Meer, Soziologin an der Universität von Natal und Präsidentin des Verbandes schwarzer Südafrikanerinnen, eine engagierte Apartheid-Gegnerin, in den Bann getan worden. Der Bann bedeutet: Der Gebannte darf seinen Polizeidistrikt nicht verlassen, keine Schule oder Hochschule besuchen, nichts veröffentlichen, keine gesellschaftlichen Zusammenkünfte, nicht einmal private, besuchen, wenn sie aus mehr als zwei Leuten bestehen, darf ab sechs Uhr abends und am Wochenende seine Wohnung nicht verlassen. Dieser Zustand dauert gewöhnlich drei bis fünf Jahre, manchmal aber auch sehr viel länger. Auch die Inder, eine hochqualifizierte Bevölkerungsgruppe, die den Weißen am nächsten steht und die eigentlich umworben werden müßte, werden also mit Fleiß antagonisiert.

Es gibt kein zweites Land in der Welt, das so antikommunistisch ist wie Südafrika. Immer wieder beruft man sich dort darauf, Hüter des Christentums und aller bedrohten westlichen Werte zu sein. Immer wieder wird diese Rolle zur Rechtfertigung der Zensur- und Ausnahmegesetze sowie vieler diskriminierender Maßnahmen herangezogen. Es gibt aber auch – und das ist wirklich eine Ironie – kein Land, in dem die Regierung mit eigener Hand den Boden für den Kommunismus so systematisch vorbereitet hat.

Die Regierung Vorster hat selbst die Voraussetzungen für die explosive Lage geschaffen – für eine im klassischen Marxschen Sinne vorrevolutionäre Situation. Die Schwarzen wurden *politisch entrechtet:* Sie wirken an keiner Entscheidung in dem Land, das ja schließlich auch ihr Land ist, mit. Sie werden *ökonomisch ausgebeutet:* Trotz erheblicher Lohnerhöhungen während der letzten drei Jahre ist die Differenz zu den Löhnen der Weißen heute größer, als sie es vor drei Jahren war. Sie werden *sozial geächtet:* Es gibt 200 Rassengesetze, die die Scheidung in privilegierte und unterprivilegierte Bürger zu verewigen trachten. Daß einige Absurditäten der »kleinen Apartheid« aufgehoben wurden, ändert nichts an diesem Faktum.

Die schwerste Sünde aber, die das Regime begangen hat und unter der es jetzt selbst am meisten leidet, ist die systematische Beeinträchtigung der Organisationen, die die Schwarzen sich geschaffen hatten, sowie die Verhaftungen und Verbannungen ihrer Führer, sowohl der politischen wie der studentischen SASO und SASM und der *Black People's Convention* (BPC).

Als ich vor 16 Jahren zum erstenmal in Südafrika war, hatte man gerade Albert Luthuli, der als erster Schwarzer eine Art Führungsrolle übernommen hatte, verhaftet. Er war seit 1952 Präsident des *African National Congress* (ANC) – ein rechtschaffener, braver, friedfertiger Mann, der 1961 in der Verbannung mit dem Nobelpreis ausgezeichnet wurde, von der südafrikanischen Regierung aber als Aufrührer betrachtet worden ist. Er blieb ein Verbannter bis an sein Lebensende, 1967.

Schon etwas härter trat Robert Sobukwe auf, der den ANC verließ und den *Pan African Congress* (PAC) gründete. Er wurde 1960, nach den Ereignissen von Sharpeville, verhaftet. Ihn konnte man während der letzten 16 Jahre nicht besuchen, weil er bis 1969 im Gefängnis war und seither »gebannt« in Kimberley lebt. Der nächste – und der erste wirklich radikale – Führer der Schwarzen war Nelson Mandela. Er wurde 1962 verhaftet und 1963 auf die ausbruchsichere Insel Robben Island gebracht, wo er noch heute – 13 Jahre später – sitzt.

Im April dieses Jahres war Gatsha Buthelezi aus der Häuptlingsfamilie der Zulus im Begriff, als Führer der Schwarzen anerkannt zu werden: Er hatte im März in einer großen Rede in Soweto zum erstenmal *majority rule* gefordert, gleichzeitig aber der Regierung die Hand zur Versöhnung geboten. Jetzt, nach den Aufständen, erklärte er, er repräsentiere die *silent majority*, er sei für friedlichen Wandel. Dafür bezeichnen die Jungen ihn nun als Kollaborateur und Marionette der weißen Regierung. Nachdem die wirklichen Führer einer nach dem anderen eingesperrt worden sind, geben nun linke Studenten, Bewunderer der Frelimo und anderer kommunistischer Befreiungsorganisationen zusammen mit »Rockern« den Ton an. Viele aus der älteren Generation der Schwarzen, die gegen Gewalt und sinnlose Zerstörung sind, stimmen nicht ein. Daraus könnten, wenn die Weißen rechtzeitig Kompromisse machen, neue Möglichkeiten der Kooperation erwachsen.

In den dreißig Jahren, in denen die *National Party* regiert, haben die Regierenden nicht begriffen, daß nur normale Beziehungen zwischen oben und unten Sicherheit gewähren, nicht aber Ausnahmegesetze und Waffen. Sie verstehen auch nicht, daß man soziale Verhältnisse nicht einfach einfrieren kann, um ein Maximum an Macht zu erhalten – die Anachronismen, die dadurch entstanden sind, haben die südafrikanische Gesellschaft in hoffnungsloser Weise von der übrigen Welt isoliert.

Was kann, was muß nun geschehen? Die peripheren Zugeständnisse, die in diesen Wochen verkündet wurden, begleitet von lapidaren Ordnungsrufen einzelner Minister, geben noch keinen Hinweis auf das, was die offenbar vollständig ratlose Regierung zu tun gedenkt. Zwar hat Außenminister Hilgard Muller soeben die Forderung Kissingers für Rhodesien – *majority rule* in zwei Jahren – gutgeheißen, aber für sein eigenes Land hat er noch einmal *separate development* – Apartheid – als Ziel betont: Die Regierung Vorster wird also alles tun, damit der Guerillakrieg im Nachbarland sich nicht ausweitet. Sie wird auch die Vertreibung der dortigen Weißen schlucken. Aber kann dies ihr eigenes System retten?

Im Grunde hat die Regierung in Pretoria nur zwei Möglichkeiten: Erstens sich mit Vertretern der verschiedenen Rassen Südafrikas zusammenzusetzen mit dem Ziel, einen festen Zeitplan für den Abbau aller Diskriminierungen und den Aufbau einer *multi-racial society* zu erarbeiten. Oder zweitens: Die Teilung in ein weißes und ein schwarzes Südafrika vorzunehmen – dann aber Teilung zu gleichen Teilen und nicht 13 Prozent für die Schwarzen, 87 Prozent für die Weißen.

Die zweite Version dürfte am Ende die wahrscheinlichere sein, weil sie nicht die Preisgabe der Apartheid verlangt; allerdings fordert sie materielle Opfer, die so riesig sind, daß wohl noch ganz andere Erschütterungen Südafrika heimsuchen müssen, damit den Weißen die Einsicht in diese Notwendigkeit zum Bewußtsein kommt. *Hamburg, im August 1976*

Im Windschatten der Geschichte

Die Regierung:
»Ein Afrikaans-sprechendes Stammessystem«

Wenn die Wahlen in Südafrika dem Ministerpräsidenten Vorster eine Dreiviertelmehrheit im Parlament bescheren sollten – woran nach den Umfragen kaum zu zweifeln ist –, so hätte er dies der Politik Amerikas zu danken.

»Wir werden der Welt zeigen, daß wir einig sind wie nie zuvor«, hat Vorster im Wahlkampf gesagt und dann hinzugefügt: »Wir werden ihr zeigen, daß wir unsere Politik selbst bestimmen und Einmischung nicht dulden.« Wie ein roter Faden zog sich die Empörung über die Vereinigten Staaten durch alle Reden: »Die Russen wollen uns durch Gewalt erledigen, während die Amerikaner sich bemühen, uns mit Raffinement zu erdrosseln.« Selbst der besonnene, allen Reformen aufgeschlossene Colin Eglin, der die einzig wichtige Oppositionspartei, die *Progressive Federal Party,* führt, nannte die Politik der Vereinigten Staaten *appalling* – schrecklich. Warum, was war geschehen?

Als Vorster im Mai mit dem amerikanischen Vizepräsidenten in Wien verhandelte, spielte sich dies nach Vorsters eigener Beschreibung folgendermaßen ab: »Mr. Mondale«, so sagte der südafrikanische Ministerpräsident, »erklärte mir, daß die Vereinigten Staaten nur eins von uns wollten: die volle politische Mitbestimmung aller, ohne Ansehen der Farbe. Ich antwortete, daß eben dies die Politik meiner Regierung ist.« Vorster hat bei dieser Behauptung vermutlich an seine *homeland policy* gedacht, die er »Selbstregierung« nennt, und an die neue Verfassung, die den Mischlingen und den Asiaten Stimmrecht geben soll. – »Nach unserer Unterredung«, fuhr der Ministerpräsident fort,

»ging Mondale zu seiner Pressekonferenz und sagte, jeder Bürger solle das Stimmrecht erhalten und alle Stimmen müßten das gleiche Gewicht haben – mit anderen Worten, Amerika verlangt *black majority rule.*«

In dieser Sekunde lag plötzlich die tödliche Zauberformel *one man, one vote* auf dem Tisch – jene Formel, die seit Jahrzehnten als Schreckgespenst des Nachts durch die Träume der Südafrikaner geistert und am Tage all ihr Denken und Tun bestimmt. Um sie zu bannen, hatten sie die Apartheid erfunden, zu deren Garantie seit 1948, also seit die *National Party* regiert, etwa 200 Rassengesetze erlassen worden sind.

Es ist ein Drama, was sich da vor aller Augen in Südafrika abzuwickeln beginnt. Und wie bei jedem echten Drama schürzt sich der Knoten mit einem Mißverständnis: Der Amerikaner aus dem Mittleren Westen, an derart komplexe Probleme nicht gewöhnt, glaubte, mit simplen Formeln der Sache zu Leibe rücken zu können. Aber gegen das geschichtlich Gewachsene ist damit nicht viel auszurichten. Zwar hofft man im Westen, durch den schrittweisen Abbau der Apartheid werde es in Südafrika allmählich zu einer *multiracial society* kommen. Vorster aber findet im Gegenteil, daß nur durch schrittweise Verschärfung der bestehenden Gesetze eine blutige Auseinandersetzung verhindert werden könne.

Die Zusammenkunft in Wien fand im Mai statt. Während des ganzen Sommers hatte sich die seit den Ereignissen vom Juni 1976 in Soweto negative Entwicklung der südafrikanischen Wirtschaft fortgesetzt: Anstieg von Arbeitslosigkeit und Inflation, Rückgang von Produktion und ausländischen Investitionen. Ende September entschloß Vorster sich, die Wahlen um achtzehn Monate vorzuziehen. Es war offenbar seine Absicht, die Weißen neu zu motivieren, denn vor allem in den Wirtschaftskreisen wurden gewisse Zweifel an seiner Politik laut. Harry Oppenheimer, Chairman der *Anglo-American Corporation of South Africa:* »Wir werden von einem Afrikaans-sprechenden Stammessystem regiert.«

Kurz zuvor, Mitte September, war bekanntgeworden, daß Steve Biko, der junge, stets maßvolle Führer der Schwarzen, auf eine Weise umgekommen war, die die ganze Brutalität des Systems enthüllte. Sein zerschundener Körper wird für alle Zeiten ein Symbol des Märtyrertums der Schwarzen sein. Auch wenn sie alle Analphabeten wären, diese Geschichte würde von Mund zu Mund durch Generationen überliefert werden.

Einen Monat später, Mitte Oktober, hat dann die Regierung in einem Anfall von totalitärem Aktionismus die bedeutendste aller schwarzen Organisationen, die *Black-Consciousness*-Bewegung, und 17 andere Gruppierungen verboten, auch die beiden wichtigsten Zeitungen der Schwarzen. Etwa vierzig ihrer Führer wurden eingesperrt, andere Schwarze und auch einige der wichtigsten liberalen Weißen wurden »gebannt« – das alles, wie gewöhnlich, ohne Gerichtsverfahren. Was die so harmlos klingende Vokabel »gebannt« bedeutet, wird an dem Fall der Winnie Mandela deutlich.

Winnie Mandela ist die Frau von Nelson Mandela, dem Organisator des *African National Congress,* der seit 1963 auf der Insel Robben Island gefangengehalten wird. Sie ist eine ungewöhnlich intelligente, gebildete, imponierende Frau. Vor fünf Monaten wurde sie aus Soweto an einen Ort exiliert, der 300 Kilometer von Johannesburg entfernt ist. Dort kennt sie keinen Menschen. Jetzt steht Frau Mandela in Bloemfontein vor Gericht, weil sie die Bedingungen der Verbannung verletzt hat: Ihre Schwester und eine Freundin hatten sich aufgemacht, um nach ihr zu sehen – die Reise war lang, darum trafen sie erst gegen Abend ein und blieben über Nacht bei ihr. Eben dies aber ist verboten und kann ihr unter Umständen drei Jahre Gefängnis eintragen.

Die Buren Südafrikas sind nicht, wie man nach all dem meinen könnte, brutale Unmenschen. Sie sind Bürger eines Landes, das Jahrhunderte im Windschatten der Geschichte lag, das nie die Aufklärung erlebte und nicht die Französische Revolution, an dem alle geistigen und politischen Bewegungen des 19. Jahrhunderts vorbeigegangen sind. Es sind Menschen, die mit der Bibel leben, streng und gottesfürchtig, aber es ist der Gott des Alten Testaments, an den sie sich halten. Es sind holländische Calvinisten, für die jeder Kompromiß nur ein Zeichen der Dekadenz ist.

Es wäre ein Irrtum zu meinen, Vorster werde, wenn das Wahlergebnis seine Regierung erneut stärkt, Reformen zulassen, die zum Abbau der Apartheid führen. Er wird ganz im Gegenteil systematisch an der Konzeption der Homelands festhalten, auch wenn die Schwarzen – vor allem die Jungen und jene, die in den großen Städten leben – dieses Konzept verachten, weil es die alten Stammesstrukturen zu verewigen trachtet und weil damit verhindert wird, daß sich allmählich eine landesweite Solidarität der Schwarzen herausbildet.

Und er wird seine Idee einer neuen Verfassung vorantreiben, in der, nach Farben geordnet, drei Parlamente gewählt werden sollen: eines von den Weißen (4 Millionen), eines von den Mischlingen (2,5 Millionen), eines von den Asiaten (0,75 Millionen). Weiß, Braun, Gelb – nur Schwarz (18 Millionen), also die Majorität, wird nicht vertreten sein. Denn die Fiktion besagt ja, daß sie durch die Homelands repräsentiert werden. Apartheid wird also weiter die Devise sein. *One man, one vote* wird es nicht geben – und kann es auch gar nicht geben.

Die Idee, man könnte den in Südafrika bestehenden Verhältnissen die repräsentative Demokratie einfach überstülpen, ist absurd. Im Grunde wäre das nicht anders, als wollte man das Management von Siemens oder Mannesmann an deren Gastarbeiter übergeben. Das kann nicht funktionieren. Dafür ist es zu spät. Da hätte man mit den Vorbereitungen vor zwanzig oder dreißig Jahren beginnen müssen. Jetzt kann man nur im Rahmen der bestehenden Konzeption weiterarbeiten. Also weiter Apartheid? Ja – aber wirklich konsequente Apartheid. Das heißt: ein Homeland auch für die Weißen, also Teilung.

Teilung ist für jeden weißen Südafrikaner zunächst unvorstellbar. Um nicht teilen zu müssen, ist ja dieses ganze künstliche Gebäude der Apartheid – oder wie sie heute sagen: des *separate development* – konstruiert worden. Aber weiße Herrschaft gegen schwarzen Nationalismus – wie diese Kraftprobe ausgeht, darüber kann es wohl keinen Zweifel geben.

Welches Szenario man sich auch vorstellen mag, Mau-Mau-artige Zustände, Stadtguerilla, Bürgerkrieg mit Intervention der Nachbarstaaten, was dann auch direkte sowjetische Hilfe einschließen würde, denn die Verträge der Sowjetunion mit Moçambique und Angola sehen auch militärische Zusammenarbeit vor – letzten Endes würde es immer auf ein Sich-Einigeln der Weißen herauskommen. Bei der »Lager-Mentalität« der Südafrikaner könnte ein solcher Kampf bis zur Absurdität weitergetrieben werden – bis die einen nichts mehr zu verteidigen und die anderen nichts mehr zu gewinnen haben.

Angesichts solcher Schreckensvisionen, die ja nicht ganz utopisch sind, sollte die Einsicht, daß eine vernünftige, faire Teilung noch das Beste wäre, nicht unmöglich sein. Ian Smith, der geschworen hatte: »*Majority rule* in Rhodesien – zu meinen Lebzeiten nicht!«, hat jetzt eingesehen, daß er froh sein muß, wenn es ihm gelingt, das kleinere von zwei Übeln zu verwirklichen: die Regierung den gemäßigten Schwarzen und nicht den radikalen zu übertragen. Vorster versucht, alles zu retten, und kann dabei leicht alles verlieren. Wenn die Operation in Rhodesien gelingt, könnte ihn dies vielleicht dazu inspirieren, seine Politik aufzugeben und an Teilung zu denken. *Hamburg, im Dezember 1977*

Keine Panik in
Namibia

Aber die vorweggenommene Anerkennung
der SWAPO rächt sich

Als ich ihn im Frühjahr 1976 besuchte, residierte Daniel Tjongarero in einem einfachen, weißgekalkten Haus am Rande der Stadt Windhuk. Tjongarero, Chef der SWAPO in Namibia, saß mißmutig im roten Unterhemd am Schreibtisch. Er hatte offenbar nur diesen einen Raum zu Verfügung, war einsilbig und wenig aufschlußreich. Diesmal fand ich ihn in einem eleganten Büro von mehreren Zimmern mitten in der Stadt. Gerade wurde letzte Hand an Parkett und Innenausstattung gelegt. Von den riesigen Zuschüssen, die die SWAPO aus aller Welt bekommt, scheint also einiges auch zu Tjongarero gelangt zu sein. Der südafrikanische Außenminister Pik Botha behauptet, während der letzten drei Jahre hätten die USA der SWAPO 6,8 Millionen Mark an direkter und indirekter Hilfe zukommen lassen, die Bundesrepublik 1,2 Millionen Mark an indirekten Beiträgen.

Die SWAPO ist Ende der fünfziger Jahre gegründet worden. Damals hieß sie noch *Ovambo People's Congress*. Ihre drei Führer waren Hermann Toivo, Andreas Shipanga und Sam Nujoma – letzterer wurde 1960 zum Präsidenten gewählt. Wenige Jahre später mußten er und Shipanga das Land verlassen. Sie gingen nach Lusaka, der Hauptstadt Sambias, wo Sam Nujoma, der Führer des externen Flügels der SWAPO, die dank der militärischen Unterstützung durch die Sowjetunion mittlerweile immer marxistischer geworden ist, noch heute residiert. Nujoma hat mehrfach verkündet, er wolle, wie Machel in Moçambique und wie Neto in Angola, die politische Macht erkämpfen – darum meinen manche Leute in Namibia, er wolle sich auch gar nicht an einer Wahl beteiligen.

Tjongarero, der diesmal viel umgänglicher war, rechnet mit einem Wahlergebnis von 55 Prozent für die SWAPO, was sich aus seinem Munde vergleichsweise bescheiden ausnimmt und den Gedanken nahelegt, daß die absolute Mehrheit wohl kaum erreicht werden dürfte. Die Ziele seiner Partei: Die SWAPO tritt ein für »internationale antiimperialistische Solidarität«, für eine »klassenlose Gesellschaft«, bei der »alle Produktionsmittel Eigentum des Volkes werden«, für eine Landwirtschaft mit »Kollektiven und Staatsfarmen«.

Shipanga und Toivo, die beiden Gründer der ursprünglichen Partei, hatten weniger Glück auf ihrem Lebensweg als Nujoma. Andreas Shipanga, ein kluger, urbaner Typ, von dem eine gewisse charismatische Wirkung ausgeht, ist, wie die Leute meinen, die beide kennen, intellektuell Nujoma weit überlegen. Er ist gerade dabei, eine »demokratische« SWAPO zu gründen. Das Programm liegt noch nicht vor, aber so, wie er seine Ideen schildert, wird es eine sozialdemokratische Partei mit liberalem Einschlag sein. Sam Nujoma wird von ihm verachtet und bekämpft.

Der Grund für diese Feindschaft: Seit 1975 hatte sich in der externen SWAPO Unzufriedenheit über das autoritäre Verhalten Nujomas und die angebliche Mißwirtschaft breitgemacht. Shipanga und andere verlangten, der »Kongreß«, das höchste politische Organ der Partei, der schon zwei Jahre überfällig war, solle einberufen werden. Daraufhin ließ Nujoma Shipanga und zehn andere Führer sowie 1500 Mitglieder der Partei kurzerhand als Konterrevolutionäre verhaften und in Konzentrationslager stecken, wo sie zum Teil noch heute sind. Shipanga, der bis vor kurzem im Gefängnis in Tansania saß, ist jetzt zurückgekehrt.

In seinem Heimatland bei den Ovambos wagt einstweilen noch niemand, mit Shipanga zu reden, weil Nujoma ihn als Verräter abgestempelt hat, aber es gibt unter den eher konservativen Stammesangehörigen viele, denen der radikalrevolutionäre Kurs Nujomas nicht geheuer ist. Für sie könnte Shipanga ein Kristallisationspunkt werden. Vielleicht könnte es ihm sogar gelingen, die SWAPO zu spalten und sich noch enger mit der *Namibia National*

Front (NNF), der er sich bereits lose angegliedert hat, zu verbinden. Das gäbe dann eine interessante Koalition der Mitte.

Was ihm fehlt, sind Zeit und Geld, um den Wahlkampf vorzubereiten und einen Apparat aufzubauen. Nach seiner Freilassung war er in Bonn, London und New York, aber überall stieß er auf taube Ohren oder wurde gar nicht erst empfangen – nicht einmal von seinen alten Freunden in der SPD und bei der Friedrich-Ebert-Stiftung: »Ich kann den Westen nicht mehr verstehen. Die Amerikaner und auch die anderen sprechen so viel von Demokratie und von Menschenrechten, aber sie tun alles, um die an die Macht zu bringen, die beides mit Füßen treten.«

Es gäbe vielleicht noch eine zweite Möglichkeit zu verhindern, daß Nujoma zur Macht kommt; aber so wie die erste nicht vom Westen wahrgenommen wird, so scheint die zweite von den Südafrikanern verhindert zu werden: die Freilassung von Hermann Toivo, der 1968 in Pretoria zu zwanzig Jahren verurteilt wurde und seit zehn Jahren auf Robben Island gefangengehalten wird. Er hat noch immer viele Anhänger, und Gerhard Totemeyer, Professor in Stellenbosch – als bedeutendster Kenner Südwestafrikas bekannt –, nennt Toivo den gefährlichsten Rivalen für Nujomas Führungsanspruch. Er meint, dieser sei vermutlich als einziger imstande, landesweit als nationaler Führer akzeptiert zu werden. Aber die Südafrikaner haben offenbar Angst, ihn freizulassen – vielleicht meinen sie, er könne zum Lenin Namibias werden. Aber solche Vergleiche hinken, vor allem wenn Stalin bereits *ante portas* steht.

In Namibia gibt es heute nur ein Thema, die Wahl oder vielmehr die bevorstehenden beiden Wahlen. Die erste, die die Südafrikaner ertrotzt haben, obgleich der Westen sogleich erklärte, daß er das Ergebnis für null und nichtig erachte, soll vom 5. bis 8. Dezember stattfinden. Die zweite, die richtige, die unter UN-Aufsicht stehen wird, soll im nächsten Jahr folgen. Die Dezember-Wahl ist ein unseliges und unsinniges Unternehmen, weil es vor allem dazu dienen wird, die SWAPO innerhalb des Landes zu radikalisieren und es Nujoma unter Umständen den willkommenen Vorwand bietet, sich der zweiten Wahl zu verweigern oder womöglich in Lusaka eine Exilregierung auszurufen.

Wenn man versucht, den Ursprung der heutigen politischen Krise zu ergründen, so stößt man auf den Beschluß der UN-Generalversammlung vom Dezember 1973, der die SWAPO als die alleinberechtigte Vertretung Südwestafrikas deklarierte. Wahrscheinlich waren die UN über die 25jährige Obstruktion Pretorias so verärgert, daß sie sich schließlich zu diesem Schritt hinreißen ließen, weil die SWAPO bereits eine Repräsentanz außerhalb des Landes hatte und weil der Ovambo-Stamm, in dem sie beheimatet ist, fast die Hälfte der Bevölkerung des südwestafrikanischen Gebietes stellt. Emotional ist dieser Schritt zu verstehen. Zu rechtfertigen aber ist er nicht: Er hat eine Kettenreaktion von Krisen ausgelöst.

Auch die Erfindung der »Turnhallen-Allianz«, die jetzt auf den Dezember-Wahlen besteht, ist auf jenen Schritt zurückzuführen. Sie wurde 1975 von der weißen und zehn schwarzen Bevölkerungsgruppen als Gegengewicht gegen die SWAPO gegründet. Die Vertreter jener elf ethnischen Gruppen saßen während zwei Jahren zusammen und berieten über eine neue Verfassung für die Interimsregierung.

Einstimmig beschlossen sie, daß das Land am 31. Dezember 1978 unabhängig werden sollte; übereinstimmend war man auch der Meinung, daß Kapuuo, der Chef des Herero-Stammes, der erste Präsident Namibias werden solle. Aber Kapuuo wurde inzwischen ermordet – vermutlich von der SWAPO –, und die fünf Westmächte setzten statt der Interimsregierung eine Zwei-Mann-Regierung – den Generaladministrator Steyn als Vertreter Südafrikas und Athissaari als UN-Repräsentanten – ein.

Der »Turnhallen«-Vater Dirk Mudge verwandelte daraufhin sein Gremium in eine Partei (DTA) und stellt nun zusammen mit der reichlich reaktionären, rein weißen AKTUR-Partei die einzigen Teilnehmer der Dezember-Wahlen. Seine Partei kämpft mit allen Mitteln: Freibier, Druck auf unabhängige und viel Geld, das von den wohlhabenden Weißen Namibias stammt, aus Pretoria und, wie es heißt, auch von der bayrischen CSU. Er rechnet mit 75 bis 80 Prozent aller Stimmen. Wenn man fragt, was denn das Ganze solle, die Wahl werde ja doch nicht als frei und kontrolliert anerkannt, antwortet er, er verlöre alle Glaubwürdigkeit, wenn dieses Ereignis verschoben würde.

Der wahre Grund aber hat wohl mit jenem Urfehler zu tun: In vielen Jahren ist für die Schwarzen die Assoziation von UN und SWAPO zur Identifikation geworden. Darum, so vermuten DTA und AKTUR, wird ein Kontingent von 7000 Blauhelmen, die während der Wahlkampagne das Land scheinbar beherrschen, als *fait accompli* eines SWAPO-Sieges angesehen werden, ergo müßten die SWAPO-Gegner einen Präventivschlag führen.

Die NNF, die mit Shipangas SWAPO-D verbunden ist und die vierte große Partei darstellt, beteiligt sich nicht an den Wahlen. Rechtsanwalt Hans Berker, der zum Vorstand gehört, beendet seinen *tour d'horizon* mit der Bemerkung: »Natürlich wird das zukünftige Namibia letzten Endes ein schwarzer Staat sein.« Dies freilich ist vielen Weißen hier noch nicht aufgegangen. »Und wieso denken Sie dann nicht daran, das Land zu verlassen?« Der Anwalt, ein liberaler Mann, der viele Prozesse für Schwarze geführt hat, sagt: »Weil ich immer noch hoffe, daß es uns gelingt, die Mitte zu stärken. Schließlich haben in den letzten dreißig Jahren alle etwas dazugelernt, auch die Schwarzen und die Nachbarstaaten.« Ein deutscher Farmer, der aus Ostpreußen stammt, sagt: »Sorgen mache ich mir schon, aber ich kann hier nicht alles im Stich lassen, auch die Schwarzen nicht.« Und ein Kaufmann in Windhuk meint: »Ich glaube, die SWAPO ist gar nicht so radikal, wie sie gemacht wird.«

Resümee: Man ist skeptisch und man macht sich Sorgen — aber es gibt keine Panik in Namibia.

Windhuk, im November 1978

Die Fiktion der Homelands

Das Geflecht der Rassengesetze wird durch keine Reform verändert

Auf die Frage: »Was hat sich denn verändert seit Juni 1976?« – also seit dem Aufstand in Soweto, der landesweit 467 Todesopfer forderte und allen Weißen das Blut in den Adern gerinnen ließ – bekommt man in Südafrika heute zwei verschiedene Antworten. Die Weißen sagen: »Wir hätten uns nie vorstellen können, daß in so kurzer Zeit so vieles so anders wird.« Die Schwarzen, gleichgültig, ob man mit Intellektuellen, mit den Führern der einzelnen Gruppen oder mit dem »schwarzen Mann auf der Straße« spricht – sie alle antworten: »Nichts wirklich Grundsätzliches hat sich geändert, es sind nur unwesentliche Korrekturen vorgenommen worden.«

Beide Antworten sind nach dem subjektiven Verständnis der Befragten durchaus zutreffend. Typisch ist ja gerade, daß die Bilder sich nicht decken. Die Weißen vermeinen, die freie Welt an vorderster Front gegen den Kommunismus zu verteidigen, weswegen sie denn auch nicht verstehen können, daß der demokratische Westen sich nie mit ihnen wird solidarisieren können, solange sie sich dem Apartheid-System verschreiben. In ihren Augen hat sich unendlich vieles verändert: Es gibt mehr schwarze Gäste in Restaurants und Hotels; in manchen Theatern sitzen Schwarze neben Weißen; in der Metallindustrie wurde die Job-Reservation abgeschafft.

Ich war bei Siemens, die in Südafrika acht Fertigungsstätten haben. Die Belegschaft besteht aus 46 Prozent Weißen, 42 Prozent Schwarzen, 12 Prozent Mischlingen. Im Jahr 1966 waren die Schwarzen nur in den fünf untersten Lohnstufen vertreten, in diesem Jahr ist der erste Schwarze in der obersten – der elften – Klasse angekommen. Als ich vor zweieinhalb Jahren dort war, war die Belegschaft allenthalben nach Farben geordnet. Heute gibt es das nur noch in der Kantine, nicht mehr am Arbeitsplatz. Und die verschiedenfarbigen Betriebsräte werden heute von einem *multiracial committee* überwölbt, in dem die Beteiligten nach ihrer Fabrikzugehörigkeit, nicht mehr nach Rassen geordnet zusammensitzen.

Bei Siemens sind während der letzten sieben Jahre die Löhne der Schwarzen um 220 Prozent erhöht worden, die der Weißen nur um 120 Prozent. Fast ein Drittel aller Schwarzen hat inzwischen an kaufmännischen und technischen Ausbildungskursen teilgenommen, was früher nicht zulässig war. Und einige hat die Firma für ein Jahr auf die Universität geschickt, um ein Studium in Personalführung zu absolvieren.

Dennoch verspüren die Schwarzen keine wirkliche Verbesserung. Dies hängt damit zusammen, daß das Geflecht der Rassengesetze, das seit dem Regierungsantritt der *National Party* im Jahr 1948 geknüpft wurde, so undurchlässig geworden ist, daß die Vorherrschaft der weißen Minderheit gegen die farbige Mehrheit lückenlos und scheinbar für immer sichergestellt ist. Gerade eben ist beim *Institute of Race Relations* in Johannesburg ein Buch erschienen, das zum erstenmal alle Rassengesetze zusammenfaßt. Dabei stellt sich heraus, daß es 300 solcher Gesetze gibt, deren Hauptzweck es ist, die Vorherrschaft der Weißen zu sichern. Solange die schlimmsten dieser Gesetze weiterbestehen, kann sich daher am Status der verschiedenen farbigen Gruppen nichts ändern – da haben die Schwarzen ganz recht.

Zu den in diesem Sinne schlimmsten gesetzlichen Regelungen gehört die Bestimmung, daß es Schwarzen verboten ist, Eigentum – Häuser oder Grund und Boden – im weißen Gebiet zu besitzen, weil sie dort angeblich nur als Gastarbeiter anwesend sind. Ihren eigentlichen Wohnsitz, so lautet die Theorie, haben sie in einem der Homelands, auch wenn sie noch nie in ihrem Leben dort waren. Diese Fiktion wird mit Brachialgewalt aufrechterhalten, obgleich:

1. nur 14 Prozent des Landes den fast 20 Millionen Schwarzen zugemessen wurden, während die vier Millionen Weißen 86 Prozent besitzen;

2. die unterentwickelten Homelands höchstens für die Hälfte der ihnen zugedachten Stammesangehörigen Arbeit und Nahrung haben;

3. diese mit der Unabhängigkeitserklärung eines Homelands ihre Eigenschaft als Bürger Südafrikas verlieren, wogegen sich alle mit Händen und Füßen wehren.

Da die Selbständigkeit dieser Pseudo-Staaten von keinem Lande der Welt anerkannt wird und dessen Bürger daher keine Visa erhalten, ist dieser Widerstand nur zu begreiflich. Im Transkei, das vor zwei Jahren unabhängig wurde, haben bisher nur 57 Personen das Bürgerrecht beantragt.

Von jenem Gesetz mit seiner Unterstellung, daß es keine schwarzen Südafrikaner gibt, daß Südafrika vielmehr rein weiß ist, obgleich selbst im weißen Gebiet mehr Schwarze als Weiße leben, leiten sich viele Ungerechtigkeiten und Grausamkeiten ab. Ein anderes Gesetz, was alle – Schwarze wie Mischlinge und Inder – zur Verzweiflung treibt, ist der *Area Group Act,* der 1950 ersonnen worden ist und seither durch ungezählte Ergänzungen perfektioniert wurde.

Er bestimmt, daß jede Rasse für sich leben muß – Gemengelage ist verboten. In ganz Südafrika werden also die Städte und Siedlungen durchkämmt, und wenn irgendwo ein paar Inder zwischen Mischlingen wohnen oder Mischlinge unter Schwarzen, werden die Betreffenden umgesiedelt, und zwar häufig mit Gewalt, denn oft leben sie seit 50 Jahren am selben Ort, haben mit viel Mühe ihr Geschäft dort aufgebaut und ihre Kinder in der dortigen Schule.

Am 16. November berichtete der Johannesburger *Star* beispielsweise folgenden Fall. Indische Händler erhielten vom *Department of Community Development* eine Mitteilung folgenden Wortlauts: »Da Sie kein Mitglied der weißen Gruppe sind, sind Sie für dieses Gebiet nicht qualifiziert. Ihr Aufenthalt ist somit illegal...« Diesmal sind 398 Personen von dieser Ausweisung betroffen; zuvor waren es schon einmal 1750 gewesen.

Die Umsiedlung dieser Inder soll bis 1980 vollendet sein und wird insgesamt rund 650 Millionen Mark kosten.

Mit diesem Betrag könnte man das Pulverfaß Soweto zu einer respektablen Stadt umgestalten: die Wege asphaltieren, für ausreichende Kanalisation sorgen, die 82 Prozent aller Häuser, die noch nicht elektrifiziert sind, an die Leitungen anschließen... Dies alles geschieht heute nicht, weil die Regierung angeblich kein Geld hat.

Soweto muß sich selbst finanzieren, was praktisch unmöglich ist, weil die Einwohner ihre Einkommensteuer an den Staat abführen und der Verwaltung dieser Millionenstadt nur die Einnahmen aus den kümmerlichen Mieten und den Bierhallen verbleiben. Die Hälfte des Budgets stammt tatsächlich aus den Einnahmen der Bierhallen, also sozusagen aus den staatlich geförderten Lastern, weswegen die junge Generation diese Institution auch mit Haß verfolgt.

So läßt die Regierung den Aufruhr in Soweto weiterglimmen, kümmert sich nicht um die Bitterkeit der umzusiedelnden Inder, erträgt auch den Ärger der Weißen, denen die Geschäfte fehlen, wenn die Inder umgesiedelt werden – Hauptsache, man hat der Apartheid Genüge getan.

Dies ist ein für Südafrika typischer Fall: Niemandem ist mit einer solchen Aktion gedient. Sie erzeugt allenthalben Gram und Zorn, wirkt sich mithin politisch, wirtschaftlich und psychologisch äußerst nachteilig aus. Die Regierung fügt sich selber Schaden zu, aber sie befriedigt ihr dogmatisches Bedürfnis, handelt ihrer rassischen Ideologie entsprechend: Theorie befolgt, gemeinsame Praxis ruiniert!

Südafrikas Verhalten ist dem des so heftig bekämpften Kommunismus sehr ähnlich. Auch den Kommunisten ist der Blick auf die Wirklichkeit durch das Dogma verstellt. Das Fiasko ihrer Agrarpolitik beispielsweise bringt sie nicht auf den Gedanken, einmal zu prüfen, ob dies etwas mit ihrem System zu tun haben könnte. Sie machen immer so weiter und nehmen in Kauf, daß nicht der himmlische Vater sie ernährt, sondern der kapitalistische Erzfeind.

Ganz schlimm sind auch die Sicherheitsgesetze: der *Internal*

Security Act, der der Willkür Tür und Tor öffnet, weil er das Recht zur vorbeugenden Verhaftung gibt und überdies den Präsidenten ermächtigt, eine Organisation für unrechtmäßig zu erklären, wenn er der Meinung ist, daß sie die Sicherheit des Staates gefährde. Dieses Gesetz bot der Regierung denn auch die Möglichkeit, am 19. Oktober 1977 das berühmte *Christian Institute* und 17 schwarze und gemischtrassige Organisationen zu verbieten.

Ein ebenso bedrückendes Gesetz ist der *Suppression of Communism Act,* der dem Justizminister die Möglichkeit gibt, Verhaftungen zu veranlassen, ohne dem Betroffenen die Gründe mitzuteilen und ohne ihm die Gelegenheit zu geben, sich zu verteidigen. Der Führer der weißen Opposition, Colin Eglin, sagte auf einer Versammlung in Kapstadt, die gegen die skandalösen, offenbar die höchsten Spitzen des Staates involvierenden Vorgänge im Informationsministerium protestierte, es sei verwunderlich, daß Ministerpräsident Botha den zuständigen Minister vor der fälligen Entlassung mit dem Argument geschützt habe, er müsse »erst die andere Seite hören« – wo es doch so viele Verhaftete gäbe, die grundsätzlich nie gehört würden...

Früher kam, wer unter dem *Terrorism Act* verhaftet wurde, vor ein ordentliches Gericht; das ist jetzt nicht mehr notwendig. Im Juni hat sich die Abgeordnete Helen Suzman im Parlament bitter über die Bedenkenlosigkeit in der Handhabung dieses Gesetzes beklagt: Dutzende von Kindern, die gar keine Terroristen sind, seien verhaftet worden. Sie erwähnte den Fall von 86 Schulkindern aus Kagiso, von denen 53 unter 18 Jahren und 7 unter 13 Jahren waren.

Nur mit Schaudern vermag man sich vorzustellen, welchen Gebrauch ein Justizminister von der Brutalität Jimmy Krugers, der im Fall Steve Bikos der Lüge überführt worden ist, von solchen Möglichkeiten wohl macht. Als der Minister damals gefragt wurde, was sein Kommentar zum Tode Bikos sei, der ohne Zweifel durch Folterungen der Polizei umgebracht worden ist, sagte er nur: »Es läßt mich kalt.« Gefragt, ob es nicht die besonderen Methoden des Verhörs seien, die die Gefangenen so häufig in den Selbstmord treiben, antwortete er, er sei zufrieden, daß die Sicherheitspolizei ihre Instruktionen kenne und daß sie wüßte, »wir dulden keinen Mißbrauch«.

Die Verrohung der Polizei unter den in Südafrika gegebenen Umständen stellt eine moralische Schuld der Regierung dar, die nicht nur deren Opfer beklagenswert erscheinen läßt, sondern auch die jungen Leute, die in die Polizei eintreten und dort demoralisiert werden. Gefoltert wird, so heißt es, in den Gefängnissen Südafrikas häufig – mit Elektroschockmaschinen, einschlägigen KZ-Methoden oder auch mit herkömmlichen Mitteln wie Stökken und Peitschen.

In Beantwortung einer Anfrage im Parlament hat der Polizeiminister mitgeteilt, daß 1976 genau 117 Verhaftete im Polizeigewahrsam gestorben sind; und im gleichen Jahr 165 Schwarze, 28 Mischlinge und zwei Weiße von der Polizei *in the execution of their duties* erschossen wurden – meist »auf der Flucht«. Diejenigen, die während der Unruhen unter den Schüssen der Polizei zusammenbrachen, sind in dieser Zahl noch gar nicht enthalten.

Ich fragte einen Abgeordneten der Regierungspartei, ob denn gar nichts unternommen würde, um die Forderung der Schwarzen nach Beteiligung an der Macht – *power sharing* – zu erfüllen.

»Oh doch, wir haben beispielsweise *Community Councils* – Gemeinderäte – für alle städtischen Schwarzen eingerichtet, ihnen also eine Art Selbstverwaltung gegeben.« – »Auch in Soweto?« – »Ja, auch in Soweto.«

Als ich mich später dort erkundigte, erfuhr ich, wie sich das abgespielt hat: Nach dem Aufstand im Juni 1976 hatten die verantwortungsbewußten Schwarzen, die weitere Zerstörungen verhindern wollten, unter Vorsitz von Dr. Motlana, einem nicht nur in seinem Metier kompetenten Arzt, ein Zehner-Kollegium gegründet. Dieses Komitee der Zehn versuchte, die Ordnung wieder herzustellen und die Forderungen der Jungen in vernünftiger Weise zu vertreten. Sie wurden alle ohne Verfahren verhaftet.

Ein Jahr später kam die neue Verordnung über die *Community Councils,* aber gleichzeitig mit ihr die Verfügung, niemand, der einmal in Haft war, dürfe gewählt werden. Folge: Allgemeiner Protest, nur sechs Prozent der Bewohner Sowetos beteiligten sich an der Wahl. Die gewählte Vertretung ist dementsprechend.

Das ist ein merkwürdiges Verhalten der Obrigkeit in Südafrika, daß sie immer wieder die verantwortungsbewußten Repräsentanten, die sich aus der amorphen Masse herauskristallisieren, verhaften oder »bannen« läßt und sie damit zur Inaktivität verdammt. Luthuli, der erste Führer der Schwarzen, Inhaber des Friedensnobelpreises, starb 1967 »gebannt«; Sobukwe, der folgende, starb im März 1978 ebenfalls gebannt; Mandela befindet sich seit 15 Jahren als Gefangener auf Robben Island.

Heute gibt es keinen von allen anerkannten Führer, aber eine Reihe von Schwarzen, die verschiedene Gruppen repräsentieren. Zu ihnen gehört an erster Stelle Gatsha Buthelezi, der Chef der Zulus, die mit fünf Millionen Mitgliedern den größten Stamm Südafrikas darstellen. Er hat für sein Homeland die Unabhängigkeit abgelehnt. Ferner sind da der anglikanische Bischof Tutu, dann Dr. Motlana, Chef des Komitees der Zehn, und Quoboza, heute Chefredakteur der *Post* – seine Zeitung *The World* wurde im vorigen Jahr verboten.

Ich habe mit ihnen allen gesprochen und war erstaunt, wie gemäßigt sie sind. Bei allen standen Vernunft und Einsicht im Vordergrund und nicht, was doch begreiflich wäre, Ressentiments und Emotionen. Ihre Forderung: eine *National Convention,* eine repräsentative Versammlung, auf der über Gewaltenteilung und über *power sharing* gesprochen werden soll. Ein Satz mag für viele Unterhaltungen stehen. Auf meine Frage: »Was soll ganz konkret ein solcher Konvent tun?«, antwortete Quoboza, er müsse eine neue Verfassung ausarbeiten, »das würde allen im Lande das Gefühl vermitteln, am Geschehen beteiligt zu sein; das Ganze würde Jahre dauern, aber es würde den Leuten Hoffnung geben, und in der Zwischenzeit könnten die diskriminierenden Gesetze nach und nach aufgehoben werden.« Und eine Bemerkung Buthelezis würden wohl auch alle unterschreiben: »Niemand profitiert von Gewalt, jeder verliert dabei. Es gäbe so viele Dinge, die man gemeinsam tun könnte; letzten Endes sind wir doch alle hier zu Hause, und das Gemeinsame könnte viel stärker sein als das Trennende.«

Apropos neue Verfassung: Jener Abgeordnete hatte als Positivum auch angeführt, daß die Regierung einen Verfassungsentwurf vorgelegt hat, der den *coloureds,* also den Mischlingen, und den Indern, weitgehende Rechte einräume. Es sei vorgesehen, daß beide Gruppen Parlamente bilden, deren Kompetenzen nach einem komplizierten Schlüssel festgelegt werden. Aber das Ganze ist in eine Präsidialverfassung eingebettet, die so beschaffen ist, daß dann doch wieder alle Macht bei den Weißen bleibt – also kein *power sharing.*

Der Effekt: Mischlinge wie Inder haben ein für allemal abgelehnt, sich an dieser Verfassung zu beteiligen. Die *Labour Party* der Mischlinge und die *Reform Party* der Inder haben sich statt dessen mit Buthelezis *Black Alliance* der unterdrückten Völker zusammengetan. Das Entstehen genau dieser gemeinsamen Front hatte die Regierung mit ihrem Vorschlag verhindern wollen, aber sie war nicht bereit, dafür einen Preis zu zahlen.

Beim *Executive Council* der Mischlinge in Kapstadt sprach ich mit zwei der vier Vorsitzenden: »Die Partei ist darauf festgelegt, daß sie mit der Regierung erst wieder Gespräche führen wird, wenn alle am runden Tisch einer *National Convention* sitzen. Wir lassen uns nicht dazu mißbrauchen, die Herrschaft der *National Party* gegen die Schwarzen noch weiter zu zementieren.« Sie berichteten überdies phantastisch anmutende Einzelheiten über die Absurditäten, zu denen die Apartheid führt. Offenbar ist die Zuordnung einzelner zu den Rassen so willkürlich, daß häufig Familien auseinandergerissen werden: Weiße Eltern zeugen ein farbiges Kind, es darf nicht mit den Weißen leben… Einer wird in einer Mischlingsfamilie weiß geboren, seinem Antrag bei irgendeinem Rasseamt, als Weißer kategorisiert zu werden, wird stattgegeben, aber er darf mit seiner *coloured family* nicht mehr zusammenkommen… »Wissen Sie«, sagte einer der beiden Vertreter der Mischlinge, »meine Kinder verachten mich, weil ich hier sitze und also in irgendeiner Weise an dem bestehenden System mitwirke. Wenn die Regierung sich nicht ranhält, dann hat sie in einigen Jahren niemanden mehr, mit dem sie gemeinsam handeln, ja, nicht einmal mehr jemanden, mit dem sie reden kann.« Er hat sicherlich recht. Ich glaube, in dreißig Jahren werden die Kinder der heute lebenden Südafrikaner auf diese Gesellschaft und diese Gesetze mit dem gleichen ungläubigen Staunen zurückblicken, wie die heutige deutsche Jugend auf die Absurditäten der Nazi-Zeit.

In Kapstadt, in unmittelbarer Nähe des Flugplatzes, gibt es eine Squatter-Siedlung von schwarzen Arbeitern, in der etwa 20 000 Menschen leben – sie heißt *Crossroad*. Unterkünfte für schwarze Arbeiter sind Mangelware. Sie werden gebraucht wie Brunnen in der Wüste. Dennoch soll Crossroad noch in diesem Jahr dem Erdboden gleichgemacht werden: Die Bulldozer lauern schon. Warum? Weil die These Nummer eins der Rassentrennung – egal, ob diese als Apartheid oder *separate development* bezeichnet wird – lautet: Kein Schwarzer darf im weißen Gebiet heimisch werden. Darum werden Frauen und Kinder für die Dauer des Arbeitslebens der Männer ins Homeland geschickt, die Familien also auseinandergerissen. Zwar gibt es drei Voraussetzungen, unter denen Frauen und Kinder bei den Männern in der Stadt bleiben dürfen, aber diese sind so bemessen, daß nur ganz wenige sie zu erfüllen vermögen.

Wer weiß, wie eng die Familienbindungen unter Afrikanern sind, der kann ermessen, wie grausam eine solche Maßnahme ist, und der versteht, daß Hunderttausende die Mühsal eines Squatter-Lebens auf sich nehmen. Squatter-Leben, das heißt: selbstgebaute Buden aus Wellblech, Wasserschleppen, kein Licht, ständige Angst vor Vertreibung. Alleweil finden nachts Razzien der Polizei statt, mit Tränengas und Hunden. Im September 1978 wurden in einer solchen Razzia zwischen Mitternacht und sechs Uhr morgens 400 Leute verhaftet; eine Woche später erschienen 600 Polizisten um zwei Uhr früh und nahmen 500 Leute mit, einschließlich des Bürgermeisters – einer wurde dabei erschossen, viele verprügelt.

Ich habe einen Nachmittag in dieser armseligen Siedlung verbracht und war überrascht, daß alle bereit waren, sich freundlich mit einem weißen Menschen zu unterhalten. Eine resolute dicke Frau, die in ihrer blitzblank gefegten Hütte saß, fragte ich, ob sie wisse, was Connie Mulder, dem auch für Crossroad zuständigen Minister für *Plural Relations and Development* zugestoßen sei.

Sie sagte nichts, aber ein seliges Lächeln glitt über ihr Gesicht, sie hob den Kopf ein wenig und rollte vielsagend mit den Augenbällen.

Offenbar versprach sie sich einiges von dem Skandal, der die *National Party* in den Grundfesten erschüttert und der auch politische Beobachter davon träumen läßt, die Partei könne sich spalten und ein neuer Anfang gemacht werden. Allerdings: Es sind eingefleischte Optimisten, die so denken.

Johannesburg, im November 1978

Stimmzettel oder Gewehrkugeln

Namibias erste Wahlen
sind nichts anderes als Selbstzweck

Nun sind also die Wahlen in Namibia, dem alten Deutsch-Südwestafrika, abgeschlossen. Sie waren nicht nur heftig umstritten, sondern es waren wohl auch die seltsamsten Wahlen, die je stattgefunden haben. Seltsam, weil es erstens denjenigen, die gegen den erklärten Widerstand der UN und des Westens darauf bestanden haben, sie abzuhalten, gar nicht um das Wahlergebnis ging, sondern allein darum, den Wahlvorgang als solchen ablaufen zu lassen; weil es zweitens den Südafrikanern ganz klar ist, daß diese Wahlen »null und nichtig« sind, da ja ihre Herrschaft über Namibia als illegal angesehen wird; und drittens, weil sie wissen, daß eben darum vor Ablauf eines Jahres die gleichen Leute noch einmal zur Wahl, und zwar zu der einzig entscheidenden, der von den UN vorgeschriebenen Wahl gehen müssen.

Was sind die Motive für dieses seltsame Verhalten? Es gibt nur einen Grund, auch wenn dieser nie genannt wird: weil Wahlen nicht gleich Wahlen sind. Man muß einmal über die einsamen Straßen Namibias gefahren sein, durch die scheinbar endlose Steppe, wo man während vier und fünf Stunden nicht nur kein Auto, sondern auch keinen Menschen – weder einen weißen noch einen schwarzen – antrifft, um zu verstehen, daß dort Begriffe wie Gewaltenteilung oder Regierung und Opposition so fremd sind wie Atomenergie oder Mitbestimmung. Von alledem gibt es dort nur Regierung – und Regierung nur im Sinne von Herrschaft.

Es gibt den Häuptling des Stammes oder auch den Farmer. Natürlich üben beide auch bei der Wahl ihre Herrschaft aus und sagen den Leuten, wo sie ihr Kreuz machen sollen. Und wie man in allen Berichten der letzten Woche lesen konnte, haben diese es meist nicht einmal selbst gemacht, sondern den Wahlleiter gebeten, es für sie zu tun, denn die meisten von ihnen haben noch nie einen Stift in der Hand gehabt, und die Vorstellung, mit Papier und Tinte umgehen zu müssen, hat für sie etwas Beängstigendes.

Die Beschwörung von »freien Wahlen« wird unter solchen Umständen einfach zum Geschwätz. Alle Leute tun dennoch so, als hinge alles davon ab, daß in Namibia freie Wahlen abgehalten werden. Auch die fünf Außenminister des UN-Sicherheitsrates, unter ihnen Hans-Dietrich Genscher, die im Oktober nach Pretoria gereist waren, um eben dies sicherzustellen, und die damit nur dem südafrikanischen Regime Gelegenheit gaben, sein Prestige aufzuwerten, haben sich an diesem Ritual beteiligt. Die Organisation für Afrikanische Einheit sieht in der Wahl »nichts weiter als eine Farce«. Und die *New York Times* schreibt ganz betrübt, diese ersten Wahlen, die Namibia erlebt, seien bestenfalls als eine nutzlose Veranstaltung zu bezeichnen.

Dies aber sind sie in den Augen der Veranstalter ganz und gar nicht. Deren Grund, die Wahlen abzuhalten, war folgender: Afrikaner haben ein sehr enges Verhältnis zur normativen Kraft des Faktischen; man anerkennt die Macht und ist geneigt, sich zu arrangieren. Darum ist die Frage, wem es gelingt, den Eindruck zu erwecken, er sei Herr der Situation, von entscheidender Bedeutung.

Seit Jahren wird die SWAPO von den Vereinten Nationen als »die einzig rechtmäßige Vertretung des namibischen Volkes« anerkannt. Darum ist die Identität von UN und SWAPO für die Bevölkerung so selbstverständlich geworden, daß die beiden Parteien, die Südafrika am nächsten stehen und die jetzt zur Wahl gingen – die »Turnhalle« und die AKTUR – fürchteten, das Erscheinen von 7000 Blauhelmen als Ersatz für die abziehenden südafrikanischen Truppen würde den Eindruck erwecken, nun sei die SWAPO der neue Herr. Deshalb haben diese beiden Parteien darauf bestanden, den soeben beendeten Wahlgang den endgültigen Wahlen vorzuschalten. Sie wollten sich vor der

Bevölkerung als Herr im Hause darstellen – und mit 80 Prozent Wahlbeteiligung ist ihnen dies ja wohl auch gelungen.

Der Informationssekretär der SWAPO, Katjavivi, der mit dem Parteichef Sam Nujoma in Lusaka, der Hauptstadt Sambias residiert, erklärte zornig: »Das sind Wahlen mit vorgehaltenem Gewehr.« Wenn er damit auf die Anwesenheit großer Kontingente der südafrikanischen Armee anspielt, so mag dies zutreffen. Wenn aber in dem gleichen Gebiet sieben Monate lang Tausende von Blauhelmen für Ordnung sorgen – und das heißt doch: die SWAPO begünstigen, weil sie deren Schutzherr sind –, so wird dann mit umgekehrtem Vorzeichen genau das gleiche praktiziert.

Freie Wahlen in Namibia sind eben einfach eine Illusion. Auch die zweiten Wahlen, die unter UN-Aufsicht vor sich gehen, werden nicht frei sein. Ja, sie werden vermutlich »noch unfreier« sein; das liegt allein schon daran, daß die Vereinten Nationen das Ergebnis, das die Wahl doch erst ermitteln müßte, bereits verkündet haben. »Die SWAPO repräsentiert die Mehrheit der Bevölkerung«, so jedenfalls formuliert es die Partei selbst. Und ferner ergibt sich dies aus dem Wesen der SWAPO und dem Naturell ihres Chefs Sam Nujoma, der im sambischen Exil elf seiner Führungskollegen hat einsperren lassen, weil sie ihn an der Etablierung einer autoritären Alleinherrschaft hindern wollten. Noch heute werden über 1500 SWAPO-Mitglieder, die seinen Kurs nicht mitmachen wollten, in Konzentrationslagern gefangengehalten, wie der Gründer der SWAPO, Andreas Shipanga, selbst erst vor wenigen Monaten aus dem Gefängnis heimgekehrt, mir in Windhuk erklärte.

Er sagte mir: »Der Westen hat offenbar nur einen Wunsch, Nujoma in Namibia an die Macht zu bringen.« In der Tat kann man über die Naivität der westlichen Afrikapolitik nur staunen. Zugegeben, daß den fünf Außenministern (USA, Großbritannien, Frankreich, Bundesrepublik, Kanada) durch die im Jahr 1973 verkündete Anerkennung der SWAPO »als einzig rechtmäßige Vertretung des namibischen Volkes« die Hände gebunden waren. Aber es sind offenbar auch keinerlei Anstalten gemacht worden, diese Handschellen ein wenig zu lockern, wozu während der letzten Monate durchaus Gelegenheit gewesen wäre.

Die westliche Namibia- und Rhodesienpolitik – und darin eingeschlossen ist hinsichtlich Namibia auch die Politik der Bundesrepublik – geht, so scheint mir, von falschen Voraussetzungen aus. In einer Studie der Stiftung Wissenschaft und Politik heißt es: »Schwarzafrikanische Politiker sehen sehr genau, daß das Zusammenwirken von kolonialer Vergangenheit, umfassender ökonomischer Abhängigkeit vom westlichen Weltmarkt und militärischer Stärke Frankreichs, der USA und Großbritanniens im afrikanischen Raum eine ungleich größere und subtilere Herausforderung für die von ihnen gesuchte Eigenständigkeit bedeutet als der überwiegend militärisch definierte Einfluß des Ostens.«

Ganz allgemein wird auch in Washington unterstellt, es sei in den ehemaligen Kolonialgebieten Afrikas die Sorge vor dem Neokolonialismus der früheren Herren so groß, daß die Russen von ihnen als Beschützer angesehen werden. Darum umwirbt der Westen die radikalen Frontstaaten und versucht ihre Gunst zu gewinnen. Auf diese Weise werden aber die Radikalen nur noch radikaler, denn sie können ja nicht gemäßigter sein als der Westen.

Früher mag es durchaus so gewesen sein, daß die Angst vor dem Neokolonialismus alles andere überschattete – heute sieht die Realität anders aus. Seit einiger Zeit, und zwar in wachsendem Maße, ist die Sorge der Frontstaaten darauf gerichtet, nur ja nicht zu abhängig von der Sowjetunion zu werden. Den meisten von ihnen wäre es sehr lieb, wenn die Amerikaner ihr Gewicht geltend machen würden, um der sowjetischen Expansion Einhalt zu gebieten – wenigstens verbal. Zwar würden sie selbst dann mit antikapitalistischer Entrüstung nicht sparen, aber im Grunde wären sie sehr zufrieden. Der Beweis: Als der Afrika-Experte Amerikas, der zweite UN-Botschafter McHenry, im Juni Angola besuchte, wurde ihm versichert, es gehe Staatspräsident Neto darum, die Abhängigkeit von der Sowjetunion und von Kuba zu verringern und bessere Beziehungen zu Washington herzustellen. Auf der afrikanischen Gipfelkonferenz in Khartum im Juli dieses Jahres hielt Obasanjo, der Chef Nigerias, den Russen eine Philippika: »Afrika hat nicht sein Kolonialjoch abgeworfen, um es gegen ein anderes zu tauschen... Die Sowjets sollten wissen, daß es in ihrem Interesse liegt, nicht zu versuchen, ihre Anwesenheit in Afrika über den Zeitpunkt hinaus auszudehnen, an dem der Zweck, für den man sie rief, erfüllt wurde.«

Neto von Angola und Mobutu von Zaire beschlossen, ihre gegenseitigen Rebellen nicht mehr – wie noch im Frühjahr in Katanga – zu unterstützen, sondern sie zu entwaffnen, um die Gefahr des Eingreifens fremder Truppen als Repressalie auszuschalten.

Den Frontstaaten, besonders Neto und Kaunda, ist es im September gelungen, Sam Nujoma dazu zu bringen, dem westlichen Friedensplan für Namibia zuzustimmen.

In der vorigen Woche schließlich wurde in Angola der Ministerpräsident abgesetzt, der fest im Lager der Sowjetgläubigen stand – offenbar, weil Neto seine Beziehungen zum Westen verbessern will.

Aus diesem Verhalten folgt doch, daß die Hauptsorge der Regierungschefs dieser Staaten darauf gerichtet ist, ihre eigene Herrschaft nicht gefährden zu lassen. Die Frontstaaten – und auch Nigeria, der große und reichste Staat Schwarzafrikas – haben offensichtlich keine Angst vor dem Westen, sie fürchten vielmehr die Expansion der Russen. Diese Entwicklung, die sicher auch auf die zunehmende Guerillatätigkeit zurückzuführen ist, die die Gastländer der Gefahr der Vergeltung vor allem durch Luftangriffe aussetzt, hätte eigentlich auch den Westen dazu bringen müssen, seine Politik neu zu überdenken. Dies aber hat er nicht getan. Er hat weiter geglaubt, den Guerillaführern um den Bart gehen zu müssen, damit die Russen beschwichtigt werden, und hat sich nicht gefragt, was für Namibia das Beste ist.

Man muß hoffen, daß nun, da zwischen dem südafrikanischen Außenminister Botha und dem UN-Generalsekretär Waldheim über die zweiten Wahlen Einigung erzielt worden ist, diese auch unter allen Umständen abgehalten werden, selbst wenn die SWAPO sich weigern sollte, dabei mitzumachen. Eine solche

Weigerung ist aber sehr wahrscheinlich, denn Nujoma hat schon mehrfach erklärt, er wolle die Macht erkämpfen und sie nicht durch Wahlen erreichen. Nachdem sich nun obendrein noch gezeigt hat, daß die Wahlbeteiligung im Grenzgebiet zu Angola, das ständig unter den Terrorakten der SWAPO zu leiden hat, für die »Turnhalle« besonders hoch war, wird ihm wohl auch noch die letzte Lust vergangen sein. Aber daß eine international anerkannte Wahl stattfindet, bei der dann auch die liberale NNF und die demokratische SWAPO mitmachen, ist für die internationale Anerkennung der Unabhängigkeit Namibias von größter Wichtigkeit. Da darf der Westen sich durch Nujoma nicht beirren lassen.

In Rhodesien ist die westliche Politik übrigens genauso unbegreiflich – nur noch phantasieloser. Dort geht es seit langem nicht mehr um ein Schwarz-Weiß-Problem, sondern um einen erbitterten Machtkampf zwischen den schwarzen Führern, denen, die draußen, und denen, die drinnen sind. Nichtsdestotrotz erneuern der UN-Botschafter Andrew Young und der britische Außenminister David Owen seit dem Herbst 1977 ganz stereotyp immer wieder ihren Vorschlag, die vier haßerfüllten Gegner sollten zu einer Allparteien-Konferenz zusammenkommen, um letzten Endes eine gemeinsame Regierung zu bilden. Begründung: Andernfalls werde die Guerillatätigkeit nie aufhören. So aber wird bloß der Bürgerkrieg institutionalisiert, um die Aktivität der Guerillas zu stoppen!

Obgleich sowohl Nkomo wie Mugabe deutlich erklärt haben, daß sie »auf Krieg setzen und nicht auf Palawer«, hat London vor vierzehn Tagen noch einmal einen neuen Vermittler mit dem alten Vorschlag nach Afrika entsandt. Und in einem Bericht der *Süddeutschen Zeitung* über die Bonner Konferenz, die Außenminister Genscher Anfang Dezember mit den Botschaftern abhielt, die im südlichen Afrika akkreditiert sind, heißt es wieder, das Auswärtige Amt halte den britisch-amerikanischen Vorschlag einer gesamtrhodesischen Konferenz weiterhin für den erfolgversprechendsten.

Inzwischen aber eskaliert der Guerillakrieg, und viel Zeit ist ungenutzt verstrichen. Die 20 000 ausgebildeten Guerillas, die in den Lagern von Sambia, Angola und Moçambique auf den Beginn der Regenzeit warten, werden bald in das arme, geplagte Rhodesien infiltrieren und versuchen, Schwarze und Weiße ohne Unterschied niederzumetzeln.

In der Geschichte wird sich das Jahr 1978 nicht als Ruhmesblatt anglo-amerikanischer Diplomatie darstellen. Man wird sicherlich fragen, warum der »inneren Lösung« Rhodesiens nicht mehr Aufmerksamkeit gewidmet wurde. Schließlich ist ja eine schwarz-weiße Interimsregierung in Salisbury eingesetzt und *majority rule* von dieser fest zugesagt worden. Auch wird man wissen wollen, warum Carter schon im April bei seinem Besuch in Nigeria die *internal solution* rundweg abgelehnt hat und damit Nkomo zu verstehen gab, er habe freie Hand. Und man wird auch nicht begreifen, warum Andrew Young und David Owen sich so sehr um die Rebellenführer draußen und so wenig um die Bevölkerung drinnen gesorgt haben. Freilich: Wenn all diese Fragen einst gestellt werden, dann sind die heutigen Akteure, die allein Antwort geben könnten, alle längst von der Bühne abgetreten.   *Hamburg, im Dezember 1978*

Die achtziger Jahre

Die Lunte glimmt

Die Weißen werden immer starrer, die Schwarzen immer radikaler

Es ist typisch für unsere Zeit, daß immer, wenn eine Krise ausbricht, alles gebannt auf jenen Fleck der Erde starrt, den zuvor niemand beachtet hatte: Iran, Afghanistan oder was es auch sei. Keiner aber bemerkt, wie derweil bereits anderswo eine Lunte glimmt.

Noch bei jedem Besuch Südafrikas während der vergangenen zwanzig Jahre erschien mir der Berg aufgehäuften Zunders um einiges höher geworden zu sein, doch gab es auch öfters gute Gründe zu der Hoffnung, ehe es wirklich gefährlich wird, würden die Verantwortlichen zupacken und das Unheil verhindern. Diese Erwartung scheint sich als Illusion zu entpuppen.

Viele Schwarze, die sich bisher noch vertrösten ließen, haben die Geduld verloren. Sie sind radikalisiert worden – zu oft wurden sie enttäuscht. Vielleicht waren auch die Hoffnungen, die nach dem Abgang von Vorster auf die neue Regierung gesetzt worden sind, zu hochgespannt, und darum ist der Rückschlag jetzt so besonders verbitternd. Allenthalben hört man als Begründung der Schwarzen für ihren passiven Widerstand: »Wir lassen uns nicht zum Werkzeug der Unterdrücker machen« – beispielsweise wenn sie es ablehnen, den Antrag auf Registrierung als schwarze Gewerkschaft zu stellen. Die Schwarzen sind militant geworden, und – was die Sache nicht besser macht – die liberalen Weißen sind dabei zu resignieren.

Später einmal wird man vom 4. März 1980 sagen, dieser Tag – der Wahlsieg Mugabes in Rhodesien – hat das südliche Afrika von Grund auf verändert. Dafür gibt es zwei Gründe.

Erstens: Dieses Wahlergebnis hat das Selbstgefühl und den Ehrgeiz der Schwarzen auch in Südafrika enorm angefeuert. Der Erfolg Mugabes ist ihnen der Beweis dafür, daß auch unter ungünstigen Voraussetzungen Befreiung und Selbstbestimmung möglich sind. Man muß, so sagen sie, nur kämpfen. »Alle sind in den Busch gegangen, alle: Kenia, Angola, Moçambique, Rhodesien. Auch wir müssen Gewalt anwenden, ohne sie geht es eben nicht.«

Zweitens: Mit der Verwandlung Rhodesiens in Zimbabwe, also eines weißbestimmten Landes in einen schwarzen, unabhängigen Staat, werden sich die Strukturen der Region zweifellos verändern. Das könnte Pretoria noch einmal eine Chance bieten. Aber es sieht nicht so aus, als werde die Regierung sie nutzen.

Zum ersten Punkt: Wer sich zwei Tage nach der Rhodesien-Wahl in Soweto aufgehalten hat, der Stadt, in der alle Schwarzen leben müssen, die in Johannesburg arbeiten, ob nun als Professor oder Straßenfeger, ist tief bedrückt wegen der Radikalisierung ihrer Bewohner. Nie zuvor habe ich dort, und auch anderwärts im Lande, soviel Haß und finstere Entschlossenheit gefunden.

Am vorangegangenen Wochenende hatten sich achtzehn Morde in Soweto ereignet. Darum fragte ich einen der dortigen Pfarrer, was denn Außergewöhnliches vorgefallen sei. Seine Antwort: »Nur die Zahl ist außergewöhnlich. Normalerweise sind es fünf bis zehn.« Und er fügte erklärend hinzu: »Wissen Sie, die hier zusammengeballte Frustration ist wirklich beängstigend. Immer müssen die Leute alles in sich hineinfressen: Strafen, Beleidigungen, Erniedrigungen. Zigtausende von ihnen müssen hier ein ganzes Leben lang ohne ihre Familie leben, die sie nur einmal im Jahr, wenn sie auf Urlaub gehen, für vier Wochen im Homeland sehen dürfen; da stauen sich ungeahnte Aggressionen auf.«

Ein Lehrer, der hinzutrat, sagte zu dem Pfarrer: »Ihr sagt, wer das Schwert nimmt, wird durch das Schwert umkommen. Ich sage euch, wer andere unterdrückt, wird selbst durch Unterdrückung umkommen.« Sein Gesichtsausdruck ließ keinen Zweifel daran, daß er diese Konsequenz genießen würde.

Jetzt wäre der Moment, über Wandel nicht nur zu reden und

die Abschaffung absurder *petty-apartheid*-Verordnungen als bewundernswerten Fortschritt hochzujubeln, sondern endlich einige jener entwürdigenden Apartheid-Gesetze abzuschaffen, die jedem verordnen, wo er wie leben, was er tun und mit wem er verkehren darf. Aber was geschieht? Dem schwarzen Bischof Tutu, dem im vorigen Jahr in Harvard zur gleichen Zeit wie Bundeskanzler Schmidt der Ehrendoktor verliehen wurde und der eine in der ganzen Welt geachtete, moralisch hochstehende Persönlichkeit ist, wurde ohne Begründung der Paß weggenommen, so daß er nicht mehr reisen kann. Sein weißer Kollege Beyers Naudé, der sich seit Jahren um einen Ausgleich der Rassenspannungen müht, ist schon seit 1977 gebannt. Auch ihm ist weder eine Anklage übermittelt noch Gelegenheit geboten worden, sich zu rechtfertigen.

Die Regierung meint zwar, sie habe ungezählte Diskriminierungen abgeschafft, aber die Schwarzen sagen: Nein, nur ganz belanglose. Tatsache ist, daß kein einziges Rassentrennungsgesetz aufgehoben wurde, nur *permits* für Restaurants und Hotels wurden erteilt, die jederzeit widerrufen werden können. Ministerpräsident Botha sagt zwar, er wolle noch in diesem Jahr einen *multiracial Presidence Council* ernennen, der später einmal an die Stelle des Senats treten könne. Aber die Schwarzen sagen: Wir glauben nichts mehr; alles, was verändert wird, dient doch nur dem Ziel, die weiße Privilegierung zu erhalten. Tatsache ist, daß der von allen Gruppen geforderte Nationalkonvent, auf dem sie mit den Weißen zusammen über die Zukunft Südafrikas beraten wollen, stets heftig abgelehnt wird.

Immer schon gab es in Südafrika zwei Welten, die nichts voneinander wissen und vollkommen getrennt nebeneinander herleben. Aber jetzt haben nun auch noch alle Begriffe eine ganz unterschiedliche Bedeutung bekommen: Wer für die Weißen ein Terrorist ist, ist den Schwarzen ein Held. Als neulich drei Schwarze, die dabei erschossen wurden, eine Bank überfielen und Geiseln nahmen, was noch nie zuvor passiert war, gestaltete sich ihre Beerdigung zu einem trauernden Siegeszug, an dem 15 000 Menschen teilnahmen.

Zu Punkt zwei: Die drei Länder Sambia, Moçambique und

Zimbabwe sind zur Zusammenarbeit prädestiniert. Für die beiden landumschlossenen Staaten Sambia und Zimbabwe sind Moçambiques Häfen Beira und Maputo, mit denen sie durch Eisenbahnen verbunden sind, absolut lebenswichtig. Für Moçambique und Sambia, die beide vor dem wirtschaftlichen Ruin stehen, ist die Aussicht, mit dem reichen, vorzüglich verwalteten Zimbabwe irgendeine Form von Wirtschaftsgemeinschaft zu bilden, in der dann der Westen sicherlich auch investieren würde, außerordentlich verlockend.

Die Wahlen in Rhodesien haben also eine Zäsur gesetzt, und diese könnte von Südafrika durchaus genutzt werden. Man möchte sich vorstellen dürfen, daß Südafrika jetzt das Gesetz des Handelns an sich reißt und den Absprung findet, eine neue Politik einzuleiten. Schließlich hatte ja sogar Vorster schon einmal begonnen, politische Gespräche mit den angrenzenden schwarzen Staaten zu führen. Alle diese Nachbarstaaten sind ja auf Handelsbeziehungen mit Pretoria angewiesen. Und Mugabe hat bereits erklärt, Zimbabwe werde keine Aktionen gegen Südafrika unterstützen, weil ihm die wirtschaftlichen Realitäten wichtiger seien.

Allerdings ist zuzugeben, daß Botha in seiner Manövrierfähigkeit derzeit entscheidend beeinträchtigt ist durch schwere Auseinandersetzungen mit dem erzkonservativen Minister Treurnicht. Sollten sie zur Spaltung der Partei führen, könnte es sein, daß Botha, der auch dann immer noch die absolute Mehrheit hätte, endlich das Ruder herumwerfen und eine neue Politik proklamieren würde.

Jetzt also wäre der Moment für Pretoria, Fühler auszustrecken und sich für einen engeren wirtschaftlichen Verbund mit den angrenzenden schwarzen Staaten zu interessieren – was auch der Entspannung im eigenen Lande nur dienen könnte. Aber was tut Ministerpräsident Botha? Anstatt seiner Hoffnung auf gute Nachbarschaft Ausdruck zu verleihen, droht er gegebenenfalls »mit der ganzen Stärke unserer Streitkräfte« zurückzuschlagen.

Merkwürdig – und verhängnisvoll – ist dieser Glaube an militärische Stärke. Da häufen sie Waffen auf Waffen, verstärken Polizei und Militär und meinen, dies sei ein Ersatz für die notwendige politische Neuordnung gänzlich veralteter Sozialstrukturen und einer von der ganzen Welt mißbilligten Rassenpolitik. Es ist, als hätten sie alles verschlafen oder mit geschlossenen Augen dagesessen, während die Supermacht Amerika den Krieg gegen das unterentwickelte Land Vietnam verlor, der Schah die größte Militärmacht östlich von Suez aufbaute und dennoch von einem waffenlosen, religiösen Agitator zur Flucht gezwungen wurde, und der Nachbar Ian Smith mit eben jener Herr-im-Hause-Politik, die auch in Südafrika üblich ist, genau das Gegenteil von dem erreichte, was er sich vorgenommen hatte. Man könnte verzweifeln über soviel Unbelehrbarkeit.

Oder geht uns das Ganze vielleicht gar nichts an? Das wäre weit gefehlt. Was da heraufdämmert, diese Kettenreaktion von Unterdrückung, Haß, Sabotage, Verhaftung, Folterung und noch mehr Haß – diese Eskalation von Gewalt und Rache kann sich eines Tages zu einem weltumspannenden Konflikt ausweiten. Dafür sorgt sowohl die Rassensituation in Amerika als auch die Dritte Welt, die nicht unbeteiligt zusehen kann, wenn ihre schwarzen Brüder sich schließlich erheben und die Gefahr besteht, daß sie von einer weißen Übermacht überwältigt werden. *Kapstadt, im März 1980*

Deutsche Spuren in
Namibia

Beißen die Hunde den letzten
oder den ersten?

In Namibia spricht kein Mensch von Afghanistan oder Iran. In Namibia spricht man nur von den Wahlen in Rhodesien, von der SWAPO und von der Politik Südafrikas. Während der drei Wochen, die ich im südlichen Afrika zubrachte, sind jene beiden Länder nicht ein einziges Mal erwähnt worden. Die Welt ist offenbar gar nicht so interdependent, wie immer behauptet wird.

Als ich im November 1978 in Namibia war, kurz vor den ersten Wahlen, die unter Ausschluß der SWAPO sowie der links oder liberal eingestellten Parteien stattfanden, waren alle Menschen ratlos: die Schwarzen verunsichert, die Weißen auf das Schlimmste gefaßt. Jetzt schienen die meisten recht zuversichtlich. Die Preise für Häuser in der Stadt und für Farmen auf dem Lande sind, verglichen mit dem damaligen Tiefstand, um 20 Prozent gestiegen; einige Deutsche sind zurückgekehrt; Franzosen und andere Nationen beginnen sich für Investitionen zu interessieren.

Was ist geschehen? Haben sich die Menschen nur an Unsicherheit und Ungewißheit gewöhnt, oder haben sich die Gegebenheiten tatsächlich verändert? Beides ist der Fall. Zunächst die Tatsachen: Aus jenen Wahlen, an denen nur die Turnhallenpartei (DTA) teilnahm, die sich aus elf verschiedenen ethnischen Gruppen zusammensetzt, ist eine schwarz-weiße Nationalversammlung hervorgegangen. Sie besteht aus 4 Weißen und 46 Schwarzen, unter ihnen einige Mischlinge.

Diese Nationalversammlung, die seit Mai 1979 legislative

Befugnisse besitzt, hat inzwischen alle diskriminierenden Gesetze abgeschafft. Die verhaßten Paßgesetze, die die Schwarzen täglich an ihre Rechtlosigkeit erinnerten, existieren nicht mehr. Jetzt können auch die Schwarzen Häuser und Farmen erwerben, ihre Kinder in weiße Schulen schicken, die Hotels und Restaurants der Weißen besuchen.

Die Barrieren, die das Gesetz errichtet hatte, sind also gefallen. Dafür wird nun allerdings die nächste Barriere um so schmerzlicher empfunden: Wer von den Nichtweißen hat schon das Geld, eine Farm zu kaufen oder ein Haus in der besten Gegend von Windhuk – es sind ganz wenige. Wer spricht schon so gut Deutsch, daß er in die offenbar bevorzugte deutsche Schule gehen kann? Zwar hat diese Schule Sondersprachkurse eingerichtet, aber es wird halt einige Zeit dauern, bis die Früchte dieser Bemühungen reifen.

Jetzt kommt es darauf an, Kaufkraft zu schaffen. Kapital muß hereinströmen, damit neue Arbeitsplätze geschaffen und die kläglich niedrigen Löhne erhöht werden können. Aber wie sollte das wohl möglich sein, wenn der Staat international nicht anerkannt wird? – Die Investoren wollen schließlich durch Botschaften vertreten und durch ihre Regierungen geschützt werden. Viele denken zwar, wozu brauchen wir denn die von den UN überwachten Wahlen, die nur die Gefahr heraufbeschwören, daß das Land durch die SWAPO verunsichert wird; machen wir doch ruhig weiter so wie bisher. Aber noch hat der »Administrator General«, der »AG«, wie er genannt wird, als Vertreter Pretorias das Sagen. Eine einseitige Unabhängigkeitserklärung, wie Ian Smith das seinerzeit mit Rhodesien gemacht hat, das wäre, wie gerade jenes Beispiel gezeigt hat, höchst verhängnisvoll.

Die Oberhoheit Südafrikas muß also bleiben, bis die vorgesehenen Wahlen stattgefunden haben. Inzwischen soll aber die Nationalversammlung demnächst auch die Exekutivgewalt erhalten, was dringend notwendig ist. Der bisherige Zustand eines Gegeneinander von Legislative und Exekutive – die Nationalversammlung erläßt Gesetze im neuen Geist, aber die alte, weiße Administration widersetzt sich oft genug der Ausführung – ist auf die Dauer unerträglich.

Der hünenhafte schwarze Präsident der SWAPO D (D steht für Demokratie), Andreas Shipanga, hat ein Haus in der besten Gegend von Windhuk bezogen. Seine Frau ist die Witwe des erfolgreichen schwarzen Musical-Komponisten Matschikiza und die Mutter eines angesehenen Schauspielers des Shakespeare Theaters in London. Von ihr stammt vermutlich auch das Geld für den Hauskauf. Sie ist eine schwarze *Grande Dame,* wie es nur wenige gibt – niemand käme auf den Gedanken, daß sie in Soweto geboren wurde.

Shipanga, ein Ovambo, sehr urban, sehr artikuliert, mit einem bestechenden Sinn für Humor, meint, wichtiger als alles andere sei es, jetzt Schulen und Fachschulen zu errichten und Lehrer auszubilden. Diskriminierung gäbe es in Windhuk außer in Schwimmbädern und Bibliotheken nicht mehr. »Aber auf dem Lande, vor allem im Süden, da ist sie noch gang und gäbe; und da die Weißen durchgesetzt haben, daß Vergehen gegen das Gesetz nicht bestraft werden, wird das auch noch lange so bleiben.«

Die weißen Mitglieder der Turnhallenpartei kontern diesen Vorwurf mit dem Einwand, wenn wir Strafe angedroht hätten, dann wäre die Erregung viel größer geworden und das Ziel viel schwerer zu erreichen gewesen. Tatsache ist, und das wäre zum Punkt Gewöhnung noch nachzutragen: Es ist verblüffend, wie verhältnismäßig reibungslos und wie rasch die Gesellschaft sich an die veränderten Zustände gewöhnt hat.

Die relative Ruhe und der Stillstand in der politischen Entwicklung haben dazu geführt, daß die einen die Wahlen ganz aus dem Auge verloren haben, die anderen – vor allem die, die sich damals an der Wahl nicht beteiligten – ungeduldig werden. Bei diesen anderen handelt es sich um sieben Gruppen, deren wichtigste die SWAPO D und die NNF sind. Diese sieben haben sich jetzt zu einer Partei zusammengeschlossen. Wenn sie ungeachtet der Rivalität an der Spitze wirklich zusammenhalten sollten und wenn die UN-überwachten Wahlen dann schließlich wirklich stattfinden, gäbe es drei große Parteien: DTA, SWAPO und eben die neue Partei. Das wäre ein ganz verheißungsvolles Muster für eine vernünftige Parteienstruktur.

Jene sieben Gruppen haben damals nicht mitgemacht, weil sie Wahlen auf ethnischer Basis ablehnen; sie sind der Meinung, daß man auf die bestehenden Traditionalismen keine Rücksicht nehmen dürfe, daß man vielmehr gleich einen zentralisierten Einheitsstaat mit weltanschaulichen Parteien gründen solle. Das System der »Turnhalle«, das Vertreter der zehn wichtigsten Stämme als Repräsentanten des Volkes ansieht, und als elfte Gruppe die Vertreter der Weißen, erscheint ihnen nur dazu angetan, die schon heute veralteten Strukturen auf lange Zeit zu konservieren.

Hier liegt das Grundproblem Namibias. Auf eine simple Formel gebracht, heißt die Fragestellung: Wenn man die Realität verwandeln, also aus Stämmen einen modernen Staat machen will, ist es dann besser, von den Gegebenheiten auszugehen und zu versuchen, diese allmählich zu verändern, auch auf die Gefahr hin, sie dadurch zu festigen – oder ist es besser, mit einem Schlag die notwendige Veränderung durchzuführen und neue Strukturen zu setzen, freilich ohne zu wissen, ob das neue System Wurzeln schlagen wird?

Ich befragte Bischof Lucas de Vries – einen Nicht-Weißen –, der mir auch früher oft zutreffenden Aufschluß gegeben hatte. Er wurde in der Zeit, da er noch als Bischof amtierte, von vielen als SWAPO-Sympathisant verdächtigt und ist darum ganz gewiß kein Verehrer des Traditionalismus. Lucas de Vries sagte: »Zu meiner Gemeinde gehören Mitglieder von fünf verschiedenen Stämmen und Gruppen. Ich habe darum immer dafür gesorgt, daß von jeder Gruppe einer in der Kirchenleitung vertreten ist. Im vorigen Jahr hat man dieses Prinzip beiseite geschoben – das Resultat: Kein Ovambo und kein Herero kam bei der Wahl in den Vorstand. Konsequenz: Diese beiden Gruppen kommen nun nicht mehr, sie sagen, was sollen wir in dieser Kirche, in der wir nicht vertreten sind.«

Ich kenne kein anderes afrikanisches Land, in dem die Stammesloyalität noch soviel bedeutet und die Vorurteile so unbeirrbar sind wie in Namibia – selbst bei den Arrivierten. Die Ovambos sagen: »Die Hereros bilden sich ein, die einzigen Intellektuellen unter den Afrikanern und darum die geborenen Führer zu sein«; während die Hereros von den Ovambos, die fast die Hälfte der schwarzen Bevölkerung ausmachen, sagen: »Die glauben, sie müßten überall zuerst kommen, nur weil sie so viele sind.« Vielleicht aber ist dieses Beharrungsvermögen traditioneller Elemente ja gerade darauf zurückzuführen, daß die weiße Herrschaft nach dem Prinzip *divide et impera* die Stammesverschiedenheiten stets betont und auch gepflegt hat.

In Namibia scheinen alle ethnischen Gruppen besonders kräftige Wurzeln zu schlagen: Die Deutschen haben ihre Kolonie Südwest nur rund dreißig Jahre lang besessen, ihre Herrschaft endete bereits 1915, also schon vor zwei Menschenaltern, und dennoch hat man noch heute in Windhuk das Gefühl, in einer deutschen Kleinstadt zu sein. Nicht nur, weil die alten Straßennamen alle historischen Veränderungen überlebt haben, es gibt noch immer die Kaiserstraße, die Bülow-, Göring-, Garten- und Poststraße, sondern auch, weil in den meisten Geschäften deutsch gesprochen wird. Auch trifft man immer wieder Schwarze, die der deutschen Sprache mächtig sind. Deutsch wurde 1957 zur dritten Landessprache.

Alle Bäcker und Fleischer sowie die meisten Restaurants sind deutsch. Der Architekt Staby, der der deutschen Interessenvertretung IG angehört, berichtete, daß von den etwa zehn Tischlereien und Schreinereien, die es in Windhuk gibt, nur eine nicht in deutschen Händen ist. Die Vorstellung, daß das Deutschtum in Namibia in erster Linie durch die Farmer repräsentiert wird, ist ganz irrig; die Mehrzahl der Deutschen sind Handwerker und Geschäftsleute. Es gibt etwa 100 000 Weiße im Land, und davon sind zirka 25 000 Deutsche – von diesen sind nur rund 3000 Farmer.

Professor Ngavirue ist ein kluger, weltoffener Herero, ein Vetter des ermordeten Häuptlings Kapuuo, in dem viele seinerzeit den ersten Präsidenten Namibias sahen. Ngavirue, der eine wichtige Position in der neugegründeten Sammlungspartei einnimmt, hat in Oxford studiert und ein zweibändiges Werk über Namibias Geschichte geschrieben. Ich sprach mit ihm über das erstaunliche Beharrungsvermögen der deutschen Sprache und Kultur in Namibia. »Nein, das sind ja nicht nur dreißig Jahre. Sie müssen bedenken, daß die Missionare der Rheinischen Missionsgesellschaft schon 1842 ins Land kamen, und die haben wirklich Bleibendes geleistet. Sie haben sich sofort darangemacht, die Stammessprachen aufzuzeichnen. Alle Dokumentation, die wir besitzen, hat mit ihnen begonnen.« Und er fügte hinzu: »Was die auf sich nahmen und wie die gelebt haben, das würde heute kein noch so begeisterter Entwicklungshelfer auch nur ein Jahr lang ertragen.«

»Wo haben Sie denn das Material für Ihre Arbeit gefunden?«

»Das über die deutsche Zeit liegt in Potsdam. Ich habe dort mehrere Wochen gearbeitet, ja, auch vieles über die Hereros gefunden. Aber für uns, die wir keine Schriftsprache hatten, ist natürlich die mündliche Überlieferung die wichtigste Quelle.«

Auf meine Frage, wie viele Generationen seiner Familie er selbst auf Grund mündlicher Überlieferungen zurückzuverfolgen in der Lage sei, lautete die Antwort: »Zehn Generationen!«

Ngavirue und Shipanga sind erst im Herbst 1978 aus dem Exil zurückgekommen. Sie waren 1961 zusammen mit Sam Nujoma, dem heutigen Chef der SWAPO, und vielen anderen ins Ausland geflohen. Ihre Lebensgeschichten sind zum Teil wirklich abenteuerlich; sie haben sich während fast zwei Jahrzehnten zwischen Tanganjika, Schweden, der Sowjetunion und den Vereinigten Staaten abgespielt. Die meisten von ihnen, sowohl die SWAPO-Führer, die heute zerstreut in der Welt leben, als auch die, die im Herbst 1978 nach Namibia zurückkehrten, haben in jenen Ländern studiert.

Ich fragte einen dieser Rückkehrer, einen ebenholzschwarzen, der verblüffenderweise Paul Helmut heißt, warum denn er und seine Kollegen mit Sam Nujoma gebrochen haben, obgleich sie doch alle das gleiche Schicksal teilten.

»Nujoma hat alle Leute, die entweder Konkurrenten für ihn hätten werden können, oder andere Ideen vertraten als er, in seiner autoritären Selbstherrlichkeit einsperren lassen.«

»Wie konnte er die denn einsperren? Sie lebten doch alle im Exil?«

»Sie haben recht. Da er selber über keine Gefängnisse verfügte, hat er sich an Nyerere in Tansania gewandt, und dann hat der sie in Konzentrationslager gesteckt – Andreas Shipanga gehörte auch zu ihnen.«

»Wie viele waren es denn, ein paar Dutzend?«

»Nein, es waren annähernd zweitausend. Was mich betrifft, so sagte ich mir, ich bin nicht 1961 aus meinem Land geflohen, um der Unterdrückung durch die Südafrikaner zu entgehen, hatte auch nicht 1966 die Sowjetunion nach vierjährigem Studium mit Krach verlassen, um dann unter Nujomas Diktatur zu geraten. Darum ging ich wie viele andere nach Schweden. Jetzt bin ich zurückgekommen und arbeite mit der DTA.«

Dies hat Shipanga abgelehnt. Seine SWAPO D hofft, möglichst viele potentielle Abtrünnige der SWAPO, die er einst mitgegründet hat, auffangen zu können. Im Lande behauptet er inzwischen, dreizehn regionale Büros aufgebaut und 41 000 Mitglieder geworben zu haben. Andere Leute bezweifeln diese Angaben. Nicht zu bezweifeln aber ist, daß er einer der schwarzen Führer ist, mit denen man in Namibia wird rechnen müssen. Wie weit ihn seine Karriere tragen wird – er selber denkt vermutlich an die Spitze des zukünftigen Staates – ist heute noch nicht zu übersehen.

Seine Rivalen draußen versäumen nicht, sogleich zu verbreiten, er werde von Pretoria finanziert. Obgleich niemand dem sehr intelligenten Shipanga solch selbstmörderisches Tun zutrauen kann, ist dies zunächst auch von Abgeordneten des Deutschen Bundestages geglaubt worden, die sich in diese Antipropaganda einspannen ließen.

Und was wird nun aus Namibia? Schwer zu sagen, Pretoria scheint unschlüssig zu sein. Der Ausgang der rhodesischen Wahlen hat die südafrikanische Regierung mit neuen Bedenken erfüllt. Im Dezember 1979 hatte Pretoria unter bestimmten Vorbehalten die Errichtung eines 100 Kilometer tiefen, entmilitarisierten Streifens – 50 Kilometer auf jeder Seite der Grenze zu Angola – zugestimmt. Diese entmilitarisierte Zone (DMZ) soll nach den Vorstellungen der UN sicherstellen, daß international überwachte Wahlen ungestört verlaufen können. Die südafrikanische Regierung befürchtet aber, daß die 1400 Kilometer lange

Grenze in solcher Tiefe von 7000 UN-Beobachtern nicht ausreichend geschützt werden kann.

Unter den fünf Vorbehalten Pretorias lauten die wichtigsten: Die Entwaffnung der SWAPO-Partisanen nach der Wahl muß sichergestellt sein, damit diese, wenn die südafrikanischen Truppen abziehen, nicht ungehindert in Namibia einfallen können. Ferner ist Südafrika nicht bereit, der SWAPO Stützpunkte innerhalb Namibias zuzugestehen. Die SWAPO aber wird wohl gerade in diesen beiden Punkten sehr hartnäckig sein.

Und als neue Schwierigkeit ist nun auch noch hinzugetreten, daß Savimbi, der Widersacher der Regierung in Angola, der mit seinen Partisanen in der demilitarisierten Zone operiert, ein Wort mitzureden wünscht. Die Verhandlungen dürften sich also noch lange hinziehen. Und da laut Absprache sieben Monate für die Wahlvorbereitungen vereinbart sind, wird die für die Unabhängigkeit notwendige Wahl in diesem Jahr bestimmt nicht mehr stattfinden.

Die Zwischenzeit wollen die Südafrikaner nun benutzen, um durch die Nationalversammlung Namibias einen Ministerrat wählen zu lassen, der unter Führung des Generaladministrators die Regierung mit Exekutivbefugnissen übernimmt – was das Provisorium wieder um einiges mehr verfestigen wird. Außerdem sollen in den verschiedenen Stammesgebieten Wahlen stattfinden, die man am ehesten mit Landtagswahlen vergleichen könnte. Dieses neue Modell eines modifizierten Verfassungskonzepts soll den einzelnen Stämmen, die an der zentralen Verwaltung Namibias als gleichwertige Partner teilnehmen, die Möglichkeit bieten, ihre spezifischen Eigenheiten im Gebiet des Erb- und Familienrechts sowie der Landnutzung ungehindert beibehalten zu können.

Viele Schwarze halten das für Humbug. Sie meinen, den Weißen ginge es nur darum, ihre Eigenheiten als elfte Gruppe bewahren zu können – im übrigen sei dies nichts anderes als die alte Homeland-Politik in neuer Verkleidung. Zweifellos wird dieser Wahlvorgang auf ethnischer Basis neue Auseinandersetzungen heraufbeschwören.

Namibia ist das letzte Gebiet Afrikas, das zur Entkolonialisierung ansteht. Im allgemeinen heißt es: »Den letzten beißen die Hunde.« Bei diesem Prozeß scheint es umgekehrt zu sein. Die größten Fehler wurden – von Schwarzen und Weißen – am Anfang gemacht: im Kongo und in Guinea, später in Angola und Moçambique. Inzwischen hat für alle Beteiligten doch ein gewisser Lernprozeß eingesetzt. Man muß hoffen, daß der nun auch Namibia zugute kommt. Allerdings: Die Engländer sind erfahrenere und geschmeidigere Verhandlungspartner als die Südafrikaner, und Sam Nujoma ist kein Mugabe.

Windhuk, im März 1980

Wahlen in Südafrika

Und deren Folgen in Namibia? Pretoria und die UN blockieren sich gegenseitig

Wieder einmal hat sich gezeigt, wie falsch es ist zu meinen, »nach der Wahl«, »nach der Gipfelkonferenz« oder nach was auch immer wisse man mehr als vorher. Die Probleme bleiben – und wer sich vorher scheute, sie anzupacken, wird es auch nachher nicht tun.

Auf den ersten Blick scheint es, daß sich bei den südafrikanischen Wahlen Mitte voriger Woche kaum etwas verändert hat. Ministerpräsident Bothas Nationale Partei, die seit 33 Jahren an der Macht ist, verlor zwar 3 Sitze, hat aber mit 57 Prozent der Stimmen und 131 Sitzen von 165 noch immer eine komfortable Dreiviertelmehrheit. Also könnte der Cunctator auf dem Präsidentenstuhl, so denkt man, endlich mit den großen Reformen beginnen, die er versprach, als er vor drei Jahren an Vorsters Stelle trat. Doch dies ist ein Trugschluß. Bothas Situation hat sich mindestens in seinen stets ängstlichen Augen wesentlich verschlechtert.

Seine liberale Opposition – die *Progressive Federal Party* (PFP) – hat neun Sitze dazugewonnen; das scheint nicht viel, aber da sie zuvor nur 17 Abgeordnete im Parlament hatte, ist dies eine Zunahme um mehr als 50 Prozent. Die PFP tritt für die Beteiligung der Schwarzen an der Macht ein – um so erstaunlicher, daß diesmal jeder vierte Weiße für sie gestimmt hat. Und Bothas rechte Opposition, die ultrareaktionäre *Herstigte Party* (HNP), der es wieder nicht gelang, auch nur einen einzigen Sitz zu gewinnen, hat ihre Stimmenzahl enorm erhöht: Jeder fünfte Bure hat für sie gestimmt. Wo immer die Partei einen Kandidaten aufstellte, hat sie die bisherige Majorität der Nationalisten halbiert – dadurch sind 70 Sitze aufs äußerste gefährdet worden. Dies erklärt das sonst unverständliche Frohlocken des Führers dieser Partei, deren Kennzeichen ist, daß sie keine Politik, aber viele Emotionen vorzuweisen hat. Jaap Marais erklärte stolz: »Wir haben das politische Gesicht Südafrikas verändert!«

Dadurch, daß er den versprochenen Wandel letzthin hatte in den Hintergrund treten lassen, konnte Botha die aufgeschreckten Orthodoxen in seiner Partei nicht mehr zurückgewinnen. Die Gemäßigten aber, die an die verkündeten Reformen geglaubt hatten und sie bejahten, hat er durch sein unentschlossenes Lavieren vergrämt – viele sind offenbar gar nicht zur Wahl gegangen. Führen hat eben viel mehr mit Mut und viel weniger mit Geschicklichkeit zu tun, als die meisten glauben.

Wieder einmal hat sich außerdem gezeigt, wie falsch auch richtige Voraussagen über den Ausgang von Wahlen oft sind. Vor zwei Wochen sagte mir ein hoher südafrikanischer Beamter, er rechne damit, daß die HNP acht Sitze bekommen werde. Er hatte den Zug zu den Ultrarechten richtig gespürt, aber dieser hatte sich ganz anders niedergeschlagen, als er voraussah.

Wäre die Partei tatsächlich mit acht Abgeordneten ins Parlament gekommen, dann wären Bothas Nationalisten plötzlich zu einer Partei der Mitte geworden, die nach einiger Zeit zusammen mit der heutigen Opposition in der Lage gewesen wäre, die notwendigen Reformen durchzuführen. Wobei festzuhalten ist, daß auf dem Gebiet des Arbeitsrechts (*job reservation,* schwarze Gewerkschaften, Ausbildung, Lohnanhebung) im letzten Jahr eine ganze Menge geschehen ist.

Nun, da jene Konstellation im Parlament nicht eingetreten ist, wird man annehmen müssen, daß Ministerpräsident Botha, der in ständiger Furcht vor einer Spaltung der Partei lebt, durch den Wahlausgang noch in seiner Sorge bestärkt worden ist, so daß es kaum Veränderungen geben dürfte. Zumal die Südafrikaner sich der irrigen Annahme hingeben, die neue amerikanische Administration werde aus sicherheitspolitischen Gründen und wirtschaftlichen Gesichtspunkten gegenüber Pretoria eine andere Haltung einnehmen als die Carter-Regierung. Dies ist jedoch unmöglich – innenpolitisch nicht, weil es die Rassenfrage in den Vereinigten Staaten abermals aufwerfen müßte, aber auch nicht außenpolitisch, denn die Hinnahme der Apartheid durch Amerika trüge mit dazu bei, die Sowjets als die einzigen Beschützer der Schwarzen erscheinen zu lassen. Die Situation, die Washington befürchtet, würde dadurch erst richtig heraufbeschworen.

Für den Westen ist die Frage »Und was wird nun?« außerordentlich dringlich: wegen Namibia. Seit Wochen jagt eine Sitzung in New York die andere. Die Vollversammlung tagte nahezu eine Woche und stellte rigorose Sanktionsforderungen, der Sicherheitsrat brachte sie durch Veto wieder zu Fall. Alle afrikanischen Delegierten schäumten vor Zorn. Der neue US-Unterstaatssekretär für afrikanische Angelegenheiten hat nach einer Reise durch das südliche Afrika erklärt, die UN-Resolution 435 sei tot. Diese Aussage hat die schwarzafrikanischen Politiker erneut aufs äußerste erregt, denn die Resolution 435 war die Basis, auf der seit zwei Jahren über die Zukunft Namibias verhandelt wurde. Sie fordert als erstes einen Waffenstillstand, dann freie Wahlen, Rückzug der südafrikanischen Truppen und Stationierung einer UN-Truppe; alle Beteiligten, im Prinzip auch Südafrika, hatten die Resolution angenommen. Richtig ist jedoch auch, daß bei der Genfer Konferenz im Januar dieses Jahres die Verhandlungen an dem Verlangen der Südafrikaner scheiterten, den Wahlen eine verfassungsmäßige Absicherung der Minderheiten vorzuschalten. Einstweilen kann sich niemand vorstellen, wie es weitergehen soll.

Eine Lösung wäre gar nicht so schwer, wenn man ganz neu an das Problem herangehen könnte. Aber eben dies kann man nicht: Schlechte Erfahrungen, Zorn und Mißtrauen haben sich auf allen Seiten zu Bergen getürmt und lassen sich weder beseitigen noch vergessen. Dabei geht es im Grunde nur um zwei Dinge. Südafrika, das längst begriffen hat, daß es Namibia freigeben muß, möchte lediglich sicher sein, daß dort – also an seiner Grenze – nicht ein linksradikales System etabliert wird. Die Vereinten Nationen und alle Staaten Schwarzafrikas wollen nur eines: daß Namibia unabhängig wird. Aber sie selber haben dieses Ziel blockiert. Sie haben einen großen Fehler begangen, als sie durch Votum der Vollversammlung 1977 dekretierten, daß die SWAPO die einzig legitime Vertretung Namibias ist, ohne daß dort je eine Wahl abgehalten oder die Bevölkerung auf andere Weise befragt worden wäre.

Die SWAPO stellt aber unseligerweise genau das dar, was Pretoria fürchtet: ein potentielles Einflußgebiet für die Sowjets. Ihre Guerillakämpfer sind in der Mehrzahl von sowjetischen Beratern ausgebildet und alle mit sowjetischen Waffen ausgerüstet. Der Chef der Bewegung, Sam Nujoma, hatte, noch ehe er im eigenen Land zur Herrschaft gelangt ist, auf fremdem Boden ein KZ errichtet, in dem er diejenigen seiner Gefolgschaft einsperrte, die sich seinem autoritären Willen nicht fügen wollten – und es waren weit mehr als tausend Menschen, die dort zum Teil Jahre zubringen mußten.

Wenn man als Teilnehmer eines politologischen Seminars die Aufgabe bekäme, für das Problem Namibia eine Lösung zu erarbeiten, würde es sich empfehlen, von der Frage auszugehen: Welche Faktoren oder welche Akteure, die das Problem über Gebühr komplizieren, könnte man eliminieren? Für die Vereinten Nationen und die Schwarzafrikaner ist zweifellos Südafrika der Stein des Anstoßes, den sie gern aus dem Weg geräumt hätten; für Südafrika ist es die UN. Beide waren, als nach dem Ersten Weltkrieg Deutsch-Südwestafrika vom Vorläufer der UN, dem Völkerbund, Südafrika als Mandat anvertraut wurde, die wichtigsten Akteure. Heute sind beide nur noch Nebenfiguren – nicht juristisch, aber faktisch. Wenn das Problem gelöst wird, spielen sie keine spezifische Rolle mehr; um es aber zu lösen, sind sie ein Hindernis, weil sie sich ständig gegenseitig blockieren. Würde man sie also schon heute ausschalten und die Wahlen den Prozeß der Überleitung von der südafrikanischen Administration in die Unabhängigkeit unter der Obhut der fünf westlichen Kontaktstaaten im Verein mit den fünf Frontstaaten vollziehen, wäre der Weg von den größten Hindernissen befreit.

Aber es handelt sich hier ja nicht um ein Seminar, sondern um ein konkretes, eminent politisches Problem, bei dem keiner der Beteiligten bereit zu sein scheint loszulassen. Überdies beherrschen Emotionen – Hoffnungen und Ängste – das Feld.

Die Ängste der Südafrikaner: Wenn die Grenzzone zwischen Namibia und Angola in einer Tiefe von 100 Kilometern entmilitarisiert wird und von nur 5000 UN-Soldaten überwacht werden soll, wo doch bisher 20 000 südafrikanische Soldaten nicht ausreichen, um das Infiltrieren der Guerillas zu verhindern, dann ist eine Einschüchterung der Einheimischen durch die SWAPO bei der Wahl wohl wirklich unvermeidlich. Da oben im Norden die Hälfte der Bevölkerung Namibias lebt, hat eine solche Befürchtung in der Tat Gewicht.

Die Hoffnung in Angola ist darauf gerichtet, daß Namibia endlich unabhängig wird, denn dies würde bedeuten, daß die südafrikanische Armee, die ihre Blitzvorstöße zur Zerstörung der Guerillalager immer weiter nach Angola hineintreibt, abziehen müßte. Und es bedeutet auch, wie der Außenminister Angolas gerade in Washington verkündete, daß seine Regierung dann die Kubaner veranlassen würde, abzuziehen.

In Rom, am Rande der NATO-Tagung, haben sich die fünf Botschafter der Kontaktstaaten (USA, Kanada, Großbritannien, Frankreich, Bundesrepublik) auf den Versuch geeinigt, die Resolution 435 zu erhalten, aber Garantien für die Minderheiten einzubauen. Da keiner der Beteiligten stark genug ist, eine überraschende Veränderung herbeizuführen, kann nichts ganz Schlimmes passieren. Nur: Immer mehr Zorn staut sich auf.

Hamburg, im Mai 1981

Südafrika dreht sich
im Teufelskreis

Aus Pretorias Reformpolitik wird doch
immer wieder nur weiße Herrschaft

Für jemanden, der die letzten zwei Wochen in Südafrika und Namibia zugebracht hat, wo jedermann – die Weißen, die Braunen und auch die Tiefschwarzen – überzeugt ist, daß Pretoria die Unabhängigkeit Namibias auf die lange Bank geschoben hat, war es höchst überraschend, am Tage der Rückkehr Alexander Haigs Statement zu Namibia in der Zeitung zu lesen.

Der amerikanische Außenminister erklärte darin, die Südafrikaner seien jetzt bereit, die Resolution 435 zu akzeptieren, die die vorbereitenden Modalitäten für die Unabhängigkeit regelt: Waffenstillstand, Räumung einer Pufferzone und UN-überwachte Wahlen. Wenn dies wirklich ernsthaft die Absicht sein sollte, dann hätte die amerikanische Politik – nicht in den Chor derer einzustimmen, die Südafrika zum internationalen Paria stempeln – sich tatsächlich bewährt.

Aber es ist nicht sehr wahrscheinlich, daß in Pretoria ein Sinneswandel eingetreten ist. Die UN-Resolution 435 wurde von den Südafrikanern ja schon 1978 angenommen. Dennoch erklärte Pretoria im Januar 1981, als die Namibia-Konferenz in Genf stattfand, aus heiterem Himmel, die Vereinten Nationen könnten nicht als neutral anerkannt werden, und überdies müßten vor der Wahl gewisse verfassungsrechtliche Garantien für die Minderheiten festgelegt werden. So wurde die Konferenz damals ohne Resultat abgebrochen. Am wahrscheinlichsten ist noch, daß unter der Vorbedingung von »vertrauensbildenden Maßnahmen«, die Haig kolportierte, sich wieder dieselben Forderungen verbergen.

Daß die UN nicht neutral ist, weiß jedes Kind. Es wurde gerade jetzt wieder deutlich, als die Vollversammlung sich erneut weigerte, den Vertreter Südafrikas zur Sondersitzung über Namibia zuzulassen, als ob irgendwo geschrieben stünde, daß man den Angeklagten dadurch strafen dürfe, daß er von der Verhandlung über sein schuldhaftes Verhalten ausgeschlossen wird.

Und auch schon zuvor, als die Vollversammlung 1976 die SWAPO plötzlich zur einzig legitimen Repräsentanz des namibischen Volkes erklärte, hatte sich die fehlende Neutralität gezeigt. Man fragt sich, warum denn überhaupt noch gewählt werden muß, wenn man doch schon weiß, wer die wahren Repräsentanten sind.

Die Südafrikaner haben eine erstaunliche Fähigkeit, Rastelligleich mit Worten und Etiketten zu jonglieren. Ein Vertreter der regierenden Partei sagte mir neulich: »Apartheid gibt es nicht mehr, es gibt nur noch *separate development*«, also getrennte Entwicklung. Sie glauben tatsächlich, wenn man einen Tatbestand anders benennt, verändere er sich entsprechend.

So sind sie denn auch auf die Erfindung der Homelands als euphemistische Bezeichnung für die Heimat der Schwarzen ganz stolz, obgleich dort genauso gehungert und ebenso armselig gelebt wird wie zu der Zeit, da sie als Reservate bezeichnet wurden. Alle zehn Homelands, in denen sämtliche Schwarzen angeblich ihre Heimat haben, erzeugen zusammen nur 3,7 Prozent des Sozialprodukts, denn es gibt dort weder Arbeit noch Brot.

Das ist auch der Grund, warum so viele Schwarze heimlich die Homelands verlassen und verbotenerweise als *Squatter* in der Nähe von Großstädten oder industriellen Zentren armselige Hütten aus Blech und Plastik errichten – in der Hoffnung, dort Arbeit zu finden. Kenner dieser Verhältnisse sagen: »Wenn es einem Bewohner des Homelands Ciskei gelingt, illegal Arbeit in Kapstadt zu finden, kann er leicht sein Einkommen verdreifachen, selbst wenn er jedes Jahr sechs Monate im Gefängnis zubringen muß.«

Vor allem sind es Frauen mit ihren Kindern, die auf solche

Weise elende Wohnstätten in der Nähe der Orte errichten, wo ihre kasernierten Männer, die sogenannten *urban blacks* – also die zugelassenen städtischen Schwarzen – arbeiten; denn blieben sie im Homeland, würden sie ihre Männer nur einmal im Jahr während der Urlaubszeit sehen.

In den zwei Wochen, in denen ich in Südafrika war, fand nicht nur die *incursion,* der Streifzug nach Angola, statt, wie dieses Unternehmen in liebenswerter Beschönigung genannt wird, sondern auch die Räumung des Nyanga-Lagers, die weit grausamer war und ganz und gar unbegreiflich ist.

In einer solchen Elendssiedlung in der Nähe von Kapstadt wohnten etwa 2000 Schwarze, vorwiegend Frauen und Kinder. Nach südafrikanischem Gesetz lebten sie dort illegal, weil die Vertreter der 4 Millionen Weißen, die die Gesetze machen, verfügt haben, daß 87 Prozent Südafrikas weißes Land ist und die nicht vorhandenen Vertreter der 20 Millionen Schwarzen, die daher am Gesetzemachen nicht beteiligt sind, sich mit 13 Prozent – eben den Homelands – begnügen müssen.

Eines Morgens um vier Uhr wurde das Lager Nyanga von bewaffneter Polizei mit Hunden umstellt und geräumt. Über 1000 Menschen wurden durcheinandergejagt, mußten ihre armselige Habe zurücklassen, wurden auf Busse geladen, wobei Mütter von ihren Kindern getrennt wurden und mehrere Babies erst nach Tagen wiedergefunden werden konnten. Dann wurden alle in der derzeit winterlichen Kälte ohne Schutz und ohne Essen im Homeland Transkei ausgekippt. Andere, die zum Zeitpunkt dieses Überfalls nicht im Lager waren, das sofort dem Erdboden gleichgemacht worden ist, brachten bei Wind und Regen Tage und Nächte schutzlos auf nassem Boden zu. Hunderte wurden vor Gericht gestellt. Strafe: 60 Rand (150 Mark) oder 60 Tage Gefängnis.

In der *Rand Daily Mail* hieß es in einer Reportage: »Die Beamten schlugen die wackeligen Buden zusammen, sie warfen die Äste auf einen Haufen, schmissen die Plastikfolie obendrauf und zündeten das Ganze an. Des Schutzes beraubt, blieben die Menschen einfach auf dem nassen Boden sitzen. Es gab keinen Widerstand – man hörte nur das Singen geistlicher Lieder: *Eli,*

Eli, lama sabachthani – Mein Gott, mein Gott, warum hast Du mich verlassen? Hunderte standen in einem Kreis zusammen, und einer nach dem anderen trat vor, um ein Gebet zu sprechen oder aus der Bibel vorzulesen. Ein Weißer, der sich zusammen mit ein paar hilfeleistenden Frauen verbotenerweise hierher durchgeschlagen hatte, betete laut in englisch: Laß Güte in die Herzen der Herrschenden einziehen! Und ein schwarzer Mann las, begleitet vom Schluchzen der Menge und den Rufen Amen, in Xosa Verse aus der Bergpredigt vor.«

Es ist traurig: Wer in den letzten Jahren regelmäßig in Südafrika war, mußte feststellen, daß es dort 1979 mehr Hoffnung auf Wandel gab als 1980, und 1980 mehr als heute. Aus den vielen Verheißungen und Reformplänen ist wenig geworden. Als P. W. Botha die Regierung übernahm, lautete seine Devise: »*Adapt or die* – sich dem Wandel der Zeiten anpassen oder untergehen.« Und auch noch ein Jahr später sagte er: »Wandel ist die einzige Alternative zur Revolution.« Jetzt, bei der Parlamentseröffnung im August, gab er, vom Oppositionsführer in die Enge getrieben, zu, das Ziel seiner Politik sei *white domination,* also Herrschaft der Weißen.

Viele Weiße, die meisten in der regierenden *National Party,* sehen sich, den Staat, die Kultur und alle Zivilisation vom Untergang bedroht, wenn sie die Herrschaft nicht mehr allein in Händen halten. Wehret den Anfängen, lautet ihr kurzsichtiges Motto, denn »wenn wir den Schwarzen nur ein bißchen Mitspracherecht einräumen, dann haben auch wir hier bald eine schwarze Regierung«.

Zimbabwe ist das Schreckgespenst. Dabei hat Zimbabwe sich während des letzten Jahres sehr vorteilhaft entwickelt. Mit 14 Prozent Wachstum stand es 1980 an der Spitze aller Länder der Welt; das wird sich in diesem Jahr nicht wiederholen, denn damals kamen sie von null, in diesem Jahr rechnen sie mit annähernd fünf Prozent Wachstum. Seit 1975, also während der ganzen letzten Jahre von Ian Smiths arg bedrängter Regierung, war alles, Produktion, Export, Lebensstandard, mit ständiger Beschleunigung zurückgegangen. In diesem Jahr wird zum erstenmal das Vorkriegsniveau von 1974 wieder erreicht. Und die Zahlungsbilanz gegenüber dem Hauphandelspartner Südafrika ist zum erstenmal wieder ausgeglichen.

Ein weißer Geschäftsmann aus Salisbury – er hat dort eine Meierei und macht Butter und Käse – ist guten Mutes. Er sagt, *law and order* seien wiederhergestellt, und er läßt sich durch keinerlei Einwände beirren: »Ja, der Exodus der Weißen – es waren in den letzten Jahren von Ian Smith 250 000, heute gibt es nur noch rund 200 000 –, aber das ist nur deshalb schlimm, weil so viele Fachkräfte abgewandert sind. Da es vor allem die Reaktionäre waren, die emigrierten, trauern wir ihnen nicht nach.«

»Wenn aber jetzt die zwanzig den Weißen zugestandenen Parlamentssitze abgeschafft werden...?« – »Die reichten sowieso zu nichts. Viel wichtiger ist, daß die schwarzen Führer in Zimbabwe genau wissen, was sie an den Weißen haben – sie wissen, daß in Moçambique und Sambia gehungert wird.«

»Aber die nordkoreanischen Ausbilder, die da plötzlich aufgetaucht sind?« – »Ich bitte Sie, wir haben 130 britische Offiziere in einer Armee, die mit 65 000 Mann viel zu groß ist. Da sind die paar Nordkoreaner allenfalls ein kleines Gegengewicht.«

»Und wenn Mugabe jetzt das Ein-Parteien-System einführt, wie kann man dann die Regierung je wieder loswerden?« – »Das ist nicht das Problem, denn wir haben das französische System, der Präsident wird vom ganzen Volk gewählt – wichtig ist nur, daß innerhalb der Partei Opposition zugelassen wird.«

»Haben Sie denn gar keine Sorgen?« fragte ich den Geschäftsmann aus Salisbury. »O doch, und was für welche! Das Transportsystem, vor allem das rollende Material der Eisenbahn, ist in einem katastrophalen Zustand. Dieselöl für die Landwirtschaft fehlt. Aber das Schlimmste ist, daß die Südafrikaner alles tun, um das Experiment einer *multiracial society* – eines Mehrrassen-Staates – scheitern zu lassen. Sie haben das Handelsabkommen gekündigt, was uns um fast eine halbe Milliarde D-Mark gebracht hat; sie haben den seit vielen Jahren bestehenden Leihvertrag über Lokomotiven nicht erneuert, das bringt unsere umfangreiche Industrie in allergrößte Verlegenheit, denn wir brauchen allein für die Asbest-Industrie 33 Loks am Tag; sie haben ferner plötzlich Visumzwang eingeführt, und da 50 Prozent unserer Touristen bisher Südafrikaner waren, ist das eine gezielte Niedertracht. Aber das Unbegreiflichste: Sie unterstützen die MRM.«

»Was ist denn das?« – »Das ist die *Moçambique Resistant Movement,* die aus versprengten Überbleibseln der alten portugiesischen Armee und ein paar Söldnern besteht. Sie machen Überfälle und stören den Verkehr zum Hafen Maputo.«

In Namibia ist die Angst der Weißen vor der Mehrrassen-Gesellschaft keineswegs so groß wie in Südafrika. Man hat sich schnell daran gewöhnt, daß die Apartheid bis auf kleine Reste der Vergangenheit angehört. Aber die provisorische Regierung der Demokratischen Turnhallen Allianz (DTA) hat vielleicht einen Fehler gemacht, indem sie das ethnische Prinzip auf einer zweiten Administrationsebene – die etwa unserer Länderebene entspricht – aus vielleicht verständlichen Gründen wieder eingeführt hat.

Aber auch in Namibia ist das Klima schlechter geworden, weil alles resigniert hat, was zwischen der regierenden DTA und der SWAPO stand, vor allem die Liberalen und die Mittelparteien. Viele haben aufgegeben. Andere sind in die Interessen der Administration eingewoben worden. Nicht wenige richten sich auf die SWAPO ein. Alle jungen Nicht-Weißen sind sowieso für die SWAPO, die nach allgemeiner Schätzung bei freien Wahlen 60 Prozent der Stimmen erhalten würde.

Dirk Mudge, der Regierungschef, wird zwar als redlicher, wohlmeinender Mann anerkannt, aber bei vielen leidet seine Glaubwürdigkeit eben doch unter seiner Herkunft aus der *National Party* Südafrikas. Um populär zu werden, das heißt Erfolg zu haben, fehlen ihm überdies die finanziellen Mittel. Auf den beiden wichtigsten Gebieten – Schulen und Wohnungsbau – kann er nicht genug vorweisen. Und solange das Land nicht unabhängig ist, bekommt Namibia keine Hilfe von außen.

Wie überall, so gibt es aber auch in Namibia gelegentlich Weiße, die schon vor langer Zeit die Probleme selbst angepackt haben. Da ist ein Deutscher, Helmut Bleks, der, als er vor neun Jahren einwanderte, mit ungläubigem Entsetzen feststellte, daß es in dem riesigen Farmgebiet zwischen Windhuk und Swakopmund keine einzige Schule gibt, also Tausende von Kindern als

Analphabeten aufwachsen. Er überlegte nicht lang und begann mit dem Aufbau einer Schule. Zwar ist alles noch sehr einfach, aber es gibt heute schon sechs Lehrer und zweihundert Kinder, die dort lernen, wohnen und essen. Die Eltern kommen aus einer Entfernung bis zu hundert Kilometern gewandert in der Hoffnung, ihre Kinder in Baumgartsbrunn – so heißt die Farm – unterbringen zu können. Wenn einmal wirklicher Friede herrschen wird, dann kann Helmut Bleks vielleicht seinen und der Schwarzen Herzenswunsch erfüllen und eine Kirche bauen.

Man kann nur wünschen, daß Haig recht hat und der Weg für die Unabhängigkeit Namibias, der von Pretoria blockiert worden war, jetzt freigegeben wird. Die Leiden der schwarzen Bevölkerung im Grenzgebiet sind unsäglich: Nachts kommen die Guerillas und erpressen Verpflegung, am Morgen erscheinen südafrikanische Soldaten und erpressen Geständnisse. Wer hungert, versucht sich durch Denunzierung etwas zu verdienen; ob die so gewonnenen Informationen echt sind, wird mit Prügeln verifiziert. Elektroschocks und Folterungen sind keine Ausnahmen, Gefangene werden selten gemacht.

Weiße Kirchenführer, die dank ihrer Missionsstationen eng mit der Bevölkerung im Norden verbunden sind und daher am besten Bescheid wissen, finden, daß es letzten Endes keinen Unterschied zwischen Weißen und Schwarzen gibt. Beide sind gleichermaßen grausam. *Hamburg, im September 1981*

Die Lehre
vom auserwählten Volk

Pseudowissenschaftlicher Darwinismus verbrämt mit nationalistischem Christentum

Südafrika ist ein Land, in dem zwei Gesellschaften, die aufeinander angewiesen sind, die ohne einander gar nicht können, in getrennten Kreisen nebeneinander leben: ohne sich zu kennen, fast ohne sich zu berühren. Es gibt viele Weiße, die außer mit ihren Hausangestellten noch nie mit einem Schwarzen gesprochen haben; die nie in ihrem Leben selber in Soweto oder in irgendeiner anderen schwarzen Stadt gewesen sind.

Oft habe ich mich gefragt, wie das Leben in Südafrika sich wohl gestalten würde, wenn die Menschen, die dort leben, nicht schwarz *oder* weiß wären, sondern alle miteinander, sagen wir: grün. Gewiß gäbe es auch dann soziale Unterschiede – wie anderswo auch. Aber diese würden sich dann auf Grund einer Addition verschiedener Faktoren – Erbanlagen, zufälliger Umstände usw. – ergeben und nicht einfach monokausal auf Grund der Farbe. Und dadurch würde in der Tat alles ganz anders.

Das Besondere an Südafrika ist also, daß es eine Klassengesellschaft ist, bei der wie im Mittelalter Angehörige des einen Standes unmöglich in den nächsten aufsteigen können. Denn die Weißen, auch wenn sie sehr arm sind, sind ja immer noch weiß und gehören damit zur privilegierten Klasse; die Schwarzen, auch wenn sie sehr gebildet oder auch reich sind oder der kirchlichen Hierarchie angehören, dürfen nicht zusammen mit den Weißen in Johannesburg wohnen, sondern müssen allabendlich in die schwarze Stadt nach Soweto fahren – dies gilt für Bischof Desmond Tutu genauso wie für die Straßenfeger.

Die Weißen sind vor 330 Jahren an der Küste des schwarzen Erdteils gelandet und nahmen kämpfend und kolonisierend das Land in Besitz. Und sie haben es zu einem bedeutenden Agrar- und Industrieland entwickelt. Südafrika zahlt die höchsten Löhne und hat zur Zeit die höchsten Zuwachsraten aller Industriestaaten der Welt.

Die Südafrikaner machen gern auf ihre Sonderstellung in Afrika aufmerksam. Sie sagen, wir sind das einzige Land des Kontinents, das imstande ist, sich selber zu ernähren und darüber hinaus Lebensmittel zu exportieren, während in allen anderen Staaten Afrikas die Produktion an Nahrungsmitteln pro Kopf der Bevölkerung in den letzten zwei Jahrzehnten wesentlich zurückgegangen ist.

Sie haben ferner errechnet, daß die schwarzafrikanischen Staaten, seit sie während der letzten zwanzig Jahre unabhängig wurden, elf Kriege geführt haben, daß bei ihnen fünfzig Staatsstreiche inszeniert und zehn Staatsoberhäupter ermordet oder hingerichtet wurden. Mit einem Wort: Sie weisen nach, daß Südafrika der ruhende Pol ist, das blühende Land zwischen lauter unsteten, desorganisierten, krisengeschüttelten Ländern. Und sie fragen: Wollt ihr wirklich, daß auch dieser Hort der Ordnung dem Chaos überliefert wird?

Hier nun und mit diesem verständlichen Motiv setzt der heimliche Kampf um den Erhalt der Privilegien ein – heimlich, weil immer nur vorgeschobene, moralische Argumente genannt werden. Es ist wirklich interessant zu sehen, wie phantasievoll und einfallsreich der Mensch ist, wenn es darum geht, seinen Egoismen einen moralischen oder wissenschaftlichen Mantel umzuhängen. In Südafrika hat sich ein pseudowissenschaftlicher Darwinismus, der den Schwarzen einen konstitutionell niedrigen IQ zudiktiert, mit einer nationalistischen Interpretation des Christentums verbündet. So entstand die Doktrin vom auserwählten Volk, und auf solche Weise wird nun die Rassendiskriminierung gerechtfertigt, und zwar gleich so total, daß selbst die Mehrheit der geistlichen Herren der *Dutch Reformed Church* die Apartheid für einen gottgefälligen Zustand hält.

Nie wird zugegeben, daß es sich ausschließlich um die Erhaltung der weißen Herrschaft handelt. Die Motivation, die gegeben wird, lautet vielmehr, das Kulturgut der Schwarzafrikaner dürfe nicht gefährdet werden. Um ihre Eigenart zu bewahren, müßten beispielsweise die ethnisch verschiedenen Stämme in ihren ursprünglichen Gebieten – fern den Weißen – als Einheit erhalten werden.

Mit dieser Legitimation werden auch Schwarze, die schon in der zweiten und dritten Generation in der Stadt leben, eines Tages wieder in diese ihnen gänzlich unbekannten Heimatländer zurückbefördert. Dabei handelt es sich nicht um einige tausend, sondern um die Hälfte der schwarzen Bevölkerung, also um rund zehn Millionen Menschen, die dadurch ihre südafrikanische Staatsangehörigkeit verlieren und die fiktive ihres Homelands annehmen müssen, die von niemandem in der Welt anerkannt wird.

Jenen Reservaten, die seinerzeit geschaffen worden sind, wurden immer neue Etikette aufgeklebt, obgleich sie sich substantiell kaum verändert haben. Aus den Reservaten wurden zunächst die Bantustans und jetzt die Homelands. Die beschönigende Firmierung als Heimatland soll diesen unwirtlichen Gebilden den Anstrich von Geborgenheit verleihen. Die Buren, die für ihre Phantasie nicht gerade bekannt sind, erweisen sich in terminologischer Hinsicht als äußerst einfallsreich. So wurde Apartheid eines Tages in *separate development* – also getrennte Entwicklung – umgetauft, als habe da ein simultaner Wettlauf um Fortschritt begonnen. Dabei sind die zehn Homelands der zehn wichtigsten ethnischen Gruppen, denen nur 13 Prozent des Landes überantwortet wurden, in Wirklichkeit unendlich rückständig.

Das *Institute of Race Relations,* eine unabhängige Organisation, hat ermittelt, daß dort 75 Prozent der Schwarzen unterhalb des Existenzminimums leben, denn es gibt keine Arbeit und nicht genügend Nahrung; von tausend Kindern sterben jedes Jahr 258. Die Homelands sind Gebiete, in die die Schwarzen, die sich nicht im weißen Gebiet aufhalten sollen, jederzeit abgeschoben werden können. Sie stellen überdies ein Reservoir schwarzer Arbeitskräfte dar, aus dem die Industrie sich versorgen kann, ohne soziale Verpflichtungen zu übernehmen. Für Kranke und

Arbeitslose, für Schulen, Altersversorgung und Gesundheitswesen ist die mittellose schwarze Homeland-Regierung verantwortlich.

Die Idee von den Homelands und der Plan, auch die Inder und die *coloureds* der Städte aus ihren angestammten Quartieren zu vertreiben und sie in gesonderten Vierteln unterzubringen, stammt von Ministerpräsident Henryk Verwoerd, der 1966 ermordet worden ist. Er hat mir, als ich ihn 1961 besuchte, erklärt, welche Motive ihn dabei bewegten. Er mutete mich an wie jemand, der aus einem farbenreichen Teppich, dessen Muster die Geschichte gewoben hat, alle Fäden herauszieht, um sie, fein säuberlich nach Farben geordnet, zusammenzulegen: Am Schluß herrscht Ordnung, aber der Teppich existiert nicht mehr.

Die Weichen für diese Politik wurden 1948 gestellt, als die noch heute regierende *National Party* die Regierung übernahm. Damals waren die Schwarzen in ihrer großen Mehrheit noch der Meinung, die ausschließlich dienende Rolle, die ihnen die Weißen zugemessen hatten, sei gottgewollt. Seither hat es viele Signale gegeben, die das Bewußtsein der Schwarzen verändert haben.

In erster Linie war es das Jahr 1960, das viele Umwälzungen brachte: Eine Vielfalt von englisch, französisch und belgisch beherrschten Gebieten Schwarzafrikas wurde damals selbständig. Auch war es das Jahr von Sharpeville, ein Ereignis, das die einheimische Bevölkerung wie ein Keulenschlag traf: Eine friedlich gemeinte Demonstration war dort von einer nervös gewordenen Polizei beschossen worden. Als die Menge sich verlaufen hatte, lagen 70 tote Schwarze auf dem Platz.

Einen tiefen Einschnitt bildete dann das Jahr 1974, weil damals die portugiesischen Kolonien Angola und Moçambique unabhängig wurden, und zwar nicht, weil Lissabon diese beiden Gebiete aus freien Stücken aufgegeben hätte, sondern weil die schwarze Bevölkerung sich die Freiheit blutig erkämpft hatte.

Und als dann schließlich im März 1980 bei der Wahl in Zimbabwe Mugabe den Sieg davontrug, da wurde das südliche Afrika von Grund auf verändert. Selbstgefühl und Ehrgeiz der Schwarzen wurden enorm angefeuert. Nun stand auch für sie fest, daß sie sich nicht einfach in ihr Schicksal ergeben dürften.

146

Haß brannte auf, die Schwarzen wurden militant. Seither werden immer mehr Sabotageakte verübt, und diejenigen, die in solcher Weise Widerstand leisten und die von den Weißen als Terroristen geächtet sind, werden von den Schwarzen als Helden verehrt.

Die heute aktivste Oppositionsgruppe der Schwarzafrikaner, die als marxistisch gilt und daher verboten ist, ist der ANC, der *African National Congress.* Es ist die älteste aller Befreiungsorganisationen Afrikas, die ein halbes Jahrhundert lang vergeblich versucht hat, mit Appellen, Demonstrationen und passivem Widerstand für die Rechte der Schwarzen zu kämpfen. Als dies alles nichts nutzte, beschloß der ANC 1960, die Gewalt des Staates, der den schwarzen Bürgern die Menschenrechte vorenthält, mit Gewalt zu beantworten und eine Guerilla-Organisation zu gründen; sie heißt »Speer der Nation«.

Als ich 1960 zum erstenmal in Südafrika war, schrieb ich in einem Bericht für die *Zeit:* »Die Südafrikaner können die große, weltumspannende soziale Revolution nicht begreifen, die zu Beginn unseres Jahrhunderts Rußland ergriff, nach dem Zweiten Weltkrieg in Indien die Maharadschas, in Ägypten die Paschas und jetzt in den unabhängigen afrikanischen Staaten die Häuptlinge entthront. Überall erleben wir, wie eine hierarchische Gesellschaft in eine egalitäre umgewandelt wird. Genau dies aber sind die Südafrikaner fest entschlossen, mit Waffengewalt und Haftbefehlen zu verhindern. Sie verstehen nicht, daß die Zeitspanne, in der man diese Mittel nutzen kann, sich zwangsläufig in dem Maße verkürzt, in dem man die gemäßigten Führer der Afrikaner einsperrt, so daß dann immer radikalere an ihre Stelle treten.«

Als ich nach vielen Besuchen im vorigen Jahr, also nach zwanzig Jahren, wieder dort war, lautete die Überschrift des Berichtes in der *Zeit* nicht viel anders: »Südafrika dreht sich im Teufelskreis – Aus Pretorias Reformpolitik wird doch immer wieder nur weiße Herrschaft«.

Also: Zwanzig Jahre versäumt, verschlafen? Ja und nein. Je nachdem, aus wessen Blickwinkel diese Frage beantwortet wird. Die Weißen finden die Reformen, die stattfanden, weltumwälzend, denn sie haben ja achtzig Jahre im Windschatten der Geschichte gelebt, hatten keine Ahnung, was in der Welt draußen vor sich ging. Darum meinen sie, bei ihnen zu Haus hätten gewaltige Veränderungen stattgefunden: die *petty-apartheid*-Verordnungen sind abgeschafft worden, schwarze Gewerkschaften wurden zugelassen, es gibt Hotels und Restaurants, in denen Weiße und Schwarze zusammen wohnen und essen dürfen; *job reservation* gibt es in der Praxis nicht mehr, die Löhne der Schwarzen sind während der letzten Jahre weit überproportional zu denen der Weißen gesteigert worden, so daß die Relation zueinander nicht mehr wie vor zwanzig Jahren 1 zu 10, sondern wohl nur noch 1 zu 4 beträgt. Die Anzahl der Lehrer in den schwarzen Schulen wurde in den letzten zehn Jahren verdoppelt, die der Schüler verfünffacht. Dies die Lesart der Weißen.

Und was sagen die Schwarzen? Sie sagen: Alle wesentlichen Diskriminierungen sind geblieben, ja, manche – so beispielsweise die Paßgesetze, wegen deren Verletzung jährlich eine halbe Million Menschen ins Gefängnis wandert – sollen jetzt sogar noch verschärft werden. Noch immer müssen viele von ihnen in Kasernen im weißen Industriegebiet leben, während Frau und Kinder, die sie nur einmal im Jahr für ein paar Wochen sehen dürfen, im Homeland darben.

In den Gefängnissen wird weiter gefoltert und der Tod von Gefangenen stets als Selbstmord deklariert. Meist erfährt man dies nur, wenn es sich um Prominente handelt, wie in dem Fall des bekannten Studentenführers Steve Biko oder des weißen Arztes Neil Agget, der im Februar dieses Jahres in seiner Zelle tot aufgefunden wurde. Manchmal fallen besonders unliebsame Aktivisten auch mysteriösen Unfällen zum Opfer, so der Anführer des Bus- und Müllarbeiterstreiks in Johannesburg, Joseph Mavi, der in diesem Jahr angeblich durch einen Autounfall umkam.

Unverändert sind auch die Gesetze geblieben, die jeder Willkür Tür und Tor öffnen: Das Gesetz zur inneren Sicherheit *(Internal Security Act)* ermöglicht die vorbeugende Festnahme von Personen, denen Handlungen vorgeworfen werden, die die Staatssicherheit gefährden; es ermächtigt ferner zu jahrelangen Bannungen ohne Anklage oder Gerichtsverfahren. Auch das Terrorismusgesetz gestattet es, Leute festzunehmen, sie unbegrenzt und ohne Gerichtsverfahren, ja, ohne Anklage, in Untersuchungshaft zu nehmen. Und die *Immorality Act,* die intime Beziehungen und Ehen zwischen Verschiedenfarbigen verbietet, wird wie eh und je mit äußerster Akribie und allergrößtem Eifer praktiziert.

Was also hat es auf sich mit dem Gerede von Bothas Reformen? In diesem Jahr, gleich nach der Verkündung der neuen Verfassungsvorschläge des *President's Council,* erklärte der Innenminister Chris Heunis, daß eine der Lektionen, die man in Afrika gelernt habe »und die wir akzeptieren«, lautet, »daß ein Machtmonopol der Weißen im heutigen Afrika unhaltbar geworden ist«. Und er fügte hinzu: Was die Regierung will, »*is a meaningful division of power between all races*« – eine sinnvolle Teilung der Macht zwischen allen Rassen.

Nun, der Dissens liegt offenbar in dem, was die Regierung *meaningful* nennt: Soll die Parkbank oder die politische Macht geteilt werden? – das ist offenbar die Frage. Doch mag es durchaus sein, daß die Absicht, wirkliche Veränderungen zu vollziehen, zunächst ernst gemeint war. Aber dann trat im Februar dieses Jahres ein Ereignis ein, das für Buren seit undenklichen Zeiten die schrecklichste aller Vorstellungen ist: die Spaltung der Partei, also des burischen Lagers.

Der erzkonservative Andries Treurnicht, ein früherer Vorsitzender des Broederbundes, sagte sich mit 16 gleichgesonnenen Abgeordneten aus Zorn über die vorgesehene Verfassungsänderung von der *National Party* los und bildet nun eine eigenständige Partei. Die Einheit der Buren aber ist für sie absolut sakrosankt. 250 Jahre hatten sie in Südafrika gegen die Briten für die Existenz und den Zusammenhalt ihres Volkes gekämpft – zuletzt im Burenkrieg, der für sie zum Heldenepos geworden ist. Darum war dieser Schock groß und hat Botha wohl den letzten Mut geraubt.

Nun ist statt den umfassenden Reformen eine extreme Verschärfung der Paßgesetze vorgesehen, die Harry Oppenheimer, der größte Unternehmer Südafrikas, »vollständig unakzeptierbar« findet. Und sicherlich wird die Regierung sich nun wieder dem verhängnisvollen Glauben an ihre militärische Stärke überlassen. Niemand bestreitet, daß Südafrika auf diesem Gebiet allen Nachbarstaaten weit überlegen ist und daß Pretoria auch mit der Opposition im Inneren noch für geraume Zeit fertig werden kann. Aber auf die Dauer?

Auf die Dauer gibt es nur politische Lösungen. Es hat keinen Sinn, Waffen auf Waffen zu häufen, die Polizei immer wieder zu verstärken und die Gesetze immer von neuem zu verschärfen, weil es keinen Ersatz gibt für eine politische Neuordnung veralteter Sozialstrukturen und für eine Rassenpolitik, die von der ganzen Welt gebilligt wird.

Man muß die liberalen Weißen bewundern, die alldem zum Trotz in ihrem jahrelangen Kampf gegen die Apartheid nicht nachlassen. Für die Schwarzen ist es schließlich selbstverständlich, in der Opposition zu sein, aber für die Weißen bedeutet es, von den Ihren zum Verräter gestempelt zu werden und oft genug erleben zu müssen, daß auch ihre Kinder aus der Gemeinschaft ausgeschlossen werden. *Hamburg, im November 1982*

Wunder geschehen

Botha trifft sich mit seinem Feind,
dem schwarzen Präsidenten
von Moçambique

In den ersten fünf Monaten dieses Jahres ist in Südafrika zur Eingrenzung des Rassenproblems mehr geschehen als in den vorangegangenen zwanzig Jahren. Selbst die vielgerühmte neue Verfassung, die im vorigen Jahr Indern und Mischlingen – nicht aber der schwarzen Majorität – ein begrenztes Mitspracherecht einräumte, hat ja mehr die Zementierung der weißen Herrschaft zum Ziel als weitere Reformen. Etwas hat sie allerdings bewirkt: Sie hat das Schreckgespenst einer Parteispaltung gebannt, das dem Ministerpräsidenten seit Jahren Alpträume verursachte und ihn angeblich an ernsthaften Reformen hinderte. 17 verärgerte Mitglieder seiner Partei traten aus und gründeten eine eigene, extrem rechte Partei – aber eben nur 17. Heute ist Botha stärker als je zuvor.

Dies und der Fortschritt der letzten Monate in den Beziehungen zu den schwarzen Nachbarstaaten ist wohl auch der Anlaß dafür, daß Ministerpräsident Pieter Willem Botha aus seiner Isolierung herausstrebt, und gewiß ist darum Bundeskanzler Kohl auch sehr bereit, ihn zu empfangen.

Es ging Schlag auf Schlag: Im Februar fanden die ersten Verhandlungen zwischen Südafrika und Angola in Lusaka statt – im Beisein von Chester Crocker, dem Leiter der Afrika-Abteilung des State Departments, der sich große Verdienste in dieser Sache erworben hat. Im März kam aus Kuba die Nachricht, Fidel Castro und der Staatschef von Angola hätten Einzelheiten für den Abzug der rund 25 000 kubanischen Soldaten aus Angola besprochen. Gleichzeitig erklärten die Südafrikaner sich bereit, ihre Truppen, mit denen sie 200 Kilometer weit nach Angola vorgestoßen waren, um dort SWAPO-Guerillas und deren Einrichtungen zu vernichten, aus dem Nachbarland zurückzuziehen – was inzwischen auch geschehen ist.

Im April bot sich der erstaunten Welt dann ein Schauspiel, das niemand für möglich gehalten hätte: Der weiße Ministerpräsident Südafrikas und der schwarze Präsident Moçambiques schritten unter den Klängen ihrer Nationalhymnen gemeinsam die Ehrenformation ihrer Streitkräfte ab, nachdem sie zuvor einen Nichtangriffspakt unterzeichnet hatten, der einer langen, erbitterten Gegnerschaft ein Ende setzte. Im Mai schließlich saßen sich am Verhandlungstisch in Lusaka Weiße und Schwarze gegenüber, die einander ewige Feindschaft geschworen und sich jahrelang mit blutigem Terror und Gegenterror bekämpft hatten: die Führer der SWAPO, Vertreter Namibias und Südafrikas.

Und noch ein Fortschritt, der nicht weniger erstaunlich ist: Im Februar wurde erstmalig ein weißer Polizist, der den Tod eines Schwarzen verursacht hatte, in Südafrika zur Rechenschaft gezogen und zu zehn Jahren Gefängnis verurteilt. Mehrere andere sind seither wegen Folterungen schwarzer Gefangener ebenfalls zu Freiheitsstrafen verurteilt worden. Man möchte hoffen, daß damit nun endlich das Foltern in den Haftanstalten ein Ende findet. Seit 1963 sind 53 Gefangene auf mysteriöse Weise umgekommen.

Noch immer können allerdings nach geltendem Recht politisch Verdächtige für unbegrenzte Zeit inhaftiert werden, noch immer werden Mißliebige ohne Verfahren für viele Jahre gebannt, also ihrer freien Selbstbestimmung beraubt – wie der frühere Chef des verbotenen *Christian Institute* in Johannesburg, Christian Beyers Naudé. Immer werden auch noch Nacht-und-Nebel-Aktionen durchgeführt gegen schwarze Siedler, die im weißen Gebiet dürftige Unterkünfte aus Blech und Plastik errichtet haben – Aktionen, die stets damit enden, daß Bulldozer in wenigen Stunden diese armseligen Unterkünfte beseitigen; die nunmehr Heimatlosen werden dann auf Lastwagen in die Homelands – die ihnen vorgeschriebenen Wohngebiete – verfrachtet, von wo aus sie tags darauf wieder den Rückweg antreten, weil sie im Homeland verhungern würden.

Auch ist die grausame Umsiedlung, mit der die farbige Bevölkerung hin- und hergeschoben und entwurzelt wird, um das Land in makellose Farbeinheiten – weiß, braun, schwarz – einteilen zu können, noch immer nicht abgeschlossen. Etwa 3,5 Millionen Einwohner wurden bisher umgesiedelt. Weiteren 1,2 Millionen steht dieses Schicksal noch bevor.

Aber so viel steht fest: Was während der letzten Monate geschah, ist von großer Bedeutung, denn zum ersten Mal hat die Regierung sich auf politische Verhandlungen eingelassen und nicht nur auf ihre militärische Überlegenheit gesetzt.

Möglich war dies, weil für alle Beteiligten der Zwang der Realität stärker geworden ist als der Hang zur Ideologie: Angola muß für jeden Kubaner im Monat 250 Dollar aufbringen; Moçambique wird hart bedrängt von der nationalen Widerstandsbewegung, die von Südafrika unterstützt wird; Pretoria trägt schwer an den wachsenden Zuschüssen für Namibia, und alle miteinander leiden seit drei Jahren unter der anhaltenden Trockenheit.

Jetzt hängt alles davon ab, ob Botha, der ein erfahrener Politiker ist, seine Chance nutzt und nun auch in Südafrika selbst soziale Reformen durchführen wird. Niemand kann erwarten, daß er von heute auf morgen die westliche Demokratie für alle einführt – aber es ist Zeit, vom Absolutismus auf aufgeklärten Paternalismus umzuschalten. *Hamburg, im Juni 1984*

Die Hoffnungen von 1984
sind begraben

Die ratlosen Weißen werden brutaler,
die zornigen Schwarzen radikaler

Was für ein seltsames Land: Hier muß man sich nicht um den Status der Minderheiten sorgen, sondern um die Rechte der Mehrheit. Hier existiert eine hochentwickelte Industriegesellschaft, eng verwoben mit einer Gesellschaft, die künstlich auf dem Stand eines Entwicklungslandes gehalten wird. Hier ist ein Land, in dem die Bevölkerungsgruppe, die der Dritten Welt gleicht, zwar wirtschaftlich integriert wurde, weil sie dafür unentbehrlich ist, die politisch aber mit Fleiß isoliert wird, weil man sonst die Macht mit ihr teilen müßte.

Wie kann irgend jemand glauben, daß dieser Zustand sich zementieren läßt? Denn das ist es, was die herrschenden weißen Südafrikaner möchten. Sie können offenbar nicht einsehen, was doch jedermann weiß: daß die Geschichte ein Prozeß ist, dem man nicht an einer beliebigen Stelle befehlen kann: »Verweile doch, du bist so schön.« Sie bestreiten, daß dies ihre Absicht sei, und durch ihre Brille gesehen, haben sie damit vielleicht sogar recht. Aber die Perspektiven der Herrschenden und der Unterdrückten sind eben verschieden.

»Hören Sie mal«, erregt sich ein hoher Funktionär, »Sie wissen doch selber, was für gewaltige Veränderungen hierzulande vorgegangen sind. In den meisten Hotels und Restaurants sind jetzt Schwarze zugelassen; *job reservation* gibt es nicht mehr, Schwarze können also in allen Berufsgruppen aufsteigen; sie können ihre Häuser für 99 Jahre mieten und nicht mehr nur für 30 Jahre; schwarze Gewerkschaften mit dem Recht, Tarifabschlüsse zu verhandeln, wurden zugelassen; die Segregation an den Universitäten ist gelockert worden; die Löhne der Schwarzen haben sich in den letzten zehn Jahren fast verdoppelt. Ist das alles nichts?«

Jeder Punkt, den er genannt hat, ist zutreffend und wichtig. Aber richtig ist auch, was die Liberale Helen Suzman sagt – übrigens die eindrucksvollste Parlamentarierin, die ich in meinem Leben getroffen habe. Helen, die viele Jahre Führerin der Oppositionspartei war, meint: »Jene Reformen betreffen nur wenige. Das aber, worunter die Masse der Schwarzen leidet, was sie quält: die Apartheid-Gesetze: das ist um keinen Deut verändert worden. Noch immer gibt es die Paßgesetze, die jedes Jahr eine Viertelmillion Schwarze ins Gefängnis bringen; noch immer die Sektion 10 des *Urban Area Consolidation Act,* die bestimmt, daß kein Schwarzer länger als 72 Stunden in einer weißen Stadt sein darf, es sei denn, er ist dort geboren oder hat zehn Jahre am selben Platz gearbeitet; noch immer den *Internal Security Act,* der die vorbeugende Festnahme von Leuten legitimiert, die voraussichtlich die Staatssicherheit gefährden werden; noch immer den *Terrorism Act,* der gestattet, verdächtige Personen ohne Verfahren zeitlich unbegrenzt in Haft zu halten; und auch den *Area Group Act,* der die zwangsweise Umsiedlung für rechtens erklärt.

Noch nie habe ich die Weißen Südafrikas so ratlos und die Schwarzen so entschlossen erlebt wie diesmal, obgleich ich doch 1960 während der ersten unheilschwangeren Ereignisse von Sharpeville in Südafrika war, wie auch 1976, als die Unruhen in Soweto und anderen schwarzen Städten blutig niedergeschlagen wurden.

In der schwarzen Stadt Soweto, die mit zweieinhalb Millionen Menschen die größte Stadt Afrikas ist, aber nicht als solche gewertet wird, weil sie – wie Christian Morgenstern sagen würde – im Sinne bürgerlicher Konvention gar nicht existiert, denn sie ist nur ein 30 Kilometer entferntes, verschämtes Anhängsel von Johannesburg – in Soweto also sagen die jungen Leute heute: »Wenn's nicht anders geht, dann muß eben Blut fließen.«

Die weiße Regierung sieht ratlos zu, wie die Gemeinderäte, die sie zur Verwaltung der schwarzen Städte eingesetzt hat, alle scheitern, weil sie nach Meinung der dortigen Bürger Kollaborateure sind und ihre Posten nur dazu benützen, um sich selbst zu bereichern. Kaum einer dieser *City Councils* funktioniert noch – sie werden von der schwarzen Bevölkerung einfach boykottiert. In zwei Fällen wurden die Bürgermeister mit Äxten erschlagen, ihre Häuser angesteckt und viele öffentliche Einrichtungen verwüstet.

Dabei hatte das vorige Jahr zunächst sehr hoffnungsvoll begonnen. Ministerpräsident Botha war es gleich am Anfang gelungen, mit Angola eine militärische Entflechtung und mit Moçambique den Nichtangriffsvertrag von Nkomati auszuhandeln; auch mit drei weiteren schwarzen Staaten wurden Abkommen abgeschlossen.

Überdies hatte Bothas Partei in einem Referendum mit großer Mehrheit dem Entwurf der neuen Verfassung zugestimmt, die von 44 Mitgliedern der Nationalen Partei zusammen mit neun farbigen *(coloureds)* und fünf indischen Vertretern ausgearbeitet worden war. Die Opposition hatte die Mitarbeit abgelehnt, weil die Schwarzen nicht berücksichtigt wurden. Auch die katholische Bischofskonferenz und mehrere andere Kirchen lehnten die Verfassung ab, und Harry Oppenheimer, der große Chef des größten Industrieunternehmens, der *Anglo American Company,* hatte unmißverständlich, aber umsonst, gewarnt.

Die Verfassung sieht drei Kammern vor, die verschiedene Kompetenzen haben, getrennt tagen und deren Proporz mit 1:2:4 zugunsten der Weißen so ausgeklügelt worden ist, daß deren Vorherrschaft in jedem Fall gesichert ist.

Nachdem das Referendum der Weißen diesen Plan gebilligt hatte, schritt die Regierung zur Tat; und siehe da, was als großer Fortschritt annonciert worden war – zum ersten Mal Nicht-Weiße im Parlament – erwies sich als Reinfall. Nur 17 Prozent der indischen und nur 18 Prozent der farbigen Wahlberechtigten gingen zur Wahl. Wesentlich schlimmer noch: Die Schwarzen, denen auf solche Weise demonstriert worden ist, daß für sie, staatspolitisch gesehen, kein Platz in Südafrika ist und außer vagen Andeutungen auch für die Zukunft keiner vorgesehen wurde, sind frustriert und zornerfüllt. Eine Mietsteigerung bot schließlich den Anlaß zum Aufruhr. Und da Tausende von Schülern der unzulänglichen Schulverhältnisse wegen sich bereits seit Wochen – manche seit Monaten – weigerten, in die Schule zu gehen, kam es zu einer immer mehr um sich greifenden Streikbewegung.

In der ersten Novemberhälfte legte eine Reihe von schwarzen Gewerkschaften 48 Stunden lang das gesamte Wirtschaftsleben lahm. In vielen Betrieben blieben bis zu 90 Prozent der Arbeiter zu Hause. Das hatte es noch nie gegeben, denn der niedrige Lohn läßt einen mehrtägigen Streik gar nicht zu; auch ist bei der enormen Arbeitslosigkeit das Risiko für den einzelnen einfach zu hoch. Die Arbeiter der staatlichen Sasol-Betriebe, in denen Kohle zu Öl verflüssigt wird, bekamen dies sogleich zu spüren: 6000 von ihnen wurden auf einen Schlag entlassen – ein kleiner Teil wurde allerdings nach zwei Monaten wieder eingestellt. Die Polizei, an willkürliches Walten gewöhnt, nahm die drei wichtigsten schwarzen Gewerkschaftsführer fest, was Besorgnis unter den weißen Managern auslöste. 163 Tote und Hunderte von Verletzten waren das traurige Ende dieser Ereignisse.

Der Außenminister, den ich fragte, warum die Regierung nicht gleichzeitig mit der neuen Verfassung einen Plan für weitere politische Entwicklung der Schwarzen angekündigt hat, damit diese ihre Hoffnungen wenigstens an gewisse Daten hängen können, antwortete: »*You can't do it over night*« – das geht nicht über Nacht. Ich erinnerte mich – und dann auch ihn – daran, daß Ministerpräsident Verwoerd, den ich 1960 besuchte, auf eine ähnliche Frage vor 25 Jahren die gleiche Antwort gab.

Viele der Gesetze, die die Schwarzen benachteiligen, stammen schon aus den letzten Jahrzehnten des vorigen Jahrhunderts, aber die kategorische und totale Diskriminierung, also die grundsätzliche Apartheid – die hat erst Ministerpräsident Verwoerd erfunden. Er war ein doktrinärer Professor, der mir damals voller Lust sein realitätsfernes Schema der Rassenpolitik erläuterte, bei dem Inder, Farbige und Schwarze so lange hin- und hergesiedelt werden, bis alle der gleichen Farbe beisammen sind.

Diesem Umsiedlungsfanatismus, der auf dem 1950 erlassenen

Group Area Act beruht, sind Hunderttausende von Indern und Farbigen zum Opfer gefallen, die ihre Häuser und Geschäfte verlassen mußten und die angewiesen wurden, in eine ihnen unbekannte, meist schlechtere Gegend zu ziehen. Die Zahl der zwangsweise umgesiedelten Schwarzen *(forced removal)* geht in die Millionen. Weit über zwei Millionen sind aus weißen Gebieten, in denen manche von ihnen seit Generationen lebten, in die Homelands ausgewiesen worden. Viele kehren heimlich zurück, obgleich sie wissen, daß sie dann eingesperrt werden. Sie sagen: »Besser acht Monate im Gefängnis und vier Monate Arbeit als zwölf Monate im Homeland.« Noch weitere zwei Millionen sollen in jene Reservate abgeschoben werden. Und das bedeutet Hunger und Elend für sie, denn die Reservate sind hoffnungslos übervölkert, Arbeitsgelegenheiten sind rar, die Schulen noch schlechter als in den weißen Gebieten und die schwarzen Behörden korrupt und so repressiv, wie sie es von Südafrika gelernt haben. Im Homeland Ciskei werden 66 Prozent des Budgets für die Sicherheitspolizei ausgegeben.

Es ist merkwürdig, daß die Regierung ganz ohne jedes Gefühl für politische Stimmungen ist. Im Jahre 1976 löste sie mit ihrer Anordnung, Afrikaans – die verhaßte Sprache der Buren – ab sofort und gegen erregten Protest in den Schulen als Lehrsprache für mehrere Fächer einzuführen, den größten Aufstand aus, den Südafrika je erlebt hatte. Damals starben mehr als 700 Schwarze im Kugelhagel der Polizei. Heute werden, ungeachtet des aufgestauten Zorns der Schwarzen, die Mieten von etwa 300 000 Leuten erhöht und wieder neue Umsiedlungen angeordnet.

»Merkwürdig...«, echote ein liberaler Weißer. »Das ist überhaupt nicht merkwürdig, das ist die Arroganz der Macht. Die« – womit er die Regierung meinte – »haben es noch nie nötig gehabt zu fragen, was die Menschen sich wünschen, nicht einmal, was man ihnen zumuten kann. Sie entscheiden, was für ihre eigenen Interessen nützlich ist, und damit basta.«

Die eigenen Interessen erfordern, daß die schwarze Mehrheit nie zur Macht kommen kann. Eben darum wurde die Theorie der Homelands ersonnen. Sie gelten als die Heimat der durch ihre Sprache ausgewiesenen zehn verschiedenen Stämme, die als

Nationen bezeichnet werden und deren Staatsbürgerschaft den im weißen Südafrika ausgebürgerten Schwarzen aufgezwungen wird.

»Stellen Sie sich doch einmal vor«, schäumte ein schwarzer Anwalt, »bei uns sind acht Millionen Leute ausgebürgert worden, und da kräht kein Hahn danach. Aber wenn die Russen einen Solschenizyn ausbürgern oder einen Sacharow mit *forced removal* nach Gorki verweisen, dann ist die ganze westliche Welt monatelang in Aufregung.«

Mit Hilfe der Homelands, durch die die schwarze Mehrheit in ethnische Einheiten aufgespalten wird, gelingt es, die 23 Millionen Schwarzen so zu unterteilen, daß einzig die Zulus mit über 5 Millionen zahlenmäßig ein wenig größer sind als die weiße Bevölkerung mit 4,7 Millionen.

Der Häuptling der Zulus, Gatsha Buthelezi, Chef des Homeland Kwazulu, ein hochgebildeter, sprachgewandter, selbstbewußter und gleichzeitig moderater Mann, weigert sich zum Ärger der Regierung, die Unabhängigkeit für sein Gebiet zu beantragen. Im Unruhejahr 1976 war er mit einer flammenden Rede in Soweto als Führer der Schwarzen hervorgetreten. Inzwischen aber ist er von der sich radikalisierenden schwarzen Elite längst überholt worden, vor allem seit er im Herbst gegen den Streik gestimmt hat.

Die Radikalisierung, die 1976 als Reaktion auf die Brutalität begann, mit der die Aufstände niedergeschlagen wurden, kommt im schwarzen Nationalismus zum Ausdruck und in einem gewissen Vulgärmarxismus, der fordert, daß die Besitzverhältnisse geändert werden. Nie habe ich bei früheren Besuchen den Kapitalismus schmähen gehört. Aber wer sich vom Besitz ausgeschlossen sieht, der wird eben zum Gegner der Besitzenden — dazu braucht man nicht Moskau als Lehrmeister. Es genügt, die Augen aufzumachen und das Nebeneinander von Luxus und Elend zu sehen.

Die Jungen sind nicht zuletzt deswegen ungeduldig geworden, weil sie seit der neuen Verfassung keine Zukunft für sich sehen. Auch hat die blutige Auseinandersetzung von 1976 nicht nur den Haß geschürt, sondern zugleich eine gewisse Aufklärung unter die Schwarzen getragen. Damals wurden allenthalben regionale Oppositionsgruppen gegründet. Sie haben sich jetzt während der letzten 18 Monate zu zwei großen Organisationen zusammengeschlossen: zu der *United Democratic Front* (UDF), die etwa 600 Gruppen – gewerkschaftliche, kirchliche, studentische – umfaßt; und zu der radikaleren, ideologischen *National Front,* die keine Weißen aufnimmt; zu ihr gehört die *Black-Consciousness*-Bewegung und die AZAPO, die während des Kennedy-Besuchs durch ihre Proteste von sich reden machte. Beide haben sozialistische Tendenzen. Es heißt, sie wollten aus Südafrika eine Volksrepublik machen.

Ein alter Freund – ein Nicht-Weißer –, der viele Jahre auf der Teufelsinsel Robben Island gefangen war und den ich wegen seiner großen Toleranz – »Natürlich wollen wir mit den Weißen zusammen ein besseres Südafrika bauen, wir wollen doch keine umgekehrte Apartheid praktizieren« – stets bewunderte, sagt jetzt: »Rassendiskriminierung, Klassenpolitik und Ausbeutung sind die Basis der südafrikanischen Bildungspolitik. Nur eine Veränderung des sozialen Systems kann Wandel schaffen.«

Auch Bischof Tutu, der Träger des Friedens-Nobelpreises, hat einen Teil seiner christlichen Geduld verloren. Nach dem blutigen Geschehen 1976 flehte er: »Oh, Gott, bitte, bitte hilf uns, daß die Weißen unsere Stimme hören, ehe es zu spät ist!« Er hat sich immer wieder vergeblich für einen Dialog mit den Machthabern – also für eine *national convention* – eingesetzt. Jetzt schlägt er andere Töne an. In Washington erklärte er: »Wir sind zu Fremden im Land unserer Väter gemacht worden, und die, die in Südafrika investieren, unterstützen gewollt oder ungewollt diese Politik.« Er nannte Amerikas Südafrika-Politik »unmoralisch, böse und ganz und gar unchristlich«.

Und die Weißen? Auch die Weißen haben sich über die Jahre verändert. Die Gesellschaft ist weniger rustikal geprägt, mehr durch *business* bestimmt, und darin mag auf längere Sicht eine gewisse Hoffnung auf größere Flexibilität liegen. Hermann Giliomee, Professor an der Universität Stellenbosch, ein außerordentlich kompetenter Beobachter, meint, ein Drittel bis ein Viertel der weißen Wählerschaft träte für echte Reformen ein.

Der höchst umstrittene Besuch Senator Kennedys bot dafür gewisse Anhaltspunkte. Edward Kennedy hat mit ziemlich rüden Reden ganz Südafrika aufgewühlt. Pretoria schäumte vor Wut: Das hatte es noch nicht gegeben, daß ein prominenter Weißer als Gast eines schwarzen Bischofs nach Südafrika kommt, bei ihm in Soweto wohnt, von der Regierung keinerlei Notiz nimmt, nur gerade eben dem Außenminister einen Privatbesuch abstattet und ausschließlich Stätten schwarzen Elends und Leides besucht. Rundfunk und Fernsehen überschlugen sich in wütender Verachtung und zornigen Anklagen. Mit Vergnügen zählten sie alle Verfehlungen Kennedys von seinen Collegetagen bis Chappaquiddick auf.

Die Schwarzen genossen die Show, bis auf jene nicht allzu zahlreichen Puristen von der AZAPO, die erklärten: »Es wäre besser, wenn dieser Kapitalist sich um die unterdrückten Massen in Amerika kümmerte.« Mir schien, daß der Senator als Unruhestifter durchaus nützlich war. Er hat durch seine Anwesenheit und seine Reden – »Wir können Beteuerungen des guten Willens als Ersatz für konkrete Aktionen zur Einführung von Grundrechten nicht länger akzeptieren« – die Leute gezwungen, über Probleme nachzudenken, die sie sonst gern verdrängen.

Einen Tag, bevor Edward Kennedy in Johannesburg seine große Ansprache vor 700 führenden Geschäftsleuten hielt, verlangten die sieben wichtigsten Wirtschaftsverbände Südafrikas die Aufhebung der Apartheid und stellten hierzu sechs konkrete Forderungen, darunter: wirksame (*meaningful*) Beteiligung der Schwarzen am politischen Leben, Abbau der polizeilichen Machtvollkommenheit, die es ermöglicht, ohne Verfahren Personen unbegrenzt in Haft zu halten, und die Beendigung der Zwangsumsiedlungen. Wenn Kennedy nicht mehr bewirkt hätte, als die vereinigten Handelskammern und Wirtschaftsverbände Südafrikas dazu zu veranlassen, dem Amerikaner mit diesen Forderungen zuvorzukommen, so hätte sich die Reise schon gelohnt.

Die tiefe Sorge südafrikanischer Wirtschaftskreise ist auf den Begriff *Disinvestment* konzentriert. Die Protestaktionen und Demonstrationen während des Besuchs von Bischof Desmond

Tutu in den Vereinigten Staaten sind ein Zeichen dafür, daß auch die Amerikaner allmählich die Geduld verlieren. Die Südafrikaner – nicht nur die Regierung, sondern auch die Geschäftswelt – fürchten, der Kongreß könnte eine Investitionssperre verhängen.

Eine solche Maßnahme würde die »Laager-Mentalität« der Buren heraufbeschwören und das Land hart treffen, denn die Wirtschaft Südafrikas befindet sich ohnehin in einer schweren Krise. Die Inflation beträgt 13 Prozent, der Goldpreis (Gold bestreitet 50 Prozent des Exports) ist auf einem Tiefpunkt angekommen, während die Zinsen mit 25 Prozent einen Höchststand erreicht haben. Der Rand, die Währung des Landes, ist dem Dollar gegenüber in drei Jahren um 60 Prozent gesunken. Zu all diesen Unbilden kommt, daß auch hier seit drei Jahren eine verheerende Trockenheit herrscht. Anstatt wie üblich Mais zu exportieren, mußte Südafrika im vergangenen Jahr Mais importieren. Die Zeitungen berichten jede Woche, wie weit der Wasserspiegel in den Stauseen gesunken ist – in vielen Fällen auf zehn Prozent.

Vielleicht wird diese Krise endlich zu Reformen führen, die *meaningful* sind. Es scheint, daß der *Immorality Act* und der *Mixed Marriage Act,* die intime Beziehungen und Eheschließung zwischen Angehörigen verschiedener Rassen unter Strafe stellen, jetzt abgeschafft und vielleicht auch der Zugang Schwarzer in weiße Gebiete erleichtert werden wird. Vielleicht kann man hoffen, daß der bestehende Druck ausreicht und es nicht viel schlimmer kommen muß, um die führende Schicht davon zu überzeugen, daß sie einen Teil ihrer Macht aufgeben muß, wenn sie den Rest behalten will. Allerdings hat sich ein solcher Prozeß in der Geschichte nie freiwillig, sondern stets nur unter Zwang vollzogen.

Südafrika ist kein Kolonialland, in das die Weißen kamen, um es auszubeuten. Die Weißen kamen, um zu bleiben. Sie haben es zu dem gemacht, was es heute ist. Darum fällt ihnen der Prozeß des Verzichtens besonders schwer, zumal die Buren ein sehr geschichtsbewußtes Volk sind. Mit großer Liebe und Bewunderung kultivieren sie ihre leidvolle Geschichte. Seit sie Anfang des vorigen Jahrhunderts von den Engländern um die Früchte ihrer

Entwicklungsarbeit in der Kap-Provinz gebracht wurden und zu dem großen Treck nach Norden – einem wirklichen Heldenepos – aufbrechen mußten, sind sie um ihre Identität besorgt gewesen. Als sie dann im Burenkrieg (1902) von den Engländern auch noch militärisch besiegt wurden, ist das In-der-Minorität-Sein zu einem tiefen Trauma geworden.

Es ist wahr, die schwarzen Staaten Afrikas sind nicht gerade beispielhafte Gemeinwesen geworden. Aber statt dies als Rechtfertigung für die eigene Rechtswidrigkeit anzuführen, könnte Südafrika ein weithin leuchtendes Beispiel setzen: wie auch ein Mehr-Rassen-Staat eine gerechte und friedliche Gesellschaft werden kann. Dafür freilich bleibt nicht mehr viel Zeit.

Johannesburg, im Januar 1985

Namibia:
Ohne Recht und Regierung

Alle reden mit, nur die Einheimischen
haben nichts zu sagen

Seit Wochen hatte ich in Südafrika nur Englisch und Afrikaans
gehört, aber als die Maschine der *South African Airlines* zur
Landung in Windhuk ansetzte, erklang ein Lied in deutscher
Zunge. Nach der Melodie von Ramona tönte es aus dem Radio:
»In einem Jahr von hier, steh' ich mit Blumen vor der Tür...«

Windhuk, die Hauptstadt Namibias, gleicht einer deutschen
Provinzstadt. In den meisten Läden antworten die Leute deutsch,
wenn man sie auf englisch anspricht. Und als ich den Chef der
burischen Partei fragte, wann beginnt eigentlich die Regenzeit,
sagte er »an Kaisers Geburtstag – dem 27. Januar«. Wie kommt
es, daß der Einfluß so prägend geblieben ist, obgleich die Deutschen die Herrschaft doch nur 31 Jahre lang, von 1884 bis 1915,
ausübten?

Unter vielen Antworten auf diese Frage schienen mir nur zwei
einleuchtend. Die eine: Die Deutschen haben sich damals aus
einer gewissen Animosität gegen die Engländer eng an die Buren
angeschlossen und sind von diesen darum als ihresgleichen angesehen und auch so behandelt worden. Und zweitens: Deutsche
waren ja nicht nur als Farmer hier, sondern die meisten von
ihnen sind Handwerker, Ladenbesitzer, Angestellte, und gerade
diese Leute sind geblieben.

Als ich 1978 zuletzt hier war, schien die Zukunft einigermaßen klar vorgezeichnet. Damals fanden Wahlen auf der Basis
one man – one vote statt, bei denen die *Demokratische Turnhallen Allianz* (DTA), ein Gremium, in dem alle Weißen und
zehn schwarze ethnische Gruppen vertreten waren, haushoch ge-

wann. Allerdings nur, weil die SWAPO, die von der UN anerkannte Befreiungsbewegung, ausgeschlossen war; darum wurde die Wahl im Ausland auch nicht anerkannt. Aber wenn man 1978 mit heute vergleicht, kann man nur sagen: Es hat einen großen Sprung zurück gegeben. Der Vollzug der UN-Resolution 435 aus dem Jahre 1978 – Waffenstillstand, Rückzug der Südafrikaner, freie Wahlen unter Kontrolle der UN – ist ferner denn je.

Damals, Mitte der siebziger Jahre, hatte die Turnhallen-Konferenz eine Verfassung ausgearbeitet, die es 1977 sogar schon bis zur Veröffentlichung im Amtsblatt gebracht hatte. Aber offenbar war die »Turnhalle« zu einem allzu gefügigen Instrument Pretorias geworden, jedenfalls verwarfen die fünf Mitglieder der UN-Kontaktgruppe – USA, Kanada, Großbritannien, Frankreich, Deutschland – dieses Konzept. Es folgte die verfassunggebende Versammlung, die überraschenderweise eines Tages erst in ein Landesparlament und dann noch überraschender in eine Landesregierung umfunktioniert worden ist. Aber auch sie wurde mittlerweile wieder von der Bühne gewischt. Jetzt gibt es weder eine Regierung noch ein Parlament und schon gar keine Verfassung, sondern nur einen von Südafrika eingesetzten Generaladministrator, der das Land aus eigener Machtvollkommenheit regiert.

Die Vorgänger von Reagan – Ford und Carter – hatten in ihrer Zeit den Rückzug der Kubaner zur Voraussetzung für die Herstellung diplomatischer Beziehungen mit Angola erklärt – aber kein *linkage,* kein Junktim mit der Unabhängigkeit Namibias konstruiert. Das blieb der Reagan-Administration vorbehalten. Dieses Junktim sollte offenbar einen Anreiz für die Südafrikaner bilden, die Resolution 435 anzunehmen. Pretoria hat diesen Wink auch sofort freudig aufgegriffen, und so ist nun diese höchst lästige Bremse in das ohnehin schwierige Namibia-Problem eingebaut worden.

Ich hatte den südafrikanischen Außenminister Pik Botha in Pretoria gefragt, auf Grund welcher Vereinbarung eigentlich der Rückzug der Kubaner von Angola gefordert werde, wo doch in der Resolution 435 darüber gar nichts stehe. »Doch, es steht *implicite* darin. Es heißt dort nämlich: frei von fremden Truppen... Weil damals erst wenige Kubaner in Angola waren, hat man sie nicht ausdrücklich erwähnt.«

Der Führer der Swanu-Partei, Moses Katjiuonga, sieht die Sache ganz anders. Er sagt: »Das Haupthindernis für die Durchführung von 435 ist die nachträglich eingeführte Verknüpfung mit dem Rückzug der Kubaner. Die Amerikaner hatten diesen Einfall, und Pretoria war natürlich begeistert, weil es darin eine Möglichkeit sah, die Unabhängigkeit Namibias von neuem zu verzögern. Wir, das Volk von Namibia, sind nie dazu gefragt worden.«

Er hat recht, alle reden mit: die Südafrikaner, die UN, die Amerikaner, die Russen, die Kubaner, die Frontstaaten – nur die Betroffenen selbst haben nichts zu sagen.

»Die Vereinigten Staaten«, meint er, »halten ihre eigenen Interessen für wichtiger als Namibias Unabhängigkeit. Und genauso absurd ist es, daß unser Treuhänder, die Vereinten Nationen, *eine* Partei – die SWAPO – als ›die allein berechtigte Vertretung Südwestafrikas‹ anerkannte, ehe noch Wahlen stattgefunden hatten. Wie können wir die UN da noch als unabhängigen Richter über ›freie und faire Wahlen‹ ansehen?«

»Können wir Europäer denn in dieser Sache irgend etwas tun?«

»Es wäre schon viel wert, wenn Bonn, das ja einem SWAPO-Vertreter Gastfreundschaft gewährt, diesen dazu überreden würde, sich auch einmal mit anderen Gruppen hier im Lande zu verständigen.«

Dr. Katjiuonga ist eine überzeugende Führungspersönlichkeit: intelligent, gebildet, weltläufig und voller Charme. Sein Leben hat ihn – wie so viele seiner Landsleute – durch die ganze Welt gejagt. Er ging als Siebzehnjähriger – das mag 20 oder 25 Jahre her sein – nach Botswana zu Tschekedi Khama, der gewiß ein glänzender Lehrmeister war; dann nach London, wo er studierte und promovierte, von dort aus für ein paar Jahre nach China; ein langer Aufenthalt in Schweden schloß sich an. Ich glaube, er war auch noch in Südamerika, ehe er wieder nach Namibia zurückkehrte.

Die Swanu, deren Präsident er ist, gehört zur Mehrparteien-

Konferenz (MPK), die im Oktober 1983 gegründet wurde und die – wie einst die »Turnhalle« – mehrere ethnische Gruppen vereint. Auch Dirk Mudge, der 1980 Chef des neugegründeten, später wieder aufgelösten Ministerrats war, ein moderater, kompetenter Bure, spielt in der MPK wieder, wie schon bei der DTA, die entscheidende Rolle. Seine Partei hat aber in dieser Phase nichts zu sagen und würde nach Meinung aller Sachverständigen bei einer Wahl auch nicht mehr als 20 bis 25 Prozent der Stimmen auf sich vereinen können. Der Rest ginge zweifellos an die SWAPO.

Mudge erinnerte sich an unsere Gespräche 1976 und 1978: »Ja, damals hatten wir tatsächlich wenigstens eine Verfassung. Und wir – er meint die DTA – haben damals die Apartheids-Gesetze abgeschafft. Hier in Namibia gibt es keine Paßgesetze mehr, keine Zwangsumsiedlung; nur für Schulen, Schwimmbäder und Bibliotheken gibt es noch Rassentrennung. Aber jeder kann Eigentum haben und bauen, wo er will.«

Bauen, wo er will... Ein gutsituierter Schwarzer, der im Begriff ist, in Windhuk ein Haus für 200 000 DM zu bauen, antwortet auf die Frage, warum er denn in der schwarzen Stadt baue und nicht – was doch jetzt möglich ist – in einem der Villenviertel von Windhuk: »Weil schließlich alle meine Freunde dort wohnen.« Eine Antwort, die all denen zu denken geben sollte, die glauben, man könnte einen Mehr-Rassen-Staat nur mit drakonischer Diskriminierung regieren.

Nun ist es aber keineswegs so, daß in Namibia alles »rechtens« ist, weil die Apartheid abgeschafft wurde. Es herrscht in mancher Hinsicht eine erschreckende Willkür. Jemand aus der Umgebung des Generaladministrators hatte zum Beweis für die neue Fortschrittlichkeit angeführt, es seien vor kurzer Zeit die letzten SWAPO-Gefangenen entlassen worden. Wenn man aber der Frage nachgeht, warum und wie das vor sich gegangen ist, dann stellt sich ein wirklich empörender Zusammenhang heraus.

Im Jahr 1978 haben die Südafrikaner 250 Kilometer innerhalb Angolas mit Bomben und Fallschirmjägern bei Cassinga ein Lager angegriffen, in dem Namibia-Flüchtlinge untergebracht waren und wohl auch junge SWAPO-Guerillas ausgebildet wurden. Es gab 600 Tote. Einige Überlebende – auch halbe Kinder – wurden in Namibia eingesperrt. Sie saßen sechs Jahre ohne Verfahren in Haft. Schließlich klagte die Kirche gegen diesen unhaltbaren Zustand. Daraufhin wurde aus Angst vor diesem Prozeß der Rechtsweg verhindert. Die Leute wurden ebenso willkürlich entlassen, wie sie zuvor eingesperrt worden waren. Jetzt klagen sie auf Entschädigung. Aber was aus einer solchen Klage wird, kann man sich nach dieser Erfahrung unschwer vorstellen.

Wenn ein Verhafteter plötzlich freigelassen wird und sein Anwalt die Frage stellt, warum der Betreffende entlassen wurde, so lautet die übliche Antwort: »*He no longer constitutes a threat to law and order in the territory*« – jetzt stellt er keine Gefahr mehr dar für Gesetz und Ordnung des Landes.

Wie soll es weitergehen? Alle sind gleichermaßen frustriert, Weiße, Schwarze, Beamte und Bürger: über den Guerillakrieg im Norden, der sich nun schon achtzehn Jahre dahinschleppt; über die Fremdbestimmung; über den rechtlosen Zustand. Es gibt keine Gesetze, sondern nur numerierte Verordnungen des Generaladministrators W. A. van Niekerk, der allenthalben als Statthalter empfunden wird. »Wir sind eben ein besetztes Land«, sagt ein weißer Anwalt resignierend. Ein SWAPO-Parteigänger flucht über die Fremdherrschaft und nennt die Südafrikaner eine illegale Besatzungsmacht, die das Land ausbeutet.

Einmal, im Mai vergangenen Jahres, schien ein Fortschritt greifbar nahe, als sich nämlich SWAPO und MPK unter dem Vorsitz von Präsident Kaunda und dem Generaladministrator in Lusaka zu Gesprächen trafen. Aber dann ist doch nichts dabei herausgekommen.

Die Analyse ist immer die gleiche. Die Prognosen aber variieren von: »Das wird noch Jahre so weitergehen« bis zu: »Der Guerillakrieg muß verstärkt werden, um die Südafrikaner zum Nachgeben zu bringen.« Außenminister Bothas Vorhersage lautet: »Ehe Dos Santos, der Chef von Angola, und sein Herausforderer Jonas Savimbi sich nicht einigen, werde es schwer sein, zu einer Übereinkunft zu kommen.«

Es gibt eine Reihe verantwortlicher Leute, die von einer inneren Lösung sprechen. Darunter verstehen sie einen Zwischenzustand zwischen dem heutigen Besatzungsregime und der Unabhängigkeit, bei dem die Einheimischen die Dinge selbst in die Hand nehmen, damit es endlich eine Regierung mit Ressortverantwortlichkeit gibt. Freilich muß dies erst einmal mit Pretoria ausgehandelt werden.

Ich fragte den höchsten schwarzen Beamten (er ist Personalchef für alle öffentlichen Angestellten, und deren gibt es weiß Gott nicht wenige), was denn, wenn Namibia mehr Selbständigkeit hätte, das Wichtigste wäre. Seine Antwort: »Erstens den Krieg beenden, zweitens unsere Leute ausbilden, drittens die Struktur der Verwaltung ändern.«

Dieser Punkt ist in der Tat von größter Wichtigkeit. Der derzeitige Zustand hat einen hoffnungslos schwerfälligen und sinnlos kostspieligen Apparat geschaffen. Es gibt drei Etagen der Regierung: die oberste Zentralregierung, die ethnischen Regierungen für die elf Stämme samt ihren Häuptlingen, Unterhäuptlingen und »Parlamenten«, und schließlich die unterste Stufe, die Gemeindeverwaltung. Die Namibianer spotten: *One man, one government* und nennen im Gegensatz dazu die Zentralregierung das *one-man-government.*

Ein Geheimbericht des südafrikanischen Finanzministers Johan Jones vom vorigen Jahr, der in die Hände der Presse gelangte, nennt die ethnischen Vertreter (also die mittlere Regierung) »Parasiten, die vollkommen unkontrolliert die Früchte des Landes aufzehren, was zwangsläufig zum Zusammenbruch des Gemeinwesens führen muß«.

Jemand behauptet, im letzten Jahr habe die Verwaltung 62 Prozent des Sozialprodukts verschlungen. Als ich diese Zahl Sean Cleary nenne, dem Generaldirektor im Büro des Generaladministrators, der seinen Chef um ein Vielfaches an Bedeutung übertrifft, ist er gar nicht so entsetzt, wie ich dachte, sondern meint nur, ganz so hoch seien diese Ausgaben denn doch nicht.

Resümee: Ein Besuch in Namibia dient nicht dazu, das Verständnis für seine Probleme zu klären. Im Gegenteil, es wird alles noch unbegreiflicher, weil es offensichtlich kein Konzept gibt. Es sei denn, das Konzept lautet: Unter allen Umständen, mit allen denkbaren Tricks und gegen die ganze Welt Namibia die Unabhängigkeit zu verweigern. Aber hätte dies Sinn? Es handelt sich hier doch um eine der letzten Kolonien dieser Welt. Es sind kaum mehr als eine Million Menschen, denen die Unabhängigkeit verwehrt wird, die sie begehren, während Pretoria den 23 Millionen Schwarzen in Südafrika die »Unabhängigkeit« der Homelands, gegen die sie sich wehren, aufzwingt.

Windhuk, Ende Januar 1985

Vom Recht zur Gegen-Gewalt

Angst erstickt den Mut:
Niemand weiß einen Ausweg

Südafrika ist ein politisches Lehrstück ohnegleichen. Und zwar für jedermann. Sowohl für jene, die da meinen, es sei alles doch ganz einfach, es gehe ja nur darum, nun endlich die Demokratie einzuführen, also den Schwarzen das Stimmrecht einzuräumen. Aber auch für die, die sagen: »Gerade dies darf nie geschehen, schließlich sind wir es – die Weißen –, die das Land zu dem gemacht haben, was es heute ist; wir können nicht zulassen, daß es bei uns binnen kurzem so zugeht wie in anderen schwarzen Staaten.«

Schwer zu sagen, was das Richtige wäre, eines aber steht fest: Jene beiden Auffassungen sind falsch. Mit einer Alles-oder-nichts-Lösung würde man das Land todsicher ins Verderben führen. Es war zweifellos ein Fehler, daß die Südafrikaner sich seit jeher darauf versteift haben, es gäbe nur die Alternative *total separation or total integration*.

Für dieses Problem gibt es kein Modell, keine Lösung, die für alle Zeiten gleichermaßen gültig ist. Vielmehr wird sie für jeden Aggregatzustand des politischen Klimas eine andere sein. Vor zwanzig Jahren, ja, auch noch vor zehn Jahren, wären Lösungen – vielmehr allmähliche Übergänge zu Lösungen – möglich gewesen, die heute außerhalb jeder Erwägung liegen. Und in fünf Jahren wird wiederum das, was vielleicht heute noch als Fortschritt gelten könnte, total unzulänglich sein.

Als ich vor zwei Jahren zum letztenmal in Südafrika war, gab es noch eine Reihe von Leuten, die darum bemüht waren, eine *National Convention* zustande zu bringen, also einen Dialog zwischen den verschiedenen Rassen. Auf die Frage, wie es denn heute damit stehe, bekommt man zur Antwort: »Heute verdächtigt jeder jeden. Es gibt niemanden mehr, der sich zutrauen könnte, die Leute, die für ein solches Gespräch geeignet sind, auszuwählen und einzuladen« – dies die Meinung eines liberalen Professors.

Manche meinen, die Kirche sei vielleicht noch dazu imstande. Aber mir schien, auch die Kirche ist heute drauf und dran, die Geduld zu verlieren. Viele ihrer Vertreter sind aus Verzweiflung radikal und unduldsam geworden. Ein weißer Theologe in Kapstadt meinte – und er sagte das in eher triumphierendem Ton: »Der Papst ist in der Achtung der Schwarzen sehr gesunken.«

»Warum?«

»Wegen verschiedener Äußerungen in Südamerika, und weil er gegen die Befreiungstheologie ist.«

»Aber der Papst hat sich doch ganz offen gegen die Apartheid ausgesprochen, deutlicher ging es ja gar nicht.«

»Er hat aber Ministerpräsident Botha empfangen, das hätte er nicht tun dürfen.«

»Wieso nicht? Der Papst sieht es doch als seine Aufgabe an, zu versöhnen. Er lotet doch ganz andere Dimensionen aus als ein Politiker. Und wir wissen ja auch gar nicht, ob es ihm nicht gelungen ist, einen Zweifel in Bothas Brust zu pflanzen.«

»Nein, der Papst hat Botha aufgewertet, weil er ihn empfangen hat.« Und dann des Theologen letzter Trumpf: »Hätte der damalige Papst vielleicht Hitler empfangen sollen...?« Viele Gespräche in Südafrika führen ins Gestrüpp, nicht nur solche mit den Erzkonservativen.

Bischof Tutus Nachfolger als Generalsekretär des Südafrikanischen Kirchenrats ist ein Weißer, ein reformierter Theologe, Christian Beyers Naudé, der erst vor kurzem nach sieben Jahren »entbannt« worden ist. Er ist ein unbeirrbarer Christ, ein mutiger Mann und scharfer Kritiker der Apartheid – und er ist es mit Vernunft: Von dem Evangelischen Pressedienst (epd) gefragt, ob er Gewalt gegen Apartheid rechtfertige, wenn dies denn ein unmenschliches und unchristliches System sei, antwortet er: »Wir müssen als Christen versuchen, die Gerechtigkeit zu fördern und dadurch gleichzeitig Versöhnung zu bewirken.« Er könne aber, so sagt er, einen verzweifelten Schwarzen nicht verdammen, der meint, er müsse sich, wenn alles andere nichts bewirkt, auch der Gewalt bedienen. Denn er reagiere damit ja auf die Gewalt einer Gesellschaft, die ihre Macht dazu ausnützt, Gesetze zu machen, die gegen die Menschenrechte verstoßen.

Gegen welche Menschenrechte? Nun, da gibt es, entsprechend der Hautfarbe, Diskriminierungen aller Art: mit Gewalt durchgeführte Zwangsumsiedlungen von Millionen Menschen, nicht nur von Schwarzen, auch von Indern, für deren Rechte Gandhi schon Ende des vorigen Jahrhunderts in Südafrika kämpfte. Ferner Familientrennung: schwarze Arbeiter, die ein Leben lang in weißen Städten ein Gastarbeiter-Dasein ohne ihre Familien führen müssen und denen überdies die Staatsbürgerschaft aberkannt worden ist.

Als ich dem Taxifahrer die Adresse angab – *Khotso House*, de Villiers Street, ein Haus, das der Kirche gehört, wo der Südafrikanische Kirchenrat und andere kirchliche Organisationen untergebracht sind –, fragte er: »Ist das da, wo der Tutu, dieser Schuft, sitzt?«

»Ja, genau dort.«

»Erschießen sollte man den Kerl«, brummte er wütend.

Die weißen Kleinbürger haben Angst vor der schwarzen Konkurrenz, und es mag wohl sein, daß viele von ihnen ohne den Schutz der Apartheid auf die unterste soziale Stufe absinken würden; auf dem »Platteland«, wie man dort sagt, haben ein Viertel bis ein Drittel der Weißen nicht einmal einen Grundschulabschluß. Auch die Reichen und die Industriellen haben Angst wegen der Überzahl der Schwarzen und deren Forderungen.

Die meisten Sorgen von allen hat aber wahrscheinlich der Regierungschef, Präsident Botha. Er wird von allen angegriffen: von den radikalen Konservativen wegen seiner Reformen, die angeblich das Erbe der Väter verraten; von den liberalen Weißen, weil sie jene Reformen gänzlich unzulänglich finden; von den Schwarzen, weil sie rechtlos sind; und von Ost und West wegen der Apartheidpolitik.

An dieser Reaktion wird sich auch in Zukunft nichts ändern, denn es ist nun einmal nicht zu vertreten, daß Gesetze nur für partikulare Interessen und nicht für die ganze Gesellschaft beschlossen werden. Selbst wenn die Schwarzen angesichts der militärischen und politischen Machtfülle der Weißen resignieren sollten, wird die liberale Opposition Südafrikas keine Ruhe geben, die Frontstaaten auch nicht. Und weder Europäer noch Amerikaner werden sich je mit der Apartheid abfinden.

Das Gesetz, nach dem unsere Epoche nun einmal angetreten ist, ist das Ideal der Gleichheit vor dem Recht. Auf Dauer gegen seine Zeit zu handeln, ist aber unmöglich – wie es unmöglich gewesen wäre, wenn in der dynastischen Periode des 17. und 18. Jahrhunderts ein europäischer Staat sich in eine Demokratie verwandelt hätte.

»Ich weiß gar nicht, warum ihr Europäer glaubt, ihr wüßtet soviel besser als wir, wie dieses Land regiert werden muß«, zürnt ein Funktionär, »möcht' mal wissen, was Sie tun würden, wenn Sie an unserer Stelle wären.«

»Also, wenn Sie nachher nicht behaupten, ich hätte mir herausgenommen, Sie zu belehren, will ich gern versuchen, eine Antwort zu geben: Ich meine, wenn man sich schon über das geheiligte Gebot *one man, one vote* hinwegsetzt, wie Sie es mit der neuen Verfassung tun, warum dann nicht konsequent sein? Südafrika ist ja schließlich keine homogene Gesellschaft, sie muß es doch erst in einem langen Prozeß werden.

Einstweilen gleicht das Land mehr einem Staat im absolutistischen Zeitalter Europas. Warum also nicht dementsprechend einen Ständestaat – nicht nach sozialen Ständen, sondern nach Farben – aufbauen? Das wäre vom Standpunkt der Menschenrechte sowie unter pädagogischem Aspekt und zur Beruhigung aller Beteiligten sicher besser als das, was jetzt gemacht worden ist. Denn dann hätten Sie nicht den Makel auf sich geladen, den Schwarzen alle politischen Rechte vorzuenthalten, und Sie hätten sie auch nicht der Staatsbürgerschaft beraubt. Es gibt ja bei Ihnen Hunderte von sehr gebildeten Schwarzen – Rechtsanwälte, Professoren, Geistliche – warum denn immer auf die *houseboys* exemplifizieren? Die einzige andere Zwangslösung, die man sich vorstellen kann, wäre doch wohl die Teilung des Landes, also die Schaffung eines weißen Homeland; aber dann würden Sie höchstens über die Hälfte, nicht über 86 Prozent des Landes verfügen können.«

Daß nicht alles einfach so bleiben kann, wie es ist, das scheint wohl auch der Regierung klar zu sein. Zu beängstigend ist die Gefahr des Terrors, besorgniserregend auch, daß offenbar nicht wenige junge Weiße das Land für immer verlassen. Sie wollen nicht in die Lage geraten, als Dienstpflichtige gegen schwarze Landsleute eingesetzt zu werden, so wie dies im Herbst geschah, als 7000 Angehörige der Armee das Gebiet der Streikenden absperren mußten. Glücklicherweise kam es damals nicht zu Schießereien.

Allerdings, wenn die Regierung sich zu Veränderungen entschließt, dann befriedigen diese meist nur die Forderung von vorgestern, die Erwartungen von heute zielen längst darüber hinaus. Anders wäre es, wenn Botha, was gerüchteweise in den letzten Wochen zu hören war, Nelson Mandela freilassen würde. Er ist der Heros aller unruhigen Schwarzen, was erstaunlich ist, denn seit 24 Jahren lebt er als Gefangener unsichtbar und isoliert in Haft.

Vor kurzem bekam erstmalig ein englischer Abgeordneter, Lord Bethell, die Genehmigung, ihn zu interviewen. Er fand ihn »selbstbewußter als seine Wärter«. Mandela zeigte offenbar ungebrochene charakterliche Stärke und scharfen politischen Verstand. In dem Interview erklärte er, die Gewaltakte würden eingestellt, wenn seine Partei, der *African National Congress,* der seit 1960 verboten ist, weil er als Handlanger Moskaus betrachtet wird, wieder zugelassen würde. Es ist nicht sehr wahrscheinlich, daß ein solches »Geschäft« zustande kommt, doch warum das Interview, wenn gar nichts dahintersteht?

Wenn sich Verhandlungen anbahnen würden, wäre das ein großer Fortschritt, weil darin ein gewisser Bewußtseinswandel der Regierenden zum Ausdruck käme. Seit dem Rückzug Portugals aus Afrika hat Pretoria vom *total onslaught* – der umfassenden Attacke – der Sowjets gesprochen und darum die bestehenden Polizeigesetze noch strenger gehandhabt. Die Regierung hat also die Ursachen der Unzufriedenheit falsch analysiert und durch die Verschärfung des Druckes, vor allem der Antikommunistengesetze, Gegendruck, Gewalt und Sabotage heraufbeschworen.

Wenn jener Grundirrtum beseitigt würde und endlich die Erkenntnis dämmerte, worauf der Ärger und die Empörung der Schwarzen zurückzuführen sind, wäre viel gewonnen. Und noch an einer anderen Einsicht mangelt es: Waffen allein garantieren nicht die Macht; nur wenn sie das Recht auf ihrer Seite haben, ist auf sie Verlaß. Denn im Wettstreit zwischen Waffen und Geist siegt auf lange Sicht immer der Geist.

Johannesburg, im Februar 1985

Mister Helmuts Schule

Das deutsche Ehepaar Bleks eröffnet Kindern in Namibia eine bessere Zukunft

Die Geschichte begann mit einem Herzinfarkt. Der Arzt hatte dem Patienten gesagt: »Sie können wählen. Entweder machen Sie so weiter wie bisher, dann haben Sie allenfalls noch drei Jahre, oder Sie gehen weit weg und fangen etwas ganz Neues an.«

Helmut Bleks, gestreßter Manager im Ruhrgebiet, dachte kurz nach. Als Anhänger des Anthroposophen Rudolf Steiner hatte er sich ohnehin schon gelegentlich gefragt: Macht es eigentlich Sinn, was ich tue? Ist dies die richtige Sache, für die ich mich aufreibe?

Helmut Bleks ist aber nicht nur Idealist, er kennt das Leben und die Gesetze der modernen Industriegesellschaft, der er lange und erfolgreich diente, und schließlich hat er während vieler Jahre in russischer Gefangenschaft auch eine ganz andere Seite des Lebens kennengelernt. Kurzum, er wollte nichts übereilen, und so beschlossen er und seine Frau, die aus dem gleichen Holz geschnitten ist, zunächst einmal auf Reisen zu gehen und damit wenigstens einem der beiden ärztlichen Ratschläge zu folgen.

Das Reiseziel war Südafrika. Sie kamen aber nicht ganz so weit. Schon auf der ersten Station – in Namibia – blieben sie hängen: Zufällig stießen sie dort auf eine Farm, die zum Verkauf stand und die ihnen gefiel. Sie erwarben 7000 Hektar graubraunen, dürren Landes, unweit von Windhuk. Man rechnet dort, in dieser regenarmen Gegend, daß man zehn Hektar Weideland für ein Rind braucht (in Deutschland kommt man im Schnitt für Weide und Heu mit zwei Hektar aus).

In Namibia stellte sich aber bald heraus, daß aus dem Manager kein Farmer werden würde, sondern etwas ganz anderes. »Man kann sich ja nicht damit begnügen, Rinder fett zu machen. Man darf doch die Menschen nicht vergessen«, sagt fröhlich lachend der geschäftig hin und her eilende Bleks.

Ungeachtet seines gebräunten Farmerlooks wirkt er eher wie ein Intellektueller. Er könnte Schriftsteller sein, vielleicht auch Dichter. Erst wenn man ihn besser kennt, merkt man, daß er ungemein praktisch ist, kaufmännisch denkt und den Behörden gegenüber verdammt hart und energisch sein kann.

Dies alles zusammen, die Phantasie des Dichters und die Härte des Kaufmanns, war Voraussetzung, um ein Werk in Gang zu bringen, ja überhaupt erst zu konzipieren, dessen Kunde heute landauf, landab vor allem unter Schwarzen fast einem Mythos gleicht: die Helmut-Bleks-Foundation, Baumgartsbrunn. Die Schwarzen halten sich nicht lang mit dem Titel auf, sie sagen einfach: Mister Helmuts School.

Das Werk ist wirklich einzigartig, denn in dem großen Farmgebiet zwischen Windhuk und Swakopmund (300 Kilometer Entfernung) gab es bis dato für die Schwarzen keine Schule. Kinder, die auf Farmen aufwuchsen, mußten sehen, wie sie als Analphabeten durchs Leben kamen. Als das Ehepaar Bleks sich in Baumgartsbrunn niederließ, beschlossen sie sogleich, dies für die Kinder der eigenen Leute zu ändern. Sie heuerten einen Lehrer an, und der unterrichtete jeden Morgen 17 Kinder.

Als Schule diente der Schatten eines Baumes. Aber bald erwies sich diese Einrichtung als zu provisorisch. Zu viele kamen. Zuerst kamen sie von den Nachbarfarmen, bald auch von weiter, Eltern, die ihre Kinder mitbringen und flehentlich an das Idealistische in Herrn Bleks appellieren. Übrigens fast nie vergeblich, denn Helmut Bleks kann nicht widerstehen, wenn er die großen ängstlichen Kinderaugen auf sich gerichtet sieht. Er kennt sie alle bei Namen und liebt sie wie seine eigenen. Oft kommen auch junge Leute, die schon seit ein paar Jahren bei ihm sind, mit einem der jüngeren Geschwister an der Hand aus den Ferien zurück: »Den mußt du nehmen, Mister Helmut – wirklich, du mußt.«

Die Schule ging bisher bis Standard sechs. Das sind acht Schuljahre. Im nächsten Jahr soll sie bis Standard sieben, also eine Klasse weiter gehen – von da aus können die Schüler dann in die Oberschule nach Windhuk übersiedeln. Viermal im Jahr kommen Inspektoren zur Prüfung. Nach dem Schulabschluß – und darauf legt Bleks allergrößten Wert – erhalten die Kinder eine abgeschlossene handwerkliche Ausbildung als Schuster, Schneider, Weber, Schreiner oder Maurer... In Zukunft können sie auch im Hotelfach und als Krankenpfleger ausgebildet werden.

Mittlerweile hat die Schule über 400 Schüler aufgenommen. Es gibt jetzt 13 Lehrer, die mit ihren Familien dort wohnen; 26 Gebäude stehen auf dem Gelände, auf dem sich einst nur ein verfallener Schafstall befand. Ein Dorf ist im Entstehen, ungeachtet von allerlei Widerständen bei den zuständigen Behörden, die erst gar nicht entzückt waren von dieser Aktivität – auch manche Nachbarn waren äußerst skeptisch.

Die größte Errungenschaft für diese Gemeinschaft aber ist der Bau einer höchst eindrucksvollen Kirche, die nach einem Plan des berühmten Architekten Scharoun, der mit Bleks und seiner Frau befreundet war, gebaut worden ist. Wie alle Gebäude ist auch sie mit eigenen Handwerkern und mit Hilfe der großen Schüler, die Material herbeischleppten, fertiggestellt worden. Mister Helmut, der in Rußland mauern und klempnern gelernt hat, war ebenfalls eifrig dabei.

Alle waren sie von Stolz erfüllt, als schließlich ihr Werk am ersten Adventssonntag 1983 im Beisein von vielen Würdenträgern jeglicher Farbe eingeweiht und die Kirche als Mitglied in die »Nagelkreuz-Gemeinschaft« aufgenommen wurde. Nagelkreuz-Gemeinschaft? Es gibt heute weltweit etwa 50 Mitglieder dieser auf Versöhnung ausgerichteten Gemeinschaft, die darauf beruht, daß jede von ihnen ein Kreuz, bestehend aus drei langen Nägeln, besitzt, die aus dem Dachgestühl der mittelalterlichen, im Krieg von Bomben zerstörten Kathedrale von Coventry stammen.

Ja, und die Finanzierung? Wie eigentlich ist das alles finanziert worden? Antwort: durch Phantasie und Stehvermögen. Heute ist der Stand der Dinge folgender: Die Namibia-Regierung besoldet die Lehrer, sorgt für die Lehrmittel und zahlt pro Tag und Kind

70 Cent. Für die Grundkosten – Gebäude, Inneneinrichtung, Betten, Handwerksausrüstung – muß Bleks aufkommen. Er sammelt Spenden. Und wenn er eine Summe zusammen hat, dann gibt die Bundesregierung in Bonn denselben Betrag dazu. Ja, und wer spendet denn nun? Ganz besonders großzügig haben sich vor allem die Rotarier des Distrikts 190 in Westfalen und der Lions Club von Stormarn in Schleswig-Holstein erwiesen, ferner die Landeskirchen von Westfalen und dem Rheinland sowie die Rheinische Mission und die Gemeinde Münster.

Jedesmal, wenn ich das Ehepaar Bleks besuche und die rasanten Fortschritte des Dorfes und der Schule sehe, muß ich denken, wie anders sähe es in diesem Teil der Welt aus, wenn es mehr Leute gäbe wie diese beiden. Man kann eben nicht immer alles auf die Regierung schieben – auch nicht in Afrika. Viel hängt von den individuellen Bürgern ab. Und wenn diese, wie Helmut Bleks, aus Ostpreußen stammen, dann kann man sich auf sie verlassen. *Hamburg, im Juli 1985*

Sanktionen werden nichts nutzen

Letzte Chance:
Verhandlungen mit repräsentativen Schwarzen

Der Sicherheitsrat hat freiwillige Sanktionen gegen Südafrika beschlossen – und das Ergebnis? Man bekommt den Eindruck, daß die Bereitschaft der westlichen Industrieländer, diesem Aufruf zu folgen, in umgekehrtem Verhältnis zu der Größenordnung ihrer geschäftlichen Interessen steht. Das Bedürfnis, mit Sanktionen einen Nachweis unbefleckter Moralität zu erbringen, ist bei jenen am größten, die in Südafrika die geringsten Direktinvestitionen – also Tochtergesellschaften – haben, beispielsweise bei Frankreich (4 Milliarden DM). Dagegen lehnen die Regierungen, die wie England mit 40 Prozent (20 Milliarden DM) an den ausländischen Investitionen in Südafrika beteiligt sind, diese Strafaktion rundweg ab. Auch die Bundesrepublik mit etwa 7,5 Milliarden ist gegen Sanktionen.

Im Lande selbst ist unter den Schwarzen die Meinung ebenfalls geteilt. Es gibt Befürworter von Sanktionen, die so zorn- und haßerfüllt sind, daß sie nach dem Motto: »Es geschieht meinem Vater ganz recht, wenn mir die Hände erfrieren; warum kauft er mir keine Handschuhe?« zusammen mit der Apartheid das ganze System zerschlagen wollen. Sie identifizieren es mit Kapitalismus. Ihre Beweisführung: Damit die Weißen in Wohlstand leben können, müssen die Schwarzen für billige Löhne arbeiten, und eben darum werden sie diskriminiert. Und damit sie sich nicht wehren können, beraubt man sie auch noch der Staatsbürgerschaft und somit ihrer Grundrechte.

Um dieses System aufrechterhalten zu können, so geht die Beweisführung weiter, hat die Regierung die *influx control* erfunden. Sie kontrolliert einfach das Angebot der Arbeitskräfte mit Hilfe eines Paßgesetzes, das jedes Jahr etwa 250000 Schwarze, die es übertreten haben, ins Gefängnis bringt. Wer nicht mehr gebraucht wird, der wird ins Homeland abgeschoben.

Es ist wahr, die Apartheid ist ein ausgeklügeltes Herrschaftssystem, bei dem ökonomische und rassistische Aspekte präzis aufeinander abgestimmt sind und miteinander verwoben werden. Auf diese Weise ist eine ganz ausgefallene Gesellschaft entstanden, die einmal jemand zutreffend mit dem Satz charakterisiert hat: »Für sie ist der Computer ebenso typisch wie der Sjambok« – die aus Elefantenhaut gefertigte Peitsche der Polizisten. Darum befürchten die Konstrukteure der Apartheid auch, daß das ganze Gebäude zusammenbricht, wenn sie einen einzigen Stein herausziehen.

Die Gegner der Sanktionen unter den Schwarzen sind sich klar darüber, daß man die Realität nur schrittweise verändern kann; auch wissen sie, daß es bei jeder Krise immer die Schwächsten sind, die leiden müssen, weil sie als erste entlassen werden. Und schließlich erkennen sie an, daß es nur dem hohen Stand der Industrialisierung zu danken ist, wenn der Paternalismus der Betriebe einer moderneren gewerkschaftlichen Organisation Platz gemacht hat.

In der Tat haben zwei Verhaltenskodizes viel zu diesem Wandel beigetragen. Der eine stammt von Sullivan, einem schwarzen Direktor von General Motors, der andere von den EG-Staaten. Beide wurden 1977 eingeführt und sind von etwa 70 Prozent der ausländischen Betriebe angenommen worden. Verlangt wird Aufhebung der Rassentrennung am Arbeitsplatz, gleicher Lohn für gleiche Arbeit, sowie bessere Ausbildung und raschere Beförderung. Die angeschlossenen Firmen haben überdies während der letzten zehn Jahre Stipendien für Facharbeiter gegeben und für die Ausbildung von Gewerkschaftern gesorgt.

Es stimmt, die ausländischen Firmen und ihre Verhaltensregeln haben mehr für die Schwarzen getan, als es Sanktionen je könnten. Niemand, der Südafrika und die Buren kennt, kann glauben, daß Sanktionen die Regierung in Pretoria zu einer Kursänderung veranlassen könnten. Im Gegenteil, die Reaktion auf fremden Druck ist stets: »Und im Unglück nun erst recht...« Durchhalten heißt die Parole, denn Nachgeben könnte als Zeichen der Schwäche ausgelegt werden.

Was die Sache so schwierig macht, ist, daß die Nationale Partei, die seit 1948 an der Regierung ist, sich von jeher eingeredet hat, es gäbe nur die Alternative: alles oder nichts. Bei einer solchen Argumentation kommt natürlich der Gedanke an politische Kompromisse gar nicht erst auf. Da vertrauen die Herrschenden allein auf militärische Macht und polizeiliche Gewalt. Und wenn dazu dann noch eine falsche Analyse der Motive des Aufruhrs kommt, gibt es keine vernünftige Lösung mehr.

Die falschen Motive? Botha und seine Gefolgschaft sind überzeugt, daß die Revolte der Schwarzen von den Kommunisten angezettelt ist. Er begreift nicht, daß, selbst wenn es keine Kommunisten gäbe, die Schwarzen nicht umhin könnten, ihre Rechtlosigkeit, Unterdrückung und die vielen Schikanen, denen sie ausgesetzt sind, zu erkennen und sich dagegen zu empören. Wer vom Besitz ausgeschlossen wird, wird zum Gegner der Besitzenden – das ist fast ein Naturgesetz.

Immer wieder hört man in Südafrika die Legende vom *total onslaught* – die Behauptung, seit dem Abzug der Portugiesen aus Angola und Moçambique sei der Kommunismus im Begriff, Südafrika einzukreisen, um von dem Land Besitz zu ergreifen – eine Version, die den nationalen Notstand an die Wand malt und unter anderem auch den Ausnahmezustand rechtfertigt. Bei solcher Mentalität ist es nicht verwunderlich, wenn Mahnungen des Auslands, den Ausnahmezustand aufzuheben, ungehört verhallen.

Soviel steht fest, bisher sind alle Versuche, von außen auf Abschaffung der Apartheid einzuwirken, vergeblich gewesen: sowohl Carters harter Kurs wie Reagans wohlmeinendes *constructive engagement*. Auch Sanktionen werden da nichts bringen, aber als Signal mögen sie nützlich sein.

Die Repräsentanten des Systems, die gewohnt waren, daß 4,5 Millionen Weiße die uneingeschränkten, absoluten Herrscher waren und die 23 Millionen Schwarzen die geduldigen Beherrschten, kennen nur eine Faustregel: auf keinen Fall der Gewalt nachgeben. Und mit Gewalt werden alle identifiziert, die an diesem System etwas ändern wollen. Darum ist Staatspräsident Botha jetzt auch nicht bereit, Bischof Tutu, den konsequenten Kämpfer gegen die Apartheid, zu einem Dialog zu empfangen, obgleich Tutu eben erst einen eindrucksvollen Appell an seine Landsleute gerichtet hat, keine Gewalt zu üben; und obgleich er mit seinem Angebot riskiert, in Zukunft von einem Teil der Schwarzen nicht mehr als Vertreter ihrer Interessen akzeptiert zu werden.

Gatsha Buthelezi, Chef der eine Million Mitglieder umfassenden größten schwarzen Organisation *Inkatha* und Haupt des weit verzweigten Zulu-Stammes, hat diese Erfahrung bereits gemacht. Er, der für schrittweise Veränderung kämpft und gegen *disinvestment* und Sanktionen auftritt, er, der trotz aller Nakkenschläge immer noch bereit ist, mit der Regierung zusammen einen Kompromiß zu suchen, wird aus eben jenem Grunde von den Radikalen bis hinein in die Reihen der Gemäßigten abgelehnt. Man fragt sich: Wie lange noch wird die Regierung mit eigener Hand ihre potentiellen Gesprächspartner ins Abseits stellen? Wahrscheinlich so lange, bis es nur noch radikale Revolutionäre gibt, die sich einer immer brutaleren Machtpolitik gegenübersehen.

Das Ende eines solchen Eskalationsprozesses, der Jahre dauern kann, mag man sich nicht ausmalen. Dabei werden dann auch die unerschrockenen Weißen, die im Parlament oder außerhalb in der UDF gegen die Apartheid kämpfen, mit ihren blindwütigen Landsleuten untergehen.

Nach den blutigen Ereignissen von 1976 hatten sich viele regionale Oppositionsgruppen gebildet, die sich in den letzten beiden Jahren zu zwei Organisationen zusammengeschlossen haben: der UDF *(United Democratic Front)*, die viele Weiße zu ihren Mitgliedern zählt und etwa 600 kirchliche, gewerkschaftliche und studentische Gruppen umfaßt, und der radikaleren *National Front,* die keine Weißen aufnimmt und zu der die *Black-Consciousness*-Bewegung und die AZAPO gehören. Bei den Verhaftungen, die die Regierung zur Zeit vornimmt, geht sie nach Listen vor, um alle örtlichen Oppositionsführer auszuschalten.

Es gibt jetzt nur mehr eine Hoffnung: daß der psychologische Schock, den die Eruption der blutigen Unruhen ausgelöst hat, im Verein mit der um sich greifenden Wirtschaftskrise, die durch die weltweite Empörung noch vertieft wird, die Regierung endlich zu der Einsicht bringt, daß sie entscheidenden Wandel schaffen muß. Niemand, auch die Schwarzen nicht, erwartet über Nacht die Einführung von *one man, one vote.* Aber ein mit repräsentativen Vertretern der Schwarzen ausgehandelter Terminkalender für grundsätzliche Veränderungen, das ist Südafrikas letzte Chance.   *Hamburg, im Juli 1985*

Botha
ein Gefangener seiner Ideologie

Mandela nennt die schwarze Gewalt
Notwehr

Was immer Ministerpräsident Botha an diesem Donnerstag zur Reform der Apartheid verspricht, die Führer der Schwarzen werden damit nicht zufrieden sein. Zu hoch sind mittlerweile die Erwartungen gestiegen. Wenn Konzessionen immer wieder vertagt werden, dann werden eben Reformen, die drei Jahre zuvor noch großen Jubel ausgelöst hätten, zu unzulänglichen Lappalien. Und wenn die Regierung nach jedem Aufstand – ob friedlich wie 1960 oder gewalttätig wie 1976 – vage Versprechungen macht, die, sobald wieder Ruhe eingetreten ist, in Vergessenheit geraten, dann ist es unvermeidlich, daß Mißtrauen um sich greift. Das ist auch jetzt der Fall.

Auch die Kontaktgruppe, jene fünf Mitglieder des Sicherheitsrates (USA, Kanada, Frankreich, England, Bundesrepublik), die 1977 beauftragt wurden, Südafrika dazu zu bringen, den Unabhängigkeitsplan der UN für Namibia anzunehmen, können ein Lied von dieser Methode singen. Sie alle haben deshalb nach fünf Jahren ihre Arbeit eingestellt.

Botha sagt, Nelson Mandela, der Führer des ANC, dessen Freilassung eine der Hauptforderungen im In- und Ausland ist, mache sich selbst zum Gefangenen, die Regierung sei ja bereit, ihn freizulassen, er müsse sich nur verpflichten, keine Gewalt zuzulassen. Mandela aber ist der Meinung, es sei die Regierung Botha, die mit ihren unzähligen Apartheid-Gesetzen Gewalt ausübe. Er nennt den Kampf dagegen Notwehr und ist nicht bereit, jenes Versprechen abzugeben. Wer sich in Südafrika in der Tat selbst zum Gefangenen gemacht hat, das sind die Regierenden.

Sie sind zum Gefangenen ihrer Ideologie geworden. Sie sehen ihr Überleben existentiell verknüpft mit dem Apartheid-System, das auf einem mit erbarmungsloser Akribie ausgeklügelten Verbund von rassistischer »Philosophie«, ökonomischem Interesse und der Faustregel *divide et impera* beruht. So verfestigt ist dieses System mittlerweile, daß die Entfernung auch nur eines einzigen Bausteins die Stabilität des Ganzen gefährdet.

Für Botha ist daher das Regieren zu einem überaus gefährlichen Balanceakt zwischen dem starren, furchterfüllten Beharren der Weißen und dem siegesgewissen Vorandrängen der Schwarzen geworden – wobei die Meßlatten der beiden auch nicht im entferntesten übereinstimmen. Die Nationale Partei Bothas findet die bisherigen zögerlichen Reformansätze zu weitgehend, den Schwarzen dagegen erscheinen sie läppisch geringfügig. Sie sind nicht interessiert an der Aufhebung des Verbots von Intimbeziehungen zwischen verschiedenen Rassen, sie wollen die *influx control,* die Einschränkung der Bewegungsfreiheit von den Homelands zum weißen Gebiet und die Paßgesetze loswerden. Sie fordern, daß alle politischen Gefangenen freigelassen werden und der Ausnahmezustand aufgehoben wird, was übrigens nicht allzuviel verändern würde, weil die bestehenden Gesetze der Polizei ohnehin umfassende Kontrollvollmachten geben.

Die wichtigste, weil alles überwölbende Forderung, die drinnen wie draußen erhoben wird, lautet: Teilhabe der Schwarzen an der politischen Macht. Darunter aber läßt sich alles subsumieren, von der Selbstverwaltung schwarzer Gemeinden, mit der Pretoria gehofft hatte, die Schwarzen abspeisen zu können, bis zum Grundsatz *one man, one vote* – ein Mann, eine Stimme. Ein Endzustand, den keine ernst zu nehmende Gruppierung als sofortige Konzession fordert, alle aber wollen verbindliche Zusicherungen, daß dies das Ziel ist.

Ungeachtet der tiefen Kluft, die zwischen Weiß und Schwarz bei der Interpretation von Reformen herrscht, können auch die Kritiker der Apartheid diesmal vielleicht etwas optimistischer in die Zukunft sehen. Der große Schock, den es für Botha bedeutet, daß alles Ungemach auf einmal über ihn hereinbricht: die Wirtschaftskrise, die blutigen Aufstände der Schwarzen, ihre Pro-

testaktionen, die nun auch auf die weißen Universitäten übergegriffen haben, und schließlich der Zorn der Welt, der am deut-
lichsten im Abstimmungsergebnis des Repräsentantenhauses in
Washington zum Ausdruck kommt – 380 zu 49 für Sanktionen –
hat ihn erkennen lassen, daß er sich um wirkliche Reformen
nicht mehr herummogeln kann.

Sanktionen sind nie besonders wirksam. Südafrikas Reaktion
auf das Waffenembargo der UN von 1963 führte zu dem Entschluß, den Aufbau der eigenen Rüstungsindustrie zu intensivie-
ren; das Resultat: 1963 deckte die heimische Industrie nur 40
Prozent des Eigenbedarfs, 1985 sind es 85 Prozent; damit hat
sich lediglich die Möglichkeit zur Einflußnahme von außen ver-
ringert. Wirkungsvoll sind wahrscheinlich nur angedrohte Sanktionen: Das Damoklesschwert, von dem man nicht weiß, wie
scharf es ist, das ist beängstigend. Vor zwei Wochen hat das
Gerücht, eine amerikanische Großbank würde alle kurzfristigen
Kredite sperren, den Rand, die südafrikanische Währung an
einem Tag um zwölf Prozent sinken lassen.

Mit der Alternative *adapt or die* – Wandel oder Tod – begann
Botha vor drei Jahren eine neue Phase seiner Politik. Jetzt wird
sich zeigen, für welche der beiden Möglichkeiten die Südafrikaner sich entscheiden.   *Hamburg, im August 1985*

Einfluß von außen
nützt nichts

Der Ruf nach Sanktionen dient nur der
moralischen Selbstbefriedigung

Das Dilemma Südafrikas? Daß das Land 50 Jahre im Windschatten der Geschichte gelebt hat, während wir alle vom Sturm gebeutelt wurden. Die Entfernung, die Südafrika im ausgehenden 20. Jahrhundert vom anderwärts regierenden Zeitgeist trennt, ist so, als hätte die Bundesrepublik nach 1945 das vordemokratische Dreiklassenwahlrecht bei sich eingeführt.

Manch einer wendet ein: »Aber bei den schwarzafrikanischen Staaten entscheidet ja auch nicht die Mehrheit der Bevölkerung...« Mit Verlaub: Das ist ein abwegiges Argument, denn Südafrika weist es ja weit von sich, auf anderen Gebieten mit jenen verglichen zu werden. Bothas Staat muß sich mit den Maßstäben der westlichen Welt messen lassen.

Die Südafrikanische Republik ist ein Lehrstück dafür, daß in der Geschichte Gelegenheiten verpaßt werden können, daß also eine Entwicklung, die nicht zur rechten Zeit eingeleitet wird, sich nie wieder oder nur unter großen Kosten nachholen läßt. Noch 1976 nach den blutigen Unruhen in Soweto wäre es möglich gewesen, systematisch kleine Schritte auf das große Ziel einer vielrassigen Gesellschaft hin einzuleiten. Damals wären die Schwarzen noch dankbar für jede Verbesserung gewesen; heute sind die jungen Schwarzen durch die erbarmungslos starrsinnige Politik der Regierung und die brutale Willkür der Polizei so radikalisiert, daß es fast ausgeschlossen erscheint, noch zu rationalen Vereinbarungen zu kommen.

Pragmatische Lösungen sind in weite Ferne gerückt. Bewußtsein und Verhaltensweise aller Beteiligten sind bis zur Absurdität emotionalisiert worden: Die europäischen Staaten benutzen den Anlaß zur innenpolitischen Profilierung, oder sie meinen, sich im Wettbewerb um die Schaustellung ihrer moralischen Empörung überbieten zu müssen; die Regierung in Pretoria fürchtet, ihre Autorität einzubüßen, wenn sie nicht zu ihren Sprüchen steht: »Nie werden wir der Gewalt weichen« und »Wir dulden keine Einmischung von außen«; die Vertreter der schwarzen Gewerkschaften schließlich wagen nicht, in der Öffentlichkeit zuzugeben, daß sie von Sanktionen nichts halten.

Auf dem Weltkongreß der Internationalen Metallarbeitervereinigung in Tokio im Juni dieses Jahres ist die Apartheid mit all ihren Aspekten – Verhaftungen, Massaker, Einkerkerungen, Repressionen – verdammt worden, aber über *disinvestment* ist kein Wort gefallen, weil nämlich die Gewerkschaften, auch wenn einzelne in öffentlichen Befragungen immer wieder Klagen vorbringen, die multinationalen Konzerne für Schrittmacher ihres Fortschritts halten.

Im übrigen sind die Diskussionen über Sanktionen nur noch Spiegelfechterei: Keine der angedrohten Maßnahmen, wenn sie vollzogen würden, könnte jetzt noch die Wirkung der Krise steigern, die über Südafrika hereingebrochen ist. Kapital verläßt fluchtartig das Land, der Devisenhandel wurde ausgesetzt, der Rand ist in wenigen Wochen um ein Drittel gefallen, die Börse mußte vorübergehend geschlossen werden, der Notenbankpräsident ist eilends nach London und Washington gereist, weil die Reserven rapide zu Ende gehen. Angesichts dieses Szenarios dürften Sanktionen die Regierung kaum noch beeindrucken.

Man muß sich überhaupt fragen, was das Ganze soll. Die massiven Drohungen, von denen monatelang die Rede war, haben Botha nicht veranlassen können, in seiner Rede am 15. August Konzessionen zu machen. Und ihre Zweckmäßigkeit ist mehr als fragwürdig, denn nur eine prosperierende Wirtschaft vermag die finanziellen Aufwendungen aufzubringen, die notwendig sind, um die Situation der Schwarzen entscheidend zu verbessern.

Die Weißen schließlich, von denen viele gegen die Apartheid sind, die Oppositionspartei sowie diejenigen, die in der UDF organisiert sind, Kirchenleute und immer mehr Studenten, insgesamt 20 bis 25 Prozent der Weißen – sie alle werden in ihrem Kampf gegen die Apartheid und für Liberalisierung durch eine Krise und Zusammenbrüche aller Art auch nicht gerade beflügelt werden.

Der Ruf nach Sanktionen dient eigentlich nur der moralischen Selbstbefriedigung dessen, der ihn ausstößt. Viel größeren Eindruck als die Drohungen von außen machen auf die Regierung die Revolte der Schwarzen im Innern und der Druck aus der eigenen Wirtschaft, einschließlich der Tochtergesellschaften europäischer und amerikanischer Konzerne. Industrie und Geschäftsleute haben zum erstenmal im Januar dieses Jahres in einer offiziellen Erklärung sechs Forderungen an die Regierung gestellt, die auf die Abschaffung der Apartheid hinauslaufen. Am Vorabend der Rede von Ministerpräsident Botha hat dann die *Foundation of South Africa* sehr ähnliche Forderungen erhoben – ihr Präsident ist Harry Oppenheimer, ihr Vizepräsident Anton Ruppert, also zwei Giganten der Industrie. Und schließlich haben in der vorigen Woche die Spitzenverbände der südafrikanischen Wirtschaft, die 70 Prozent von Industrie und Handel repräsentieren, erneut an die politische Führung appelliert, Maßnahmen zu ergreifen, um die Apartheid abzuschaffen: »Unser Überleben hängt davon ab, daß die notwendigen strukturellen Änderungen vollzogen werden.«

Sinnvoller als negative Drohungen auszusprechen wäre es vielleicht, positive Bedingungen zu stellen. Also nicht: »Keine Kredite«, sondern: »Ihr bekommt Kredite, aber nur, wenn ihr dafür Schulen in den schwarzen Townships baut.« Oder: »Wir werden das Kulturabkommen nicht kündigen, wenn Ausstellungen und Filme auch für Schwarze zugänglich sind.« In dieser Hinsicht ist die Deutsche Bank vorbildlich, die 180 Millionen Mark Kredite an Soweto gegeben hat, für Straßenbau und Elektrifizierung.

Zwei Gründe sind es, die das Problem Südafrikas fast hoffnungslos erscheinen lassen. Erstens hängt die Regierungspartei dem Irrglauben an, der Aufstand der Schwarzen sei das Werk von Kommunisten – als bedürfe es der Kommunisten, um den Schwarzen klarzumachen, in welch trostloser Lage sie sich befinden. Dieser Irrtum verführt Botha dazu, seine Zuflucht nicht in

Verhandlungen zu suchen, in dem Bemühen, einen Konsens herbeizuführen, sondern in immer neuer Gewalt und Unterdrückung. In seiner Rede vom 15. August sagte er: »Auf der einen Seite sind wir Zeuge der Entwicklung eines friedlichen konstitutionellen Wandels durch diese Regierung; auf der anderen Seite sehen wir einen Prozeß der Unruhe, Aggression und Anarchie durch Kräfte in Gang gesetzt, die gewalttätige Revolution wollen.« Niemand kann besser in einem Satz beschreiben, wie grundfalsch die Analyse der Krise ist.

Zweitens ist es die Konzeptlosigkeit, die die Regierung immer wieder nicht zusammenpassende Maßnahmen ergreifen läßt. Ein Beispiel: In den späten sechziger Jahren entschloß Pretoria sich, in gewissen schwarzen Townships jegliche Neubauten zu verbieten, weil sie glaubte, auf diese Weise den Zuzug weiterer Schwarzer stoppen zu können. Folge: Die Häuser wurden zum Bersten überbelegt und verfielen immer mehr. Jetzt entschloß sich die Regierung, als Trostpflaster dafür, daß die Schwarzen in der neuen Verfassung übergangen wurden, ihnen die Kommunalverwaltung in den Townships zu übertragen. Sie gab ihnen Verantwortung, aber nicht die dafür notwendigen Finanzen. Folge: Die schwarzen Bürgermeister, die wegen der heruntergekommenen Wohnungen mit tausend Forderungen überfallen wurden, sahen keine andere Möglichkeit, als die Mieten zu erhöhen. Daraufhin brach der Aufstand los.

Was kann in dieser verfahrenen Lage geschehen? Außenseiter stellen sich die Beantwortung dieser Frage oft sehr einfach vor: Eine Minderheit hat alle Rechte, die Mehrheit hat keine, also muß man die Macht teilen und schleunigst demokratisches Stimmrecht einführen. Sie übersehen, daß sich dies etwa so auswirken würde, als wollte man von heute auf morgen den Türken in Kreuzberg die Verwaltung der Großstadt Berlin übertragen. Und was die Weißen anbetrifft, so halten sie den seit Generationen bestehenden Zustand für schlicht gottgewollt und ganz natürlich. Sie müssen erst lernen umzudenken.

Die Geschichte ist ein Prozeß ständiger Veränderung. Die Südafrikaner aber haben die Uhr einfach angehalten, und wenn sie nun von heute auf morgen umschalten sollen, wäre das nicht anders, als wollte man in Hamburg oder New York ohne jede Vorbereitung von Sonntag auf Montag das Rechtsfahren im Verkehr auf links umstellen. Da würde es wohl ganz schön viele Zusammenstöße geben.

Nun aber ist es hohe, nein höchste Zeit, mit dem Neuanfang zu beginnen. Man muß hoffen, daß die Reise der drei EG-Botschafter – als letztes Glied einer langen Kette von Bemühungen – deutlich gemacht hat, daß Europas Verständnis für das Verhalten Pretorias erschöpft ist. Was als allererstes geschehen muß? Die Führer der Schwarzen müssen wieder freigelassen werden. Sie dürfen nicht länger im Gefängnis, sie müssen endlich am Verhandlungstisch sitzen. *Hamburg, im August 1985*

Hauptgegner der Apartheid:
Die eigene Wirtschaft

Führende südafrikanische Unternehmer haben
mit dem verbotenen ANC geredet

Jetzt fällt die Willkür und Brutalität der südafrikanischen Polizei
sogar der regierenden Nationalpartei auf die Nerven. Der neu-
ernannte Kommandeur der Polizei in der westlichen Kap-Provinz hat eine Untersuchung angeordnet, weil ein zehnjähriger
Junge durch einen Kopfschuß und zwei Schüsse in den Rücken
getötet wurde, als die Polizei auf fliehende Kinder schoß.

Die bei dieser Gelegenheit vorgebrachten Aussagen sind phantastisch: Acht schwarze Polizisten mit Peitschen und zwei weiße
mit Gewehren prügelten ohne Grund und ohne Vorwarnung
Leute, die in der zu Kapstadt gehörenden Township Elsies River
in ihren Vorgärten standen, stürzten dann in ein Haus, wo eine
ältere Frau und deren Töchter mit den Enkeln spielten, und
schlugen auf die jungen Frauen ein.

In der östlichen Kap-Provinz befahl ein oberstes Gericht der
Polizei, Gewalt gegen Verhaftete zu unterlassen. Eine Gefängnis-
ärztin hatte Beweise dafür erbracht, daß die Hälfte aller Insassen
während der Vernehmungen gefoltert wird. Sie hatte Anzeige
erstattet, nachdem der fünfunddreißigjährige Aktivist Mbotya in
der Nacht nach seiner Einlieferung verstorben war. Er ist der
dritte aus der Township Ginsberg, der seit dem 16. August im
Polizeigewahrsam sein Leben verlor.

Wenn in einem Polizeistaat Anarchie unter den Polizisten ausbricht, dann ist wahrhaftig das Ende einer Epoche erreicht. So
war es denn genau der richtige Zeitpunkt für ein *Hearing*, eine
Anhörung, die das Komitee für *Transnational Corporations* bei
den Vereinten Nationen in New York nach zweijähriger Vorbe-

194

reitung angesetzt hatte. Dabei sollte untersucht werden, ob die *transnationals* oder, wie wir auch sagen, die multinationalen Unternehmen in Südafrika die Apartheid stützen oder ob sie, im Gegenteil, für den Fortschritt der Schwarzen nützlich sind. Zu den transnationalen Firmen gehören alle, die in anderen Ländern Tochtergesellschaften unterhalten; also nicht nur die weltumspannenden großen Ölgesellschaften, sondern beispielsweise auch Siemens, Bosch, Hoechst und ungezählte andere Unternehmen verschiedener nationaler Herkunft, die in Südafrika Produktionsstätten unterhalten.

Zum Hearing eingeladen waren eben diese Unternehmen, ferner Vertreter von Gewerkschaften, Arbeitgeberverbänden, Kirchen sowie einige Einzelgänger, zu denen auch ich gehörte.

»Warum haben Sie diese Einladung angenommen?« fragte mich ein Amerikaner gleich nach meiner Ankunft.

»Erstens, weil ich es interessant finde, mehr über die verschiedenen Interessenten und deren Gesichtspunkte zu erfahren; zweitens, weil es mir natürlich schmeichelt, daß irgend jemand bei der UN offenbar meine Artikel liest und das Bemühen bemerkt hat, die komplizierten Probleme Südafrikas zu verstehen und einigermaßen objektiv darzustellen.«

Mir war gleich der ein wenig unwirsche Unterton jener Frage aufgefallen, aber erst nach einiger Zeit begriff ich den Grund dafür. Es waren 1068 Unternehmen – also alle *transnational corporations* Südafrikas – eingeladen worden, aber keines von ihnen hatte sich nach New York getraut. Nur ihre institutionellen Vertretungen waren erschienen: *De Afrikaanse Handelsinstituut, The South African Federated Chambers of Industries, The Urban Foundation, Die Vereinigten Handelskammern Südafrikas.*

Dabei hätten viele der Unternehmen sich weiß Gott nicht zu genieren brauchen. Hoechst zahlt seinen schwarzen Arbeitern die höchsten Löhne: monatlich 541 Rand, also mehr als das Doppelte des Mindestlohnes, der 268 Rand beträgt. BMW hat seit fünf Jahren einen Betriebsrat, der die Belegschaft gegenüber der Firmenleitung vertritt. Er besteht aus zwei Weißen und neun Schwarzen. Der Vorsitzende und sein Stellvertreter sind stets verschiedener Hautfarbe. *Migrant workers,* Wanderarbeiter – diese gegen jedes Grundrecht verstoßende Kategorie von »Arbeitstieren« – gibt es nicht. Rassentrennung, also Apartheid am Werkplatz, in der Kantine und im Wohnviertel, ist aufgehoben. Über die Hälfte aller Vorarbeiter-Posten sind mit Schwarzen besetzt, die in Funktion, Verantwortungsbereich und Einkommen ihren weißen Kollegen gleichgestellt sind.

In der Volkswagenfabrik mit 3600 schwarzen Arbeitern sind die Umstände ähnlich wie bei BMW mit 1950 Schwarzen. Während 1977 nur 6 Prozent der Nicht-Weißen gelernte und halbgelernte Arbeiter waren, sind es jetzt 30 Prozent. Ein eigenes Trainingszentrum ist für 1,5 Millionen Rand gebaut worden; es ist das größte der südafrikanischen Autoindustrie. Dort werden nicht nur Lehrlinge ausgebildet, sondern auch Techniker und Ingenieure. Im vorigen Jahr haben sieben besonders begabte Nicht-Weiße ein volles Stipendium für die Universität bekommen. Und 230 Eigenheime für Schwarze, mit fließendem Wasser und Elektrizität, sind fertig oder im Bau.

Wie gesagt, diese und viele andere Firmen hätten allerlei vorzeigen können. Doch muß man zugeben, daß die Möglichkeiten, die sie den Schwarzen bieten, einem Tropfen auf den heißen Stein gleichkommen, denn alle *transnationals* zusammen beschäftigen nur zwei bis drei Prozent der Werktätigen. Überdies gibt es viele kleine Firmen, die nicht so fortschrittlich sind. Und unter den Großen gibt es mindestens eine, die *Norddeutsche Affinerie* aus Hamburg, die als ein trauriges Gegenbeispiel bekannt ist. Nur so viel läßt sich sagen: Wenn die geplanten Sanktionen dazu führen sollten, daß die Großen aus dem Lande geekelt werden, dann ist damit niemandem gedient.

Der Grund für das Nichterscheinen der amerikanischen, englischen, deutschen und aller anderen Firmen ist wohl auch nicht schlechtes Gewissen, sondern Sorge, sich festzulegen oder festgelegt zu werden. Wer weiß, ob einem nicht aus dem, was man heute vor den Vereinten Nationen aussagt, schon in vier Wochen ein Strick gedreht wird? Niemand ahnt, was noch alles geschehen kann und wie die Sache eines Tages enden wird.

Auch viele Gewerkschaften hatten es vorgezogen, nicht zu

erscheinen. Verschiedene Forscher, die die Meinung der Schwarzen zu ermitteln versuchen, so Professor Lawrence Schlemmer von der *Natal Universität* in Durban und Dr. Nic Roodie vom *Human Science Research Council* sind zu der Überzeugung gekommen, daß die Schwarzen, egal welcher politischen Richtung, im allgemeinen gegen *disinvestment* sind: gegen wirtschaftliche Sanktionen. Sie haben Sorge, daß die Arbeitslosigkeit dann noch größer wird.

Aber kein Gewerkschafter würde wagen, dies heute laut zu verkünden, denn ebenso groß ist das Interesse daran, mit Sanktionen Druck auf die Regierung auszuüben, damit die Apartheid abgeschafft wird. Das Heer der Arbeitslosen wächst jedes Jahr um rund 250 000 und dürfte nach allgemeiner Schätzung heute nahezu drei Millionen betragen – und das ist bei zehn Millionen Werktätigen in der Tat eine erschreckende Zahl, zumal jedes Jahr eine große Anzahl junger Schwarzer neu auf dem Arbeitsmarkt erscheint.

Ähnliche Erfahrungen, wie sie der ausgezeichnete Chef des *Committee for Transnational Corporations,* der Däne Peter Hansen, bei seinen Einladungen für die Einzuvernehmenden machte, hat er auch bei der Suche nach einem Vorsitzenden für das Gremium erlebt, das die Anhörung durchführte. Alle Amerikaner sagten ab. Mutig sagte aber sofort Michael Frazer zu, der ehemalige australische Ministerpräsident, der sich als ganz hervorragender Vorsitzender des Panels erwies und der der beste Garant dafür war, daß weder Propaganda noch Emotion die Veranstaltung beherrschte.

Zu seiner zehnköpfigen Mannschaft gehörte ein buntes Gemisch von Nationen: Professor Stanislaw Menschikow, ein Ökonom, Mitglied der Sowjetischen Akademie der Wissenschaften; ein bulgarischer Diplomat; zwei schwarze Frauen, die eine von ihnen ehemalige Richterin in Ghana, heute Präsidentin des Weltkirchenrats, die andere eine bekannte ehemalige amerikanische Abgeordnete, heute Mitglied des Senats von Texas; ferner eine englische Ex-Ministerin; ein algerischer Wirtschaftsminister und Vizepräsident des Parlaments; ein Jugoslawe, Präsident der Sozialistischen Republik Slowenien... Die Aufgabe dieses Gremiums ist es, aus dem Verhör, das drei Tage zu je sechs Stunden dauerte, einen Bericht zu verfertigen, der dann für die Vereinten Nationen zur Richtschnur werden kann.

Stützen die großen ausländischen Firmen die Apartheid, oder dienen sie dem Fortschritt? Diese Fragestellung ist durchaus legitim. Denn vermutlich wären die Unternehmen nicht ins Land gekommen, wenn die Löhne nicht jahrelang auf niedrigstem Niveau festgehalten worden wären und die Firmen zufolge der Apartheids-Gesetze schwarze Arbeiter nach Bedarf und Belieben kurzfristig anfordern und auch wieder feuern könnten.

Es ist eine merkwürdige List der kapitalistischen Wirtschaftsweise, daß schließlich sie selbst es ist, die der Antithese zur Ausbeutung – also der Reform – zum Durchbruch verhilft. Das Gesetz, daß Stillstand Tod bedeutet und nur ständiges Wachstum den Betrieb am Leben erhält, führt dazu, daß die Unternehmen immer mehr gelernte Arbeiter brauchen. Das aber heißt: Sie müssen für eine qualifizierte Ausbildung sorgen. Ferner brauchen sie angesichts der wachsenden Differenzierung der Belegschaft einen verbindlichen Verhandlungspartner. Darum haben sie das Entstehen der schwarzen Gewerkschaften gefördert, die heute den wichtigsten Machtfaktor der Schwarzen darstellen. Und diese wiederum haben höhere Löhne durchgesetzt, die den Schwarzen zu höherer Kaufkraft verhalfen und ihnen damit die Möglichkeit zu Käuferstreiks schufen, wie sie in diesem Jahr häufig praktiziert wurden. Sie fügen den weißen Ladenbesitzern empfindlichen Schaden zu.

Die wichtigste Veränderung, die in Südafrika seit der Machtübernahme durch die Nationale Partei im Jahr 1948 stattgefunden hat, ist zweifellos die tiefe Kluft, die sich plötzlich zwischen den herrschenden Politikern und der Geschäftswelt aufgetan hat. Die industriellen Unternehmen sind entschlossen, gegen die Apartheid zu kämpfen und nicht mit ihr unterzugehen.

Schon im Januar dieses Jahres haben die versammelten Handelskammern und die Vertretungen der Großindustrie der Regierung in einem Manifest sechs Forderungen gestellt, die auf Abschaffung der Apartheid hinauslaufen. Ihre Forderungen: »Politische Teilhabe der Schwarzen, einschließlich des Stimmrechts«, »südafrikanisches Bürgerrecht für alle«, »Beendigung der Polizeiwillkür«, »keine Zwangsabschiebung in die Homelands«.

Und Mitte September ist der Vorsitzende des größten südafrikanischen Unternehmens, der *Anglo-American,* mit einigen anderen Industriellen nach Lusaka gereist, um mit dem Präsidenten des *African National Congress* – also dem Vertreter von Nelson Mandela – zu reden. Der ANC ist seit Jahren verboten, geächtet und exiliert. Diese Reise stellt daher ein Sakrileg dar, das noch vor einem Jahr undenkbar gewesen wäre. Schließlich haben in der vorigen Woche 90 Chefs der großen Unternehmen des Landes – angeführt von Harry Oppenheimer – in ganzseitigen Anzeigen die Regierung zu beschleunigten Reformen aufgerufen. Im Mittelpunkt steht dabei die Beendigung der Rassendiskriminierung und Verhandlungen mit anerkannten schwarzen Führern über die Teilung der politischen Macht.

Auch bei dem Hearing in New York wurde die gewandelte Stimmung der Industrie deutlich. Der Vorsitzende fragte die Vertreter der südafrikanischen Handelskammern:

»Sind Sie für diese Art von Verhandlungen, wie sie jetzt gerade in Lusaka stattgefunden haben? Sind Sie dafür, daß der Ausnahmezustand beendet und daß Mandela freigelassen wird?«

»Wir haben in aller Öffentlichkeit erklärt, daß die politischen Führer freigelassen werden müssen; und natürlich muß der Ausnahmezustand sobald wie möglich beendet werden. Opposition gegen Repression ist notwendig, aber auch die Ordnung muß wiederhergestellt werden.«

»Was für Zeitvorstellungen haben Sie?«

»Wir denken nicht an einen Prozeß, der Jahre in Anspruch nimmt – wir meinen, es sollte ziemlich schnell vor sich gehen.«

»Auch die Sache mit dem Wahlrecht?«

»Ja, auch *one man, one vote,* aber wir würden einem bundesstaatlichen System den Vorzug geben vor dem Westminster-Modell.«

Aus Gesprächen ergibt sich, daß damit etwa folgende Vorstellung verbunden wird. In bestimmten Teilen Südafrikas, die wahrscheinlich ähnlich den Homelands geschnitten sein würden, weil diese ja Spracheinheiten bilden, sollen – wie in den Ländern der Bundesrepublik – Parlamente gewählt werden. Diese sind für alles zuständig – mit Ausnahme der Bereiche, die dem Zentralparlament in Pretoria vorbehalten werden, das von den Länderparlamenten gewählt wird und dem die Entscheidungen über Außenpolitik, Verteidigung und Finanzen vorbehalten sind.

Die etwa vier Dutzend Vertreter von Organisationen aller Art – Kirchen, Gewerkschaften, Industrien sowie des verbotenen ANC und der SWAPO (denn auch über das Wirken der *transnationals* in Namibia wurde ermittelt) – drängten mit vielen Argumenten auf rasche Abschaffung der Apartheid. In der Vorstellung aller spielten dabei Sanktionen die Hauptrolle. Übrigens zeigte sich beim Thema Namibia, daß die *Codes of Conduct* von 1977 – einen von ihnen hat die EG verfaßt – offenbar sehr viel nützlicher sind, als Kritiker behaupten, denn in Namibia, wo kein Verhaltenskodex Gültigkeit hat, feiert die Ausbeutung fröhliche Urständ.

Edward Koch, der Bürgermeister der Stadt New York, die bei der Kampagne für *disinvestment,* also für den Verkauf aller Aktien von Unternehmen, die in Südafrika Ableger unterhalten, besonders aktiv war, legte sich auch an dieser Stelle kräftig ins Zeug. Daß er im Wahlkampf steht, wurde sehr deutlich an den aggressiven Arabesken, mit denen er – übrigens als einziger – seine Aussagen versah.

»Wenn wir hier über Fakten sprechen und nicht nur diplomatische Nettigkeiten austauschen wollen«, so leitete er seine Antwort auf eine Frage des Russen ein, »muß ich sagen, daß mir die Sowjetunion in dem, was sie vielen ihrer Bürger antut, den Südafrikanern durchaus vergleichbar erscheint.« Und bevor er eine Frage des Bulgaren beantwortete, sagte er: »Was Bulgarien der türkischen Minderheit zugefügt hat, ist eine Sünde. Auch Bulgarien hat, was die Menschenrechte angeht, einen fürchterlichen Ruf.« Professor Menschikow entgegnete kühl: »Wir sind hier nicht als Vertreter unserer Länder.« Darauf der Bürgermeister: »Ich werde es nicht wieder sagen, aber ich werde es auch nicht widerrufen.«

Ich saß neben Bürgermeister Koch und kam nach ihm an die

Reihe. Meine Ausführungen, daß *angedrohte* Sanktionen ein guter Hebel seien, um etwas zu erreichen, weil ja gerade die Ungewißheit das Beängstigende ist, während *verhängte* Sanktionen sofort die Suche einleiten, wie man sie denn am besten umgehen könne – diese Ausführungen erregten eher Unwillen. Man hätte ein klares Dafür oder Dagegen lieber gesehen. Da half auch der Hinweis nicht, daß es unklug sei, wenn die Wirtschaft ruiniert werde, um die Abschaffung der Apartheid zu erreichen, wo doch, wenn das Ziel – das Ende der Apartheid – erreicht ist, eine blühende Wirtschaft unbedingt notwendig ist. Gar nicht auszudenken, wie riesig die Summen sein müssen, die man dann für Wohnungsbau, Lehrerausbildung und vieles andere aufwenden muß.

Bürgermeister Koch meinte, man müsse die Botha-Regierung »auf die Knie zwingen«, aber das dürfte eine Illusion sein. Von außen kann man das ohnehin nicht. Nur Druck von außen und von innen zugleich verspricht Erfolg. Diese Kombination scheint jetzt Verwirrung und Verunsicherung bei den Verantwortlichen ausgelöst zu haben. Wie sonst könnte man sich erklären, daß Präsident Botha plötzlich Zusagen hinsichtlich Bürgerrechten und Paßgesetzen machte, was beides er bisher strikt abgelehnt hat und was eine empfindliche Bresche in das System der Apartheid schlägt?

Es ist eben zuviel auf einmal über ihn hereingebrochen. Erst die Trockenheit, die Getreideeinfuhren notwendig machte; dann der Preissturz des Goldes, der den Wert des Rand rapide sinken ließ und zu einer schweren Rezession der Wirtschaft führte; dazu die anhaltenden blutigen Unruhen, die eine wachsende Kapitalflucht auslösten, und schließlich auch noch rund um die Welt zornige Verachtung, so daß Südafrika heute isolierter ist denn je.

Diese Situation schreit danach, daß irgend jemand die Initiative ergreift, ehe die Eskalation von schwarzer Radikalität und polizeilicher Brutalität einen Grad erreicht, den dann niemand mehr zu stoppen vermag; oder auch ehe die Buren ihre Zuflucht in trotziger *Laager*-Mentalität suchen. Im Lande selbst ist dazu niemand imstande. Botha sagt, er spricht nicht mit Leuten, die Gewalt anwenden, und die revolutionären Schwarzen weigern sich, mit denen zusammenzukommen, die das System vertreten. Den ersten Schritt muß also jemand von draußen tun. Am besten eine Macht, die von allen Beteiligten anerkannt wird und die stark genug ist, um auf beide Parteien Druck auszuüben.

Aus diesem Grunde habe ich vorgeschlagen, man solle doch versuchen, Präsident Reagan dazu zu bringen, beide Parteien einzuladen – so wie seinerzeit Präsident Carter Sadat und Begin nach Camp David einlud –, damit Weiße und Schwarze erst einmal an einen Tisch gebracht werden. Wenn das gelänge, wäre schon viel gewonnen. Wenn Ronald Reagan der Gastgeber ist, wäre auch die komplizierte Frage, wer von den Schwarzen an einer solchen Veranstaltung teilnehmen soll, leichter zu lösen, nämlich der, der eingeladen wird. Wenn man sich für Nelson Mandela nicht zu entscheiden vermag, so wäre dessen Vertreter Oliver Tambo wohl der richtige Mann. Ferner Persönlichkeiten wie Bischof Tutu, Häuptling Buthelezi, Mrs. Susulu, Dr. Motlana – um nur einige zu nennen.

Ich traf einen alten südafrikanischen, nicht-weißen Freund, der während vieler Jahre zusammen mit Mandela auf Robben Island im Gefängnis saß. Er bestätigte diesen Vorschlag, denn er berichtete, Mandela habe stets erklärt, er wolle auf keinen Fall eine umgekehrt gegen die Weißen gerichtete Apartheid, das Wichtigste sei das Gespräch mit den Weißen.

Niemand in New York interessierte sich für meine Anregung, denn – und das war mir natürlich klar – sie fällt nicht in die Kompetenz dieses Gremiums. Aber ich denke, vielleicht greift sie doch jemand auf. Es hat keinen Sinn, sich über Afghanistan zu entrüsten, wo man nichts ändern kann, und dort, wo in unserem westlichen Bereich himmelschreiendes Unrecht geschieht, den Dingen ihren Lauf zu lassen. *New York, im September 1985*

Ein Realist,
von allen angefeindet

Der Zulu-Häuptling Gatsha Buthelezi in Bonn:
»Unser Land steht an einem Kreuzweg«

Meine Befürchtung, die allgemeine Radikalisierung in Südafrika, diese Eskalation von polizeilicher Brutalität und schwarzem Extremismus, werde wohl auch Häuptling Buthelezi gezwungen haben, seine von Vernunft diktierte Haltung preiszugeben, erwies sich als vollkommen unbegründet.

Da stand er vorige Woche in der Hotelhalle in Bonn in seiner nie auftrumpfenden, gewohnt zurückhaltenden Weise. Niemand würde in ihm einen prominenten afrikanischen Politiker vermuten, der mit großer Selbstverständlichkeit die ganze Welt bereist, vom Papst empfangen wird, mit Präsident Reagan und Mrs. Thatcher verhandelt und jetzt mit der obersten Führung in Bonn geredet hat. Das Gespräch mit ihm macht rasch deutlich, daß Gatsha Buthelezi, ungeachtet aller Versuchungen und Anfeindungen, ein kühler Beobachter und überzeugter Demokrat geblieben ist.

Buthelezi, der gegen Gewalt ist und für Verhandlungen mit der Regierung, steht daheim genauso zwischen den Feuern wie Staatspräsident Botha, der gezwungen ist, auf die nach rechts weggebrochene Partei Rücksicht zu nehmen, die besorgten Weißen im Lande über ihre Zukunft zu beruhigen und die ungeduldigen Schwarzen zu befriedigen, indem er diesen genau das Gegenteil verspricht: umstürzende Veränderungen. Der Staatspräsident versucht diese Aufgabe zu meistern, indem er auf irreführende semantische Vernebelungen ausweicht und immer mehr luftige, staatsrechtliche Konstruktionen ersinnt.

Buthelezi dagegen vertritt seine Grundsätze offen und klar,

gleichgültig, wie viele Anfeindungen ihm dies einträgt. Er bringt sogar noch Verständnis für die Situation der Weißen auf, für ihre Angst vor der Majorisierung: »Wenn man ihre Psychologie kennt, dann weiß man, daß die Abschaffung des Verbots von Mischehen, die ja den Kern des Apartheid-Dogmas trifft, für sie eine ganz ernste Sache war und nicht, wie viele behaupten, nur eine kosmetische Maßnahme.«

Sein Kommentar zu der mit Spannung erwarteten Rede des Präsidenten zur Parlamentseröffnung am 31. Januar, in der Botha das Ende der Apartheid verkündete, war zunächst sehr positiv: »Botha hat wirklich großen Mut.« Auch das Versprechen des Staatspräsidenten, einen Nationalrat unter seinem Vorsitz einzurichten, der beratend die Teilung der Macht vorbereiten solle, imponierte ihm. Aber dann fand kurz darauf jene viele empörende Szene im Parlament statt: Botha kanzelte seinen Außenminister ab wie ein ungezogenes Kind, weil dieser auf Fragen westlicher Korrespondenten gesagt hatte, er könne sich vorstellen, daß es irgendwann einmal einen schwarzen Präsidenten in Südafrika geben werde. Der Führer der weißen Opposition, Frederik van Zyl Slabbert, war so empört über den »Dilettantismus, die Unredlichkeit, Doppelzüngigkeit, Blindheit« der Regierung, daß er sein Amt und seinen Sitz im Parlament niederlegte.

Buthelezi erklärte, er denke nicht daran, sich in Verhandlungen hineinziehen zu lassen, die nur dazu bestimmt seien, absurde parlamentarische Strukturen und pseudodemokratische Formen zu entwickeln. Schon vor Jahren, als P. W. Botha den *President's Council* ins Leben rief, hatte er seine Teilnahme abgelehnt: »Es ist doch lächerlich, einen schwarzen, beratenden Council zu schaffen, der den beratenden Council des Präsidenten berät.« Immer, wenn die Regierung ihn vereinnahmen wollte, hatte er verlangt, daß sie zunächst die Rolle definieren müsse, die sie den Schwarzen zugedacht habe.

Gatsha Buthelezi, der heute Siebenundfünfzigjährige, ist ein Vetter des Königs der Zulu, die mit fünf Millionen den zahlenmäßig stärksten Stamm Südafrikas darstellen. Darum war er für die Pläne der Regierung schon immer besonders wichtig.

Buthelezi hat auf der Universität Fort Hare Geschichte und afrikanische Verwaltung studiert. Er ist ein kenntnisreicher, moderner Politiker, aber er scheut sich nicht, bei festlichen Gelegenheiten seines Stammes in traditioneller Aufmachung den Tanz der Krieger anzuführen. Er war als junger Mann Mitglied der Jugendgruppe des ANC und Mitarbeiter von Luthuli, dem ANC-Präsidenten und späteren Nobelpreisträger. Auch heute noch spricht er mit Anhänglichkeit von Mandela, dessen Freilassung er immer wieder mit großem Nachdruck forderte – schon damit die sich radikalisierende Bewegung eine besonnene Führung bekommt.

Auf meine Frage, ob er sich irgendwann einmal ein Kondominium von Slabbert und Buthelezi in Pretoria vorstellen könne, sagt er: »Nein, denn wenn Nelson Mandela gewählt wird, dann unterstelle ich mich ihm sofort in Loyalität und alter Freundschaft, die nie abgerissen ist – noch im Dezember hatte ich einen sehr warmherzigen Brief von ihm.« Was Buthelezi vom heutigen ANC trennt, ist dessen Eintreten für Gewalt. In dieser Frage gibt es für ihn keinen Kompromiß: Er ist ein Gegner von Gewalt. »Es ist Unsinn«, meint er, »zu behaupten, die Regierung wackele und die Macht der Schwarzen sei greifbar nahe. Die Regierung hat noch nicht einmal einen Bruchteil ihrer gewaltigen Macht eingesetzt. Außerdem: Die Vorbedingungen für eine Revolution existieren doch gar nicht – Armee und Bürokratie stehen loyal und fest zur Regierung.«

Häuptling Buthelezi, Präsident der Inkatha, einer kulturellen Freiheitsbewegung seines Volkes, die er neu belebt und erweitert hat und die bereits über eine Million Mitglieder zählt, ist ein Politiker von beachtlichem Rang. Der Rechtsstaat ist für ihn unabdingbar, auch die demokratischen Institutionen. Er kritisiert seinen Freund Slabbert, weil er aus dem Parlament ausgezogen ist, obwohl Erneuerung doch nur durch die gewählten Repräsentanten des Volkes erfolgen könne.

Gatsha Buthelezi hält Verhandlungen für das einzige Heilmittel. Aber er hat sich zum Ärger von Botha mehrfach geweigert, an Verhandlungen mit der Regierung in irgendeiner Form teilzunehmen, ehe diese ein *Statement of Intent,* eine Absichtserklärung, abgegeben habe. »Sie braucht nicht ins einzelne zu gehen, aber sie muß konkret den Rahmen für die Machtverteilung abstecken.« Sein Ziel ist: ein Mann – eine Stimme; aber natürlich nicht von heute auf morgen. »Wie lange wird es dauern?« Buthelezis skeptischer Blick schweift in die Ferne: »Das kann man im voraus nicht wissen.«

Die Regierung ist wütend, weil der Zuluhäuptling sich standhaft weigert, sein Land Kwa-Zulu in die sogenannte Unabhängigkeit zu führen und es zu einem Homeland zu machen. Mit aller Schärfe hat er die neue Verfassung, die den Indern und Mischlingen Stimmrecht gab, bekämpft und darauf hingewiesen, daß dies zur Katastrophe führen müsse – was es ja denn auch getan hat. Auf seinen Vorschlag wurde schon 1980 eine Kommission eingerichtet, die seinen Namen trägt und die binnen zwei Jahren sehr vernünftige Vorschläge für den Abbau der Apartheid erarbeitet hat.

In einem höchst interessanten Interview der südafrikanischen Zeitschrift *Leadership* fragte ihn der Chefredakteur Hugh Murray, warum er unbedingt auf dem Prinzip »ein Mann – eine Stimme« bestehe und darauf, daß Südafrika ein *unitary state,* ein einheitlicher Staat, sein müsse. Buthelezi antwortete: »Ich glaube, wir sind alle durch eine Gehirnwäsche gegangen, weil wir ja einmal Teil des britischen Kolonialreichs waren. Alles, was Westminster und das House of Commons betrifft, das scheint wie von Gott selbst verordnet. *One man, one vote in an unitary state* ist meine erste Wahl; allerdings kann ich nicht glauben, daß wir das Recht haben, um dieser Werte willen unser Land und uns selbst zu zerstören.«

Buthelezi ist Pragmatiker und Realist. Er ist ein Befürworter der Marktwirtschaft: »Man darf die Henne, die goldene Eier legt, nicht schlachten. Umverteilung des Reichtums ist Quatsch – die Schwarzen müssen an der Marktwirtschaft beteiligt werden, darauf kommt es an.« – »*Disinvestment?*« – »Das schadet auf die Dauer nur uns selber.«

Man kann sich leicht vorstellen, daß die schwarze Opposition aller Schattierungen tobt. Der Vorwurf: Buthelezi arbeite innerhalb des Systems. Aber auch die Regierung ist wütend, weil er alles ablehnt, was nicht mit seinen demokratischen Prinzipien übereinstimmt.

Und wie sieht Buthelezi die nächste Zukunft? »Wir stehen an einem Kreuzweg: Entweder rafft Südafrika sich auf und bildet eine Regierung der nationalen Versöhnung, hinter der das Volk steht, oder – wenn die Kraft dazu nicht reicht – werden wir zusehen müssen, wie das Land in Gewalt und Anarchie versinkt.«

Man kann nur hoffen, daß die Regierung diese Kraft findet, solange es Männer wie Mandela und Buthelezi gibt, die über Autorität verfügen – nach ihnen kommt dann nichts mehr.

Bonn, im April 1986

Ist die Explosion unvermeidlich?

Zehn Jahre nach Soweto:
Die Weißen sind verunsichert, die Schwarzen siegesgewiß

Die Südafrikaner zittern vor dem 16. Juni, denn das ist der Tag, an dem sich die Revolte von Soweto zum zehnten Mal jährt. Die schwarzen Gewerkschaften haben für diesen Tag zum Generalstreik aufgerufen, vom ANC aus Lusaka kam die Order, aktiven Widerstand zu leisten, die jungen Schwarzen sammeln Flaschen und Steine.

Die beiden großen revolutionären Aufstände, jener von 1976 und die blutigen Unruhen, die zur Zeit das Land aufwühlen, sind beide durch unbegreifliches Unverständnis und sträfliche Gleichgültigkeit der weißen Regierung nicht nur ausgelöst, sondern wirklich provoziert worden. In beiden Fällen war es kein Blitz aus heiterem Himmel, der den Aufruhr in die schwarzen Townships trug, vielmehr der stupide Dünkel der weißen Bürokratie, die von sich gern behauptet, niemand kenne Psyche und Mentalität der Schwarzen so gut wie sie. Dabei sind es Welten, die sie voneinander trennen.

Die Regierung kann sich nicht vorstellen, daß die Aufstände berechtigtem Protest und aufgestautem Ärger der rechtlosen Schwarzen entspringen; sie glaubt, dies alles sei das Werk kommunistischer Agenten. Darum wird auch nicht über eine politische Wende nachgedacht, sondern nur über solche Reformen, die an der Machtverteilung nichts ändern. Allenfalls wird die Polizei vermehrt: heute sind es 46000 Mann (die Hälfte davon Schwarze), für März 1987 sind 56000 vorgesehen, und 1993 sollen es 68000 sein.

Worum ging es damals bei den ersten schweren Unruhen vor

zehn Jahren? Es ging um Afrikaans als Unterrichtssprache. Gegen monatelange, heftige Proteste von Lehrern, Eltern und Schülern wurde bedenkenlos verordnet, daß vom fünften Schuljahr an (die ersten vier Jahre wird im Stammes-Idiom unterrichtet), die Hälfte der Fächer wie zuvor in Englisch, aber die andere Hälfte in Afrikaans gelehrt werden muß. Afrikaans aber ist die Sprache der Polizei und daher verhaßt; außerdem bestand der berechtigte Verdacht, die Schüler sollten auf diese Weise von der *lingua franca* Afrikas abgeschnitten werden. Fünftausend Schüler inszenierten daraufhin einen Protestmarsch, der zu einer spontanen Explosion führte: Schulen wurden angesteckt, öffentliche Einrichtungen demoliert, die Empörung griff auf andere Städte über, die Polizei geriet außer Rand und Band. Am Schluß waren 700 Schwarze tot – viele von ihnen Kinder.

Die Regierung rechnet für den 16. Juni mit großen Unruhen. Sie hat alle Zusammenkünfte und Gedenkaktionen verboten. Erzbischof Tutu fordert, die Anordnung nicht zu respektieren: »Ich werde die Pastoren anweisen, am 16. Juni Gedenkgottesdienste zu halten. Ich selbst werde dies ebenfalls tun.« Vor zehn Jahren, bei den Unruhen 1976, klang es noch keineswegs so selbstsicher; damals rief Tutu: »Oh, Gott, bitte, bitte hilf uns – laß die Weißen unsere Stimme hören, ehe es zu spät ist.«

Die derzeitige Revolte hat im Herbst 1984 begonnen. Seither ist keine Woche vergangen, in der nicht mindestens ein Dutzend Tote oder noch mehr Opfer zu beklagen waren – insgesamt bisher über 1600. Die Eskalation von schwarzem Radikalismus und polizeilicher Brutalität hört nicht auf. Diesmal war der Anlaß die Verkündung der neuen Verfassung. Sie wurde von vielen als »Schritt in die richtige Richtung« bejubelt, weil sie Mischlingen und Indern das Wahlrecht zugestand. Als aber die Schwarzen feststellten, daß sie in der neuen Verfassung gar nicht vorkamen, daß für sie mithin in der Gesellschaft Südafrikas kein Platz ist und sie auch in Zukunft ohne Recht sein würden, da riß ihnen die Geduld. Diese bittere Erkenntnis wurde zum Fanal.

Wer den Aufstand 1976 miterlebt hat und später dann an Ort und Stelle auch einen Eindruck der jetzigen Unruhen bekam, der spürt sehr deutlich den Unterschied. Damals war alles spontan, so, als sei plötzlich ein Buschfeuer ausgebrochen, das sich auf unberechenbare Weise ausbreitete, aber von dem jedermann wußte, daß es wieder gelöscht werden kann. Diesmal gibt es eine Organisation, die dafür sorgt, daß der Aufruhr sich in Kettenreaktionen nun schon über fast zwei Jahre immer weiter fortsetzt. Wieder sind es vorwiegend Jugendliche, aber diesmal sind sie selbstsicher und siegesbewußt, während die Weißen ängstlich die Krise spüren und mindestens ahnen, das etwas begonnen hat, was nicht mehr zu stoppen ist.

Am schlimmsten sind die Kämpfe und Verwüstungen in und bei Crossroads, nicht weit von Kapstadt. Crossroads ist ein riesiges Areal, bedeckt mit selbstgezimmerten Hütten aus Blech und Kistenresten, in denen wahrscheinlich über 100 000 Schwarze ihr Dasein fristen, weil sie in den Homelands noch elender leben würden. Ich bin zweimal dort gewesen und habe gestaunt, mit wieviel Sorgfalt und Liebe viele Bewohner diese traurigen Buden eingerichtet haben. Um so schlimmer, wenn sie jetzt bei den Kämpfen und Großbränden ihr bißchen Habe verlieren. Die Regierung, der diese ungeplante Siedlung seit langem ein Dorn im Auge ist, benutzt die Gelegenheit, um die vernichteten Teile des Lagers sofort einzuzäunen, damit keine neue Ansiedlung stattfinden kann. Es heißt sogar, die Sicherheitskräfte beobachteten die Kämpfe zwischen *comerades* und älteren Einwohnern, den *fathers,* mit einem gewissen Wohlgefallen, ohne einzugreifen.

Comerades – so nennt der Kern der jungen Revolutionäre in den Townships seine selbstgebildeten Komitees. Sie sind radikal, veranstalten Fememorde mit dem benzingetränkten »Halsband« aus Autoreifen und erteilen Befehle an ihre Brüder, denen zu widerstehen gefährlich ist.

Die Auswirkung der Unruhen? Jegliche Selbstverwaltung auf der untersten Ebene ist in den übervölkerten, von Haß erfüllten, von Verbrechen heimgesuchten Townships zusammengebrochen. Jugendliche Aktivisten haben das Steuer übernommen. Ihren Zorn, der der weißen Regierung gilt, lassen sie an ihren schwarzen Brüdern aus, weil diese als Polizisten oder Gemeindevorsteher dem System dienen.

Auch das ist neu, dieser Stellvertreter-Bürgerkrieg, bei dem »Kollaborateure« gejagt, zerhackt, gelyncht, ermordet werden. Alles spielt sich in den schwarzen Townships ab. Auf die weißen Gebiete hat die Revolte bisher nicht übergegriffen; das würde die Regierung auch verhindern. Ihre Macht ist dazu groß genug.

Unausbleiblich ist bei diesem Prozeß, daß die schwarze Solidarität strapaziert, die Befreiungsbewegung aufgesplittert wird. Bei der allgemeinen Direktionslosigkeit – die Regierung gibt keinerlei Signale, wohin es gehen soll – will jeder etwas anderes. Es entstehen immer neue Fraktionen, die einander bekämpfen: ANC und UDF gegen PAC und AZAPO, Tutu gegen Buthelezi und so fort. Die größte Gefahr, die Südafrika droht, ist, daß es am Ende nur noch radikale, aber keine verantwortlichen Führer mehr gibt, daß also die Regierung niemand mehr haben wird, mit dem sie verhandeln kann, wenn es einmal soweit ist.

Doch nicht nur die schwarze Front spaltet sich auf, auch die weiße zerbröckelt. Zum ersten Mal sah man neulich auf dem Fernsehschirm, wie Weiße sich mit Weißen prügelten. Die rechtsradikale AWB (Afrikanische Widerstandsbewegung), die dreizehn Jahre lang ihr Dasein im Verborgenen fristete, hat plötzlich großen Zulauf bekommen und wird aktiv: Ende Mai, in Pietermoritzburg, versuchten die johlenden Trabanten von Eugene Terre Blanche, Hakenkreuzfahnen schwenkend, eine Versammlung der Regierungspartei zu sprengen. Sie wurden schließlich mit Tränengas auseinandergetrieben.

Das hatte es noch nie gegeben: Gewalt von Weißen gegen Weiße. Terre Blanche ist ein wortgewaltiger früherer Polizeioffizier, der einst Leibwächter von Ministerpräsident Vorster war. Seine Gefolgschaft soll sich seit Anfang des Jahres auf über 50000 verdreifacht haben. Auf dem anderen Flügel der weißen Skala schälen sich Gruppen oppositioneller Studenten heraus, die liberalen Sinnes sind. Sie sind genau wie die oppositionelle *Progressive Federal Party* bereit, sich mit einer schwarzen Mehrheitsregierung abzufinden.

Die Lage Präsident Bothas wird immer schwieriger. Jetzt muß er gegen Gewalt von rechts und von links kämpfen. Wenn er aus Rücksicht auf die rechtsradikalen Weißen die notwendigen

Reformen noch weiter verschleppt und als einzige Antwort auf die Unruhen seine brutale Repression gegen die Schwarzen verstärkt, wird deren Radikalismus und Nationalismus entsprechend weiterwachsen. Sollte er den Entschluß, Nelson Mandela freizulassen, den einzigen, dem sich heute noch alle Schwarzen unterordnen würden, immer weiter hinausschieben, wird er schließlich nur noch einen Haufen von Extremisten zum Gegenüber haben.

Botha kann es sich auch nicht mehr leisten, immer nur leere Versprechungen in die Welt zu setzen. Als er am 31. Januar zur Eröffnung des Parlaments in Kapstadt seine von jedermann mit Ungeduld erwartete Rede hielt, sprach er von neuen politischen Strukturen, die er einrichten werde, um allen Südafrikanern dieselben Chancen einzuräumen. Er versprach allen Bewohnern des Landes die gleichen politischen Rechte in einem einzigen politischen Staat. Dasselbe verkündete er in ganzseitigen Zeitungsannoncen, die in aller Welt erschienen. Das war im Januar – seither hat man nichts mehr davon gehört. Offenbar war das Ganze nur als Vorbereitung für die Verhandlungen mit den westlichen Gläubigerbanken gedacht.

Jetzt rächen sich die Versäumnisse von Jahrzehnten. Jetzt bleibt ihm nur mehr wenig Zeit, um den Übergang vom Feudalismus in die Moderne zu vollziehen und die hierarchische Gesellschaft in eine egalitäre umzuwandeln, denn das ist doch so, als wollte man 1789 ohne Revolution aus dem Stand nachvollziehen. Eine führende Schicht hat aber wohl noch nie ohne Not, sondern immer nur unter äußerem Zwang die Macht an andere abgetreten.

Wie also kann es weitergehen? Man könnte sich vorstellen, daß Präsident Botha, mit dem Weiße und Schwarze gleichermaßen unzufrieden sind, diese Situation nicht meistern kann. Sogar im Kabinett gibt es Mitglieder, beispielsweise den Außenminister, und nicht nur ihn, die finden, daß der Präsident viel zu zögerlich ist. Der Ruf nach einem starken Mann wird in Zukunft immer lauter werden. Und wahrscheinlich wird wirklich nur jemand, dem man die bisherigen Fehlleistungen nicht zur Last legen kann, glaubwürdig einen neuen Anfang setzen können. Es wäre also nicht verwunderlich, wenn Präsident Botha innerhalb der nächsten 24 Monate einem anderen Platz machen muß. Geschieht dies nicht, dann wird das Gemetzel noch jahrelang weitergehen. Was aber könnte ein anderer ausrichten?

Dieser Mr. X müßte zunächst Nelson Mandela und die anderen politischen Gefangenen freilassen. Er müßte sich ferner verpflichten, innerhalb einer bestimmten Frist die Apartheid zu beseitigen und Verhandlungen mit Repräsentanten aller Farben über ein zu errichtendes, nichtrassistisches System zu führen. Unbedingt notwendig sind ferner Garantien für Minderheiten, damit nicht in Zukunft Apartheid mit umgekehrten Vorzeichen praktiziert wird.

Die Schwarzen sind viel weniger dogmatisch als die Weißen. Sie sind für glaubhafte praktische Lösungen auch heute noch zu haben, denn sie sind sehr geduldig. Tutus Bitte: »...ehe es zu spät ist«, ist zehn Jahre her – aber er versucht immer noch, Gewalt zu verhindern. Wie lange wird das noch möglich sein?

Hamburg, im Juni 1986

Genug ist genug

Seit über hundert Jahren wurden den Schwarzen
existierende Rechte genommen

Kein Wunder, daß der gefürchtete 16. Juni in Südafrika einigermaßen glimpflich verlaufen ist. Schließlich hatte die Regierung ja
auch ihr schwerstes Geschütz aufgefahren. Weit über 1000 Führer — gewerkschaftliche, kirchliche, politische — waren vor dem
zehnten Jahrestag des Aufstands in Soweto verhaftet worden.
Der für das ganze Land ausgerufene Ausnahmezustand belegt
überdies jede oppositionelle Aktivität, jede kritische Bemerkung
mit so drastischen Strafen (bis zu zehn Jahren Gefängnis, körper-
liche Züchtigung und Verbot gerichtlicher Einmischung), daß
Grabesruhe sich über das Land senkte.

Aber wie soll es weitergehen? Präsident Botha kann im Ernst
nicht glauben, die Regierung könnte bis zum Ende des Jahrhunderts immer so weitermachen: Verbote, Gefängnis, Folter, Schießereien, Ausnahmezustand... Und doch ist es offenbar dies,
womit er sich abfindet. Zu einem wirklichen Wandel ist er nicht
bereit. In seiner »Rubikon-Rede« im August 1985 sagte er: »Ich
weiß genau, daß die meisten Führer in Südafrika und vernünftige
Südafrikaner das Prinzip ›Ein Mensch, eine Stimme‹ in einem
gemeinsamen System nicht akzeptieren werden. Dieses Prinzip
würde zur Herrschaft einer Gruppe über die andere und zum
Chaos führen. Deshalb lehne ich dies als Lösung ab.« Und in
seiner Parlamentsrede nach Verhängung des Ausnahmezustands
sagte er: »In diesem Klima zunehmender Gewalt ist es einfach
nicht möglich, weiter nach einer friedlichen und demokratischen
Lösung zu suchen.«

Militärische Macht und schrankenlose Autorität sind die Mittel, auf die er allein vertraut. Die Mißachtung von Recht und Gesetz entspringt diesem Geist. Das zeigte sich wieder, als jetzt die Wohnungen durchsucht und Hunderte verhaftet wurden. Dabei ist der Ausnahmezustand, der die Handhabe für diese Verfolgungsjagd bietet, erst zwölf Stunden später erlassen worden. Und daß die Bombardierungen der schwarzen Nachbarstaaten ausgerechnet in dem Moment erfolgten, in dem sich die Commonwealth-Delegation in Südafrika aufhielt, um zu versuchen, Schwarz und Weiß zum Dialog zu bringen, zeugt auch nicht gerade von politischem Takt und diplomatischer Klugheit.

Botha glaubt, die Unruhen seien auf kommunistische Anstifter zurückzuführen, darum müßte diesen mit Gewalt das Handwerk gelegt werden und sogleich werde Ruhe eintreten. Er vergißt, daß die Schwarzen seit Generationen unterdrückt und betrogen werden und nun ein Punkt gekommen ist, wo sie sagen: »Genug ist genug.« Es sind ja nicht nur Sharpeville 1960 und Soweto 1976, die sich ihrem Gedächtnis eingeprägt haben. Ihre Leidensgeschichte begann viel früher.

Seit 1854 hatten die landbesitzenden Schwarzen in der Kap-Provinz, in Transkei und Ciskei, dank der Erziehungsarbeit der Missionare das Wahlrecht. Aber als dann 25 Jahre später Diamanten und Gold in Südafrika entdeckt wurden, begann eine industrielle Revolution, deren Bedarf an billiger Arbeitskraft ständig wuchs. Der Prozeß der Entrechtung und Unterdrückung setzte ein und wurde nie mehr unterbrochen. Durch die *Native Land Act* von 1913 verloren die Schwarzen das Land, das sie besessen hatten; die Neuverteilung ließ den damals existierenden acht Millionen Schwarzen 13 Prozent des Territoriums und nahm 87 Prozent für die zwei Millionen Weißen. Und 1936 beschloß das Parlament in Kapstadt, die Schwarzen aus der gemeinsamen Wahlliste zu streichen. Damals wurden auch die Paßgesetze eingeführt, die heute der Anlaß dafür sind, daß jährlich etwa 250000 Schwarze für jeweils 14 Tage ins Gefängnis wandern.

Auch der als Kommunist apostrophierte Nelson Mandela, der 1962 wegen Sabotage zu lebenslänglicher Haft verurteilt wurde, ist damals nicht zum erstenmal aufgetaucht. Seit den frühen vierziger Jahren haben er und Oliver Tambo als Studenten zusammengearbeitet. Sie opponierten, protestierten, aber sie waren gegen Gewalt. Sie waren Nationalisten, aber nicht anti-weiß. Sie waren überzeugte Christen und strikte Anti-Kommunisten. Auch noch, als 1948 die Apartheid als System etabliert wurde und in den folgenden Jahren allenthalben Unruhen ausbrachen, waren sie es, die immer wieder die schwarze Bevölkerung beschwichtigten. Doch schließlich: »Genug ist genug.«

Und was soll nun werden? Die Commonwealth-Delegation sagt, es sei hoffnungslos, der Dialog komme nicht zustande; jetzt müsse mit Sanktionen Druck ausgeübt werden. Aber schon die Vietnamesen ließen sich mit Bomben nicht zum Verhandeln zwingen, wieviel weniger die Südafrikaner mit Sanktionen zum Dialog. Es gäbe vielleicht eine Möglichkeit, dies zu erreichen: Präsident Reagan, der mit seiner Politik des *constructive engagement* Verantwortung auf sich geladen hat, sollte Botha und repräsentative Schwarze als seine Gäste einladen. Südafrikas Antwort auf Sanktionen würde heißen: »Den Gürtel enger schnallen«. Die Antwort auf die Einladung des amerikanischen Präsidenten könnte eigentlich nur heißen: Ja, wir kommen.

Hamburg, im Juni 1986

Unaufhaltsam
dem Abgrund entgegen?

Wie Reagan dem Unheil in Südafrika
wehren könnte

Die Welt muß zusehen, wie die Ereignisse in Südafrika offenbar unaufhaltsam dem Abgrund entgegentreiben. Da ist das Bedürfnis, einen Stock zwischen die Speichen des Schicksalsrades zu schieben, nur allzu begreiflich.

Alle denken verzweifelt darüber nach, was zur Rettung getan werden könnte. In dieser Woche kommen die Regierungschefs der zwölf EG-Länder im Haag zusammen. Zur Entscheidung steht die Frage: Sanktionen, ja oder nein? Und wenn ja, welche?

Im Juli wird eine Gipfelkonferenz der Afrikanischen Staaten stattfinden, die nicht nur wirtschaftliche Sanktionen beschließen will, sondern auch – und das ist ein Novum – militärische Hilfe für die Befreiungsgruppen.

Im August werden dann noch einmal die Commonwealth-Staaten tagen – sechs von ihnen planen, ihre Hochkommissariate, also ihre Botschaften, in London zu schließen, falls Margaret Thatcher sich wiederum nicht bereitfinden sollte, Sanktionen zuzustimmen.

Auch die Kirchen üben Druck aus. Der Erzbischof von Canterbury hat einen Vertrauten zum Rekognoszieren nach Südafrika geschickt. Und sein katholischer Kollege, der britische Kardinal Basil Hume, hat sich in schärfster Form gegen die Verhaftung von katholischen Mitarbeitern ausgesprochen. Oliver Tambo schließlich, der in Lusaka amtierende Präsident des *African National Congress,* erklärte soeben, der ANC hätte es bei weitem vorgezogen, sein Ziel – die Abschaffung der Apartheid – durch Verhandlungen zu erreichen, aber die Antwort des südafrikanischen Präsidenten zeige, daß er daran kein Interesse habe. Es gehe darum nur noch mit Gewalt.

Alle denken verzweifelt nach und diskutieren, nur der Hauptbetroffene nicht, Staatspräsident Botha. Er meint ganz ungerührt, er brauche keine Ratschläge, er werde sich um die internationale Kritik nicht kümmern, sondern weiterhin das tun, was er beschlossen habe.

Und was tut er? Er verschärft den Ausnahmezustand, der ohnehin rund um die Welt äußersten Zorn und Widerwillen erzeugt hat, weil er jedwede Verhaftung ohne Begründung legitimiert und den Sicherheitskräften Straffreiheit garantiert für alles, was sie anrichten – auch wenn sie, wie in der vorigen Woche, einen neunjährigen Jungen, der sich angeblich allein auf der Straße befand, erschießen und hinterher behaupten, sie hätten gedacht, es sei ein Hund.

Die Verschärfung besteht darin, daß die Verhafteten – bisher über 2000, darunter mindestens 40 Gewerkschaftsführer und eine Reihe Kirchenleute – nunmehr sechs Monate (bisher 14 Tage) ohne Begründung in Haft gehalten werden können. Nicht einmal ihre Namen werden mitgeteilt, so daß die Familien nicht wissen, ob der Verschwundene untergetaucht, verhaftet oder vielleicht auch irgendwo verscharrt ist. Botha wollte das Gesetz von vornherein mit der Bestimmung »sechs Monate« durchbringen, aber die Kammern der Inder und der Mischlinge im Parlament hatten dagegen gestimmt; darum mußte er den von ihm erfundenen *President Council* bemühen, der eine Entscheidung des Parlaments ersetzen kann und der so zusammengesetzt ist, daß die Regierungspartei immer die Mehrheit hat.

Außerdem wurde im Gebiet von Kapstadt 119 politischen und kirchlichen Organisationen verboten, Flugblätter zu drucken – keine ihrer Erklärungen darf mehr zitiert werden. Es handelt sich dabei um die wichtigsten oppositionellen Organisationen, deren Führer bereits alle im Gefängnis sitzen. Jetzt sind auch zum erstenmal die Leute der *End-Conscription-Campaign* dran, also die Wehrdienstverweigerer. Sie haben sich im Jahre 1984 zusammengetan, als die Armee bei den Unruhen in schwarzen Townships eingesetzt wurde. 1984 waren es 1596 Wehrdienstverweigerer, 1985 bereits 7589. Dies ist ein Signal, das noch vor wenigen Jahren undenkbar gewesen wäre: Auch die weiße Front beginnt zu bröckeln.

Es gibt viel mehr weiße Apartheid-Gegner, als man glaubt. In Port Elizabeth, wo der Stadtrat beschlossen hatte, ab 1. Juli den Strand für alle Rassen zu öffnen, wurde soeben auf Antrag der rechtsextremen *Herstigte Nasionale Party* ein Referendum darüber abgehalten, ob an den bisher für Weiße reservierten Stränden Angehörige anderer Rassen zugelassen werden sollten. Ergebnis: 5000 stimmten dafür, 6000 dagegen. Es gibt Südafrikaner, die der Meinung sind, diese Relation sei ungefähr repräsentativ für die Geisteshaltung der Weißen.

Fest steht, daß die einheimische Geschäftswelt, die Manager und Angestellten der großen Firmen, seit Monaten bei der Regierung Sturm laufen gegen die Rassengesetze. Jetzt häufen sich die Proteste der Wirtschaft gegen die willkürlichen Verhaftungen der Arbeiterführer, die das Klima in gefährlicher Weise vergiften. »Wir distanzieren uns von der Strategie der politischen Repression und wirtschaftlichen Isolierung, auf die sich die Regierung anscheinend festgelegt hat«, so der Präsident der südafrikanischen Industriekammer. Und Tony Bloom, einer der großen Manager des Landes, sagte: »Es ist tief beunruhigend, daß so viele Gewerkschaftsführer ohne Verfahren verhaftet wurden. Man hätte sich keine Prozedur ausdenken können, die mit größerer Sicherheit zum Konflikt führt.«

Draußen in der Welt – auch drinnen bei den Schwarzen – wird der Ruf nach Sanktionen immer lauter. Oliver Tambo sagt: »Wenn jetzt nicht Sanktionen beschlossen werden, ist ein Blutbad in Südafrika unvermeidlich.« Und die Commonwealth-Delegation hat erklärt: »Wenn die westlichen Staaten nicht Sanktionen einsetzen, ist die einzige Alternative, daß alles in Gewalt versinkt.«

In der Tat, mehr und mehr Gewalt und auch ein Blutbad zeichnen sich ab – aber es ist kühn zu meinen, Sanktionen könnten diese Entwicklung aufhalten. Sanktionen wirken auf Buren wie einst die Forderung nach *unconditional surrender* auf die Deutschen. Sie können das Herannahen des Chaos höchstens beschleunigen, denn aus Bothas Äußerungen und Reaktionen geht deutlich hervor, daß er nicht einlenken wird, sondern daß jene letzte Entschlossenheit von ihm Besitz ergriffen hat, die der Satz kennzeichnet: »Und im Unglück nun erst recht...« Die Zähne zusammenbeißen und den Gürtel enger schnallen, das ist jetzt seine Devise. Und die Mehrheit seiner Landsleute empfindet sicherlich ebenso, mindestens jener Teil, der als die *poor Whites* – die armen Weißen – bezeichnet wird, die unter der herrschenden Wirtschaftskrise schwer leiden und die daher nicht viel zu verlieren haben. Nach Meinung südafrikanischer Soziologen muß man heute rund 30 Prozent der weißen Bevölkerung zu dieser Kategorie rechnen.

Ein anderer unausgesprochener Irrtum läßt Sanktionen deshalb als Allheilmittel erscheinen, weil manche, ohne nachzudenken, die Vorstellung haben, Apartheid könne bei gutem Willen mit einem Federstrich abgeschafft werden. Überspitzt gesagt: Sie glauben, ein Paragraph, der Gleichheit verordnet, müsse in die Verfassung eingefügt werden, und dann könne das neue Leben beginnen.

Wer dies meint, der vergißt, daß Apartheid ein kunstvolles, eng geknüpftes Netz von rassischen Vorurteilen, ökonomischen Interessen und politischen Zwecken ist. Sie, die Apartheid, ist Grundlage, Rahmen und Philosophie der Existenz Südafrikas. Würde man sie in einem Zug abschaffen, hätte dies die gleiche Wirkung, als wollte man in der Bundesrepublik Marktwirtschaft und Pluralismus urplötzlich aufheben.

Die Abschaffung der Apartheid kann nur in einem genau durchdachten Transformationsprozeß erfolgen, dessen Zeitplan von der weißen Regierung mit dem ANC und anderen repräsentativen Schwarzen ausgehandelt werden muß. Darum war das Ziel der Commonwealth-Delegation unter Michael Frazer, dem früheren australischen Ministerpräsidenten, und Obasanjo, dem ehemaligen Ministerpräsidenten von Nigeria, genau richtig. Das Ziel nämlich, erst einmal beide Seiten an einen Tisch zu bringen. Ihnen ist dies nicht gelungen, darum muß man es jetzt auf andere Weise von neuem versuchen, ehe als *ultima ratio* Sanktionen verhängt werden, was zwangsläufig zur Beschleunigung der

Eskalation von polizeilicher Brutalität und schwarzer Radikalität führen muß.

Dafür aber gibt es wohl nur eine Möglichkeit, weil es in südafrikanischen Augen nur einen gibt, der mit gewissen Einschränkungen noch als wohlwollend angesehen wird: der amerikanische Präsident Ronald Reagan. Er steht noch immer zu seiner Politik des *constructive engagement* und ist darum für die Südafrikaner wichtig. Er hat damit aber auch, das darf man nicht vergessen, Verantwortung übernommen, sowohl für die bisherige wie für die weitere Entwicklung.

Präsident Reagan also müßte beide Parteien einladen zu einem *round table*-Gespräch, weil eine solche Einladung schwer abzulehnen ist. Nicht, daß man bei dieser Zusammenkunft schon einen Zeitplan für die Abschaffung der Apartheid aushandeln könnte, aber der erste Schritt zu gemeinsamen Beratungen wäre getan, und das ist mehr, als alles bisherige Geschwätz zustande gebracht hat.

Wenn die Schallmauer, die Botha errichtet hat »Kein Gespräch ohne vorherigen Verzicht auf Gewalt« und die von den radikalen Schwarzen durch die Forderung: »Das System muß weg«, verdichtet wurde – wenn diese Schallmauer erst einmal durchlöchert ist, dann ist der Prozeß der Transformation eingeleitet, und dann kann man auf dessen Eigendynamik hoffen.

Hamburg, im Juni 1986

Der Mann, der Frieden stiften könnte

Auf Nelson Mandela ruht die Hoffnung der Schwarzen wie der vernünftigen Weißen

Warum die Entwicklung in Südafrika uns alle angeht? Weil zu befürchten steht, daß sich dort nach zwei Weltkriegen und dem Holocaust die letzte große Katastrophe dieses ausgehenden Jahrhunderts anbahnt.

Viele Menschen haben, als 1976 in Soweto der Schüleraufstand ausbrach, zum erstenmal von südafrikanischen Unruhen gehört. Wahrscheinlich meinen die meisten, so richtig losgegangen sei es überhaupt erst in unseren Tagen. Vom ANC aber und von Nelson Mandela, dem legendären Führer der Schwarzen, von dem jetzt so viel die Rede ist, wissen nur wenige Genaueres.

Dabei ist der ANC älter als Lenins Revolution, denn er ist schon 1912, also noch vor dem Ersten Weltkrieg, gegründet worden. Seine Vorbilder waren der amerikanische Kongreß und das *House of Lords,* dessen Gegenstück für die Häuptlinge reserviert wurde. Der ANC legte sich auch einen *Speaker* zu und einen *Sergeant-at-Arms,* der das Zepter trug. Erst in den vierziger Jahren ist diese Struktur abgeschafft und der Kongreß demokratisiert worden.

Damals wurde der 1918 geborene Nelson Mandela Mitglied des ANC, bald darauf Generalsekretär von dessen kämpferischer Jugend-Liga. Über 40 Jahre sind er, der seit 1962 im Gefängnis sitzt, und sein Stellvertreter, der heutige ANC-Präsident Oliver Tambo, der seit 1960 im Exil leben muß, eng verbunden mit dem Freiheitskampf der Schwarzen.

Sie haben die Geschichte des *African National Congress* gestaltet und erlitten. Sie beide sind Geist und Inspiration der

Bewegung und sichern deren Kontinuität. In einem seiner Aufsätze erinnert Mandela an die frühen Massaker, die die herrschenden Weißen unter seinen Brüdern anrichteten. Zwei Stichworte: Bulhoek in der östlichen Kap-Provinz, wo 1921 unter General Smuts Armee und Polizei mit Artillerie und Maschinengewehr das Feuer auf Schwarze eröffneten, die sich weigerten, ihr Land zu verlassen; 163 Tote und 129 Verwundete waren das Ergebnis. Und wenig später wurden in Bondelswart in Südwestafrika 100 Menschen getötet, weil sie es ablehnten, Steuern für ihre Hunde zu zahlen.

Mandela und Tambo – im Alter nur ein Jahr auseinander – sind beide im Transkei geboren. Nelson entstammt der königlichen Familie der Tembu und wuchs also auf als einer, der Verantwortung zu tragen hat. Beide hatten das Privileg, am *Fort Hare University College* und in der Witwatersrand-Universität zu studieren. Gemeinsam haben sie als erste Schwarze in den vierziger Jahren in Johannesburg eine Anwaltsfirma begründet, die vom frühen Morgen bis zum späten Abend von Rat- und Hilfesuchenden belagert war.

Die erste politische Verwicklung kam für Nelson Mandela im Jahr 1952. Er war inzwischen 36 Jahre alt und hatte als ANC-Vizepräsident zum »Widerstand gegen ungerechte Gesetze« aufgerufen, die zur permanenten Unterdrückung der Schwarzen geführt hatten. Es ging dabei um die drei Gesetze, die bis heute zu den am meisten bedrückenden gehören: die Paßgesetze; das Gesetz zur Unterdrückung des Kommunismus, mit dem jede Anklage begründet, jede Verhaftung gerechtfertigt wird; und schließlich die *Group Area Act,* die dazu dient, alle Menschen hin und her umzusiedeln, bis Weiße, Schwarze, Inder und Mischlinge säuberlich voneinander getrennt sind und drei Millionen Schwarze in die Homelands abgeschoben waren.

Das Ergebnis dieses Widerstandes: Über 8000 Beteiligte wurden verhaftet, Mandela und andere »gebannt« und die Gesetze weiter verschärft. Nun hieß es: Wer sich »durch Protest oder durch Unterstützung von Kampagnen gegen irgendein Gesetz schuldig macht, kann zu drei Jahren Haft verurteilt werden oder zu 300 Pfund Strafe oder zu 10 Stockschlägen«. Mandela wurde überdies gezwungen, aus dem ANC auszutreten. Damals, 1952, kam zum erstenmal internationale Mißbilligung zum Ausdruck: Die Vereinten Nationen setzten eine Kommission ein, um zu untersuchen, was es mit der Apartheid auf sich habe. Jene Ereignisse haben übrigens viel zur Politisierung der Schwarzen beigetragen. Der ANC behauptet, seine Mitgliederzahl sei damals von 7000 auf 100000 gestiegen.

Drei Jahre später hat Nelson Mandela zusammen mit seinen Freunden etwas auf die Beine gestellt, was es bis dahin noch nie gegeben hatte: einen Kongreß, bei dem alle Rassen vertreten waren, Schwarze, Inder, Mischlinge und auch Weiße. Ausgerufen hatte den Kongreß der ANC-Präsident Luthuli, der spätere Friedensnobelpreisträger, ein durch und durch überzeugter Christ, ein friedfertiger, biederer Mann, der sich jahrelang um kleine Fortschritte, um elementare Normen sozialer Gerechtigkeit bemüht hatte und den die Regierung aus diesem Grunde in Bann legte. Er starb 1967 isoliert von seinen Leidensgenossen in einem Dorf.

Die treibende Kraft aber bei den Vorarbeiten für den großen Kongreß war Mandela. Monatelang reiste er kreuz und quer durch das Land, um die Leute zu mobilisieren. Und tatsächlich kamen schließlich fast 3000 Repräsentanten aus allen Landesteilen und von allen möglichen Organisationen zusammen: Ärzte, Pfarrer, Bauern, Gewerkschafter, Anwälte und eine Menge Frauen. Mit viel Gesang und Fröhlichkeit wurde ein *Freedom Charter* angenommen: »Wir, die Bevölkerung Südafrikas, erklären vor aller Welt, daß Südafrika allen, die hier leben – Schwarzen und Weißen – gehört und daß keine Regierung Autorität beanspruchen kann, es sei denn, sie beruhe auf dem Willen des ganzen Volkes.« Heute, dreißig Jahre später, ist jene *Freedom Charter* das Grundbekenntnis der oppositionellen *United Democratic Front* (UDF), die aus dem Zusammenschluß von 600 verschiedenen Organisationen entstanden ist.

Die Regierung ließ sich Zeit. Aber drei Monate nach dem Kongreß fand das größte Polizeiunternehmen statt, das Südafrika je erlebt hat. Mehr als 1000 Polizisten durchsuchten Häuser und Büros und beschlagnahmten alles, was ihnen verdächtig erschien; 156 führende Mitglieder des ANC wurden unter Berufung auf die *Suppression of Communism Act* verhaftet. Schließlich, im Dezember 1956, wurde auch Nelson Mandela arrestiert und wegen Hochverrats angeklagt.

Traurig stellt er fest: »Die Weißen machen unsere Hoffnungen zunichte, versperren unseren Weg zur Freiheit, verwehren uns die Gelegenheit, moralisch und materiell voranzukommen oder auch nur Sicherheit vor Angst und Not zu erlangen. Vor vielen Jahren, als ich noch ein Junge war und in meinem Dorf im Transkei lebte, hörte ich zu, wenn die Erwachsenen am Lagerfeuer Geschichten aus den guten, alten Tagen erzählten – aus jener Zeit vor der Ankunft der Weißen, damals, als unser Volk friedlich unter der demokratischen Regierung seiner Könige lebte und sich frei und ungehindert im ganzen Land bewegen konnte.«

In allen Artikeln, die Mandela für die Zeitung *Liberation* geschrieben hat – es sind deren ein Dutzend erhalten geblieben – und bei allen Vernehmungen kommt immer wieder sein Abscheu gegen jeden Rassismus zum Ausdruck, auch gegen den Anti-Weißen-Rassismus. Er ist in jener Zeit ein afrikanischer Nationalist, skeptisch dem internationalen Kommunismus gegenüber, eher ein Sozialdemokrat, der an *mixed economy* glaubt. Anfang der sechziger Jahre wäre er mit 60 von 178 Sitzen im Parlament zufrieden gewesen, denn, so meinte er, das wäre ein Unterpfand für ein späteres allgemeines Wahlrecht, auf das er freilich nie verzichten würde.

Hätte die Regierung sich in den fünfziger oder sechziger Jahren herbeigelassen, mit den schwarzen Führern zu sprechen, so hätte sich sicher ein langsamer Übergang vom Feudalismus zur modernen Zeit bewerkstelligen lassen. Zugleich wäre die Entwicklung des ANC von einer kleinbürgerlichen Lobby zu einer revolutionären Massenbewegung vermieden worden.

Luthuli klagte einmal: »Dreißig Jahre meines Lebens habe ich bescheiden und geduldig, aber ganz und gar vergeblich an verschlossene Türen geklopft. Aber was sind die Früchte von Mäßigung und Bescheidenheit? ... Daß in den vergangenen dreißig Jahren die meisten all jener Gesetze beschlossen worden sind, die unsere Rechte und unseren Fortschritt beschneiden, bis wir schließlich heute den Punkt erreicht haben, wo wir nahezu gar keine Rechte mehr haben.«

In der Tat hat der ANC sich jahrzehntelang um eine friedliche Lösung bemüht. Immer wieder hat er Delegationen zur Regierung geschickt und seine Wünsche vorgetragen. Eines Tages hatte Luthuli, als ANC-Präsident, an den Ministerpräsidenten Malan geschrieben und um eine Zusammenkunft gebeten. Sein Brief wurde nie beantwortet. Mandela erging es nicht anders. Er schrieb an Ministerpräsident Verwoerd und bat ihn, Schritte zu einer *National Convention* einzuleiten – auch er bekam keine Antwort.

Die Jahre 1960 und 1961 brachten wiederum eine gefährliche Herausforderung für alle Oppositionellen. Damals gewannen viele Staaten Schwarzafrikas ihre Unabhängigkeit; davon strahlte natürlich eine große Faszination aus. In Sharpeville im südlichen Transvaal hatte der PAC, eine Absplitterung des ANC, eine Protestbewegung gegen die Paßgesetze organisiert. Freiwillige zogen ohne Pässe zur Polizeistation. Die Polizei wurde nervös: 75 Polizisten feuerten mehr als 700 Schüsse in die Menge, 69 Schwarze, auch Frauen und Kinder, lagen tot auf dem Platz, 180 waren verwundet – den meisten war in die Rücken geschossen worden. Der UN-Sicherheitsrat trat zusammen und verurteilte Südafrika. Luthuli verbrannte voller Zorn seinen Paß. Er und sein Stellvertreter Mandela wurden verhaftet.

Es folgten Massenbegräbnisse und Streiks. Pretoria reagierte mit der Verkündigung des Ausnahmezustandes und erklärte den ANC zur gesetzwidrigen Organisation. Mandelas letzte Forderung hatte noch einmal der Einberufung einer *National Convention* gegolten, also einer Versammlung von Vertretern *aller* Rassen, um das Fundament für eine neue Union zu legen.

Bei dem Hochverratsprozeß, der seinerzeit im August 1958 gegen die Initiatoren der *Freedom Charter* eröffnet worden war, waren Beobachter der Internationalen Juristischen Kommission zugegen. Einer von ihnen meinte damals, seit dem Reichstagsbrand-Prozeß 1933 habe es kein Verfahren gegeben, das weltweit solche Beachtung fand. Das Protokoll umfaßt mehr als 400

Seiten. Mandela verteidigte sich außerordentlich diszipliniert, maßvoll und ungewöhnlich artikuliert.

Er begann, an den Richter gewandt, mit den Worten: »Ich möchte gleich am Anfang klarstellen, daß meine Bemerkungen nicht an Euer Wohlgeboren als Person gerichtet sind und daß ich auch nicht die Integrität des Gerichts anzweifle...« Aber, so fuhr er fort, er bestreite dem Gericht das Recht, ihn abzuurteilen, und zwar aus zwei Gründen. Erstens befürchte er, daß ein fairer Prozeß gar nicht möglich ist, zweitens sagte er: »Ich betrachte mich weder rechtlich noch moralisch veranlaßt, Gesetzen zu gehorchen, die ein Parlament meines Landes beschlossen hat, in dem ich nicht repräsentiert bin.«

Ein Satz in seiner Aussage, vor 25 Jahren gesprochen, könnte von heute sein: »Wir haben immer wieder gewarnt, daß die Regierung, wenn sie nichts Besseres weiß, als stets auf alles mit Gewalt zu antworten, sie Gegengewalt im Lande provozieren wird, bis schließlich, wenn Vernunft nicht Platz greift, der Streit zwischen der Regierung und meinem Volk nur noch durch Gewalt beendet werden kann.«

Als Pretoria 1960 beschloß, sich von der britischen Krone loszusagen und Südafrika als Republik zu konstituieren, erfüllte dies die Schwarzen mit der Sorge, nun würden sie der nationalen Regierung ganz und gar preisgegeben sein. Wieder erscholl die Forderung nach einer *National Convention,* andernfalls würden Streiks ausgerufen werden. Mandela – eben wieder frei geworden – war Generalsekretär der Konferenz, die diesen Beschluß gefaßt hatte, darum mußte er untertauchen. Siebzehn Monate lebte er im Untergrund. In immer neuen Verkleidungen tauchte er bald hier, bald da bei Freunden oder manchmal auch in Versammlungen auf. Damals wurde sein Mythos geboren, der 23 Jahre Gefängnis überdauert hat.

Die Antwort der Regierung auf die Forderung nach einem Nationalkonvent und auf die Streiks: neue, noch härtere Gesetze und Mobilisierung der Armee. Lastwagen mit bewaffneten Soldaten wurden in die Townships geschickt, um Schrecken zu verbreiten.

Vor Gericht erklärte Mandela: »Wir vom ANC haben uns

immer für eine Demokratie eingesetzt, die keine Rassenunterschiede kennt, und wir haben uns aller Aktionen enthalten, die die Rassen noch weiter auseinandergetrieben hätten, als dies ohnehin der Fall ist. Tatsache ist, daß 50 Jahre der Gewaltlosigkeit uns nichts eingebracht haben als mehr und mehr Gesetze, die uns unterdrücken und weniger und weniger Rechte... Als wir uns im Mai und Juni 1961 vor Augen führten, daß wir mit unserer Politik der Gewaltlosigkeit nichts erreicht haben und daß unsere Gefolgschaft drauf und dran war, das Vertrauen in diese Politik zu verlieren, als also alle, wirklich alle, Möglichkeiten friedlichen Protests erschöpft waren, entschlossen wir uns, *Umkhonto we Sizwe* – Speer der Nation – zu gründen und zum Widerstand mit Gewalt überzugehen.«

Im Jahr 1962 gelang es Mandela, heimlich das Land zu verlassen und nach Addis Abeba zu einer Konferenz zu reisen. Er traf sich mit vielen afrikanischen und asiatischen Führern und besuchte anschließend Europa. In London wurde er von Hugh Gaitskell und Joe Grimond empfangen. Diese Reise hat großen Eindruck auf ihn gemacht: »Zum erstenmal in meinem Leben war ich ein freier Mann; frei von Unterdrückung, von dem vielen Unsinn der Apartheid und rassischer Arroganz, von Polizeibelästigung und Erniedrigungen aller Art. Wo immer ich war, wurde ich wie ein Mensch behandelt.«

Er nutzte diesen Auslandsaufenthalt in vieler Weise. Er las Clausewitz, Mao Tse-tung, Che Guevara – alles, was mit Revolution und Kriegführung zu tun hatte. Einige Wochen lang unterzog er sich auch einer militärischen Ausbildung, »um nicht gänzlich ahnungslos zu sein«.

Im Hochverratsprozeß wurden er und auch der ANC endlich nach fünf Jahren von dem Verdacht des Kommunismus freigesprochen. Das Votum des Richters: »*You are found not guilty and discharged. You may go.*« Dann aber, als er nach seiner Rückkehr aus Europa wieder verhaftet wurde, hat man den Vorwurf von neuem aufgewärmt: Die Ziele des ANC und der Kommunistischen Partei seien die gleichen, hieß es im Gericht.

Mandela setzte den Richtern auseinander, daß afrikanischer Nationalismus gelegentlich die gleichen Interessen hat wie der

Kommunismus, daß er aber im Wesen etwas ganz anderes ist. Der ANC und die Kommunistische Partei hätten einen gemeinsamen Feind, aber darum seien sie noch lange nicht identisch. Ost und West hätten ja auch vereint gegen Hitler gekämpft, aber niemand behaupte, Churchill oder Roosevelt seien darum zu Kommunisten geworden. Und auch Tschiang Kai-schek – später ein erbitterter Gegner der Kommunisten – habe zunächst mit ihnen zusammen gegen die herrschende Klasse gekämpft. Man dürfe auch nicht vergessen, »daß während vieler Jahrzehnte die Kommunisten die einzigen waren, die uns als gleichwertige Menschen behandelten, die bereit waren, mit uns zu essen, zu reden und zu arbeiten. Aus all diesen Gründen nimmt der ANC Kommunisten und Nicht-Kommunisten als Mitglieder auf, solange sie sich zu seinen Zielen bekennen.«

Kommunistisch war der ANC nicht. »Das Konzept unseres Nationalismus«, so sagte Mandela, »heißt Freiheit und Selbsterfüllung für die Afrikaner in ihrem eigenen Land. Die *Freedom Charter* ist kein Entwurf für einen sozialistischen Staat. Zwar fordert sie Neuverteilung, aber nicht Verstaatlichung des Bodens. Nur die Bergwerke, Banken und Monopolindustrien will sie verstaatlichen, weil sonst die Herrschaft der einen Rasse verewigt würde – die übrige Wirtschaft aber soll auf privatwirtschaftlichen Unternehmen beruhen.«

Im August 1964, am Ende dieses Prozesses, der nach dem Ort, wo die Angeklagten verhaftet wurden, Rivonia-Prozeß heißt, verurteilte das Gericht Mandela und sieben andere wegen Sabotage zu lebenslänglicher Freiheitsstrafe. Nelson Mandela: »Ich leugne nicht, daß ich Sabotage geplant habe, aber nicht im Geist der Bedenkenlosigkeit oder weil ich Gewalt besonders liebte. Ich habe Sabotage geplant als Ergebnis nüchterner Einschätzung der politischen Situation, die sich nach vielen Jahren der Tyrannei, Ausbeutung und Unterdrückung meines Volkes durch die Weißen ergeben hat.«

22 Jahre sind seit diesem Tag vergangen, seit 24 Jahren befindet Nelson Mandela sich hinter Schloß und Riegel. Als eine Delegation der Commonwealth-Staaten unter Führung des früheren konservativen Ministerpräsidenten Australiens ihn im Juni im

Gefängnis besuchte, war sie höchst überrascht, als ihr eine sehr gepflegte Erscheinung gegenübertrat: straff, elastisch, gut angezogen. Und noch mehr staunte sie über Mandela als Persönlichkeit: »Er strahlte Autorität aus, und alle, die um ihn waren, erwiesen ihm Respekt, auch die Gefangenenaufseher. Er weiß genau, daß die Schwarzen untereinander gespalten sind, aber er glaubt, daß es ihm gelingen könnte, die Einheit – auch mit Buthelezi – wiederherzustellen. Ihm geht es um eine Mehr-Rassen-Gesellschaft, in der alle einen sicheren Platz haben. Er versteht, daß die Weißen Angst haben, die durch die offizielle Propaganda noch verstärkt wird. Darum muß es, so meint er, Sicherheit für die Minderheitsgruppen geben.«

Die Delegation bezweifelt nicht, daß Mandelas Versicherung, er sei Nationalist und nicht Kommunist, echt und sein Wunsch zur Kooperation ernst gemeint sind: »Es ist seine feste Überzeugung, daß viele Probleme aus der Welt geschafft werden könnten, wenn es gelänge, Umstände herbeizuführen, die Gespräche zwischen der Regierung und dem ANC ermöglichen.«

Der erste Amerikaner, der Nelson Mandela im vorigen Jahr im Gefängnis besuchen durfte, war Samuel Dash, ein Professor der Georgetown University, einst Chefberater des Watergate-Ausschusses. In seinem Bericht schrieb er: »Ich hatte während unseres ganzen Treffens den Eindruck, nicht etwa mit einem Guerillakämpfer oder einem radikalen Ideologen zu sprechen, sondern mit einem Staatschef.«

Alle, die Nelson Mandela während der letzten zwölf Monate gesprochen haben, auch die liberale Abgeordnete Helen Suzman, die beste Kennerin der südafrikanischen Szene, sind beeindruckt von seiner Offenheit und überzeugt, daß er meint, was er als seine Ziele kennzeichnet: Erstens ein vereinigtes Südafrika – keine künstlichen Homelands; zweitens Vertretung im Parlament bei gleichem Wahlrecht für alle; drittens die Teilung der Macht mit den Weißen, die dableiben sollen, denn »anders als im übrigen Afrika ist dies ihre Heimat«.

Eine Regierung, die in dieser unruhigen Zeit einen solchen Mann im Gefängnis hält, anstatt mit ihm zu reden und mit ihm gemeinsam zu handeln, ist wirklich schwer zu verstehen. Gewiß, die Vorstellung, in einem politischen Schnellkurs binnen Monaten das nachholen zu sollen, was in siebzig Jahren versäumt worden ist, muß ein Alptraum für die Verantwortlichen sein, aber ohne Mut kann man nicht regieren. Und vor allem: Pretoria wird nie wieder einen ebenso verständnisvollen, vernünftigen, maßvollen Partner finden. In ihm besitzt die Regierung einen »Zauberstab«, mit dessen Hilfe Ruhe und Zuversicht in die Townships einkehren könnte, aber sie verläßt sich lieber auf Ausnahmezustand und Gefängnis. Jeder schaufelt sich eben selbst sein Grab; selten sind es die Umstände, die einen in den Abgrund zwingen.

Doch auch die Außenstehenden, die Organisation der afrikanischen Staaten, die gerade tagt, die Commonwealth-Konferenz, die nächste Woche zusammentritt, die reisenden Politiker, sie alle handeln nicht besonders weise, wenn sie die letzte Stufe als erste betonen: die Abschaffung der Apartheid. Viel wichtiger wäre es, darauf zu bestehen, daß Nelson Mandela aus dem Gefängnis entlassen wird und die Regierung sich mit ihm an einen Tisch setzt, damit der Prozeß beginnen kann, an dessen Ende dann die Aufhebung des Apartheid-Systems steht.

Der amerikanische Präsident hat mit seiner groß als Wende angekündigten Rede, die von Weißen als läppisch, von Schwarzen als empörend bezeichnet wird, die Lage noch verschlimmert. Er war der einzige, der vielleicht von außen etwas hätte bewirken können. Der Chor der Sanktionsbefürworter, das dürfte jedem klar sein, der sich die vielen Jahrzehnte starrsinniger »Eingeborenen-Politik« vor Augen führt, ist gar nicht in der Lage, Einfluß auf diese Regierung auszuüben.

In gewisser Weise wird Bothas Regierung sogar froh sein, wenn es endlich zu Sanktionen kommt, denn dann kann sie die Schuld auf die abtrünnigen Europäer und Amerikaner wälzen, die Südafrikas Weiße ins Unglück stürzen. Mit dieser Lüge läßt sich natürlich leichter leben als mit dem Eingeständnis der eigenen Schuld. *Hamburg, im Juli 1986*

Der Westen
sollte Signale setzen

Aber Sanktionen dürfen Südafrikas
Wirtschaft nicht ruinieren

Der Ruf nach Sanktionen gegen Südafrika hallt weit über den Globus – vom Kapitol in Washington bis Addis Abeba, und von Lusaka bis zur Evangelischen Kirche Deutschlands in Hannover. In London tagten in dieser Woche sieben Länder des Commonwealth, das eine Milliarde Menschen und damit einen wesentlichen Teil der Weltbevölkerung repräsentiert. Der allgemeine Tenor all dieser Veranstaltungen: Ein Blutbad ist nur zu verhindern, wenn schleunigst Sanktionen beschlossen werden. Also: »Sanktionen oder Chaos.« Wer anderer Meinung ist – es sind nicht viele –, kontert: »Erst Sanktionen, dann Chaos.«

Um zu ergründen, wer recht hat, muß man sich zunächst die spezifische Situation Südafrikas vor Augen führen, ferner das Ziel, das erreicht werden soll. Und schließlich muß die Frage beantwortet werden, mit welchen Sanktionen dieses Ziel zu erreichen ist und welche Nebenwirkungen man bereit ist, dabei in Kauf zu nehmen.

Zunächst die Zustandsbeschreibung: Südafrika ist kein Staat wie jeder andere. Südafrika ist die abstruse Kombination einer hochentwickelten Industriegesellschaft mit einem höchst primitiven, sehr armen Entwicklungsland. Die herrschende weiße Minderheit hat mit Hilfe von etwa 200 Rassengesetzen dafür gesorgt, daß beide Typen in Reinkultur erhalten geblieben sind. Denn jene Gesetze bewirken, daß die Schwarzen von 87 Prozent des Landes praktisch ausgeschlossen sind, weil sie sich dort nur aufhalten dürfen, solange sie als Arbeiter in der Industrie oder als Diener in den weißen Haushalten nützlich sind. Ist das nicht mehr der Fall, werden sie in eines der Homelands abgeschoben. Die Gesetze garantieren den Weißen die unbefleckte Erhaltung ihrer Welt, weil sie als einzige das Wahlrecht ausüben und weil sie in besonderen Wohngebieten nach ihrer Tradition unter sich leben können. Den Schwarzen ist die freie Wahl des Wohnorts und des Arbeitsplatzes vorenthalten, auch sind sie zur qualifizierten Bildung nur in sehr beschränkter Weise zugelassen.

Die Apartheid, die wie ein primitives System aus vorindustriellen Zeiten wirkt, ist in Wirklichkeit ein raffiniertes Herrschaftssystem, ein Netz von wirtschaftlichen Interessen und politischen Maximen, das in vielen Jahrzehnten geknüpft wurde und dem niemand entschlüpfen kann, denn wo immer die Schwarzen ein Loch entdeckt hatten, wurde rasch ein neues Gesetz gemacht.

Wenn die so beschaffene Apartheid, auf der sowohl der Staat wie die Wirtschaft und alle sozialen Vorstellungen und Vorurteile beruhen, nun auf Verlangen der Außenwelt sozusagen mit einem Federstrich abgeschafft werden soll, dann stellt sich der Regierung dies als totaler Zusammenbruch all dessen dar, was aufgebaut worden ist.

Nur so läßt sich Bothas Reaktion verstehen. Er sagte in der vorigen Woche: »Ich hoffe, dieses hysterische Geschrei gewisser westlicher Staaten wird bald vorübergehen. Wir werden der Welt klarmachen müssen, daß es ihr nicht gelingen wird, die Südafrikaner zum nationalen Selbstmord zu treiben.« Und als neulich der im geheimen entwickelte Düsenjäger zum erstenmal öffentlich vorgeführt wurde, erklärte der Präsident: »Wir sind eine starke und stolze Nation, nicht eine Nation von Memmen. Dies (also Selbsthilfe) wird stets unsere Antwort auf internationalen Boykott oder auf Drohungen gegen uns sein.«

In der Tat haben die Südafrikaner in den letzten zehn Jahren, nachdem die Vereinten Nationen 1976 ein Waffenembargo verhängt hatten, ihre Rüstungsproduktion von 40 auf 80 Prozent des Eigenbedarfs erhöht. Auch ist es ihnen gelungen, 50 Prozent des Rohölbedarfs auf synthetischem Wege durch Verflüssigung von Kohle herzustellen. Bothas Selbstgewißheit hinsichtlich seiner Fähigkeit, die Folgen von Sanktionen abzuwettern, mag auf einer Fehleinschätzung beruhen, aber ebenso unerklärlich ist die von jeglichem Zweifel freie Zuversicht der Sanktionsbefürworter, es werde ihnen gelingen, mit diesem Mittel die Regierung zur Abschaffung der Apartheid zu zwingen.

Nach allem, was Botha in der letzten Zeit gesagt hat, ist dies nicht sehr wahrscheinlich. Schon gar nicht, wenn man bedenkt, unter welchem Druck der eigenen Wirtschaft er steht. Seit Januar 1985 lassen die Wirtschaftsführer und die großen Handelsorganisationen des Landes keine Gelegenheit vorübergehen, ohne inständig zu flehen oder ungeduldig zu fordern, daß die Apartheids-Gesetze abgeschafft und die führenden Gewerkschafter freigelassen werden, weil sonst, so sagen sie, die Wirtschaft ruiniert werde. Einige von ihnen hat die Sorge sogar nach Lusaka getrieben, wo sie mit dem Präsidenten des von der Regierung verbotenen ANC gesprochen haben, obgleich sie wußten, daß ihnen dies als unverzeihliche Sünde angerechnet wird. Wenn schon die eigene Wirtschaft bei Botha nichts erreicht, woher nehmen dann Außenstehende die Hoffnung, sie könnten durch Sanktionen weiterkommen? Der Präsident ist ja nicht einmal vom langsamen Niedergang der Rand-Währung auf ein Drittel des normalen Wertes beeindruckt worden; nicht davon, daß die Preise der Immobilien in den Keller stürzten; auch nicht davon, daß über 50 amerikanische Unternehmen das Land verlassen haben. Nicht einmal das, was für ihn das Erschreckendste sein muß, die Wehrdienstverweigerung von 8000 jungen Weißen im vorigen Jahr, scheint bei ihm Zweifel an seiner Politik geweckt zu haben. Die Buren sind eben von ihrer Geschichte tief geprägt worden.

Beim Blättern in alten Artikeln fällt ein Bericht auf – er stammt aus dem Oktober 1960. Da heißt es: »Neulich in Stellenbosch, der ältesten Universität Südafrikas, saß ich neben einem Professor, dessen Mutter während des Burenkrieges im Konzentrationslager sechs Kinder verlor, dessen Großvater sein Farmhaus und alle Habe durch die Überfälle kriegerischer Stämme einbüßte, und dessen Urgroßvater als Kind den entbehrungsreichen Zug der Vortrecker miterleiden mußte. Dieses Leben in äußerster Härte und ständiger Bedrohung hat ein robustes Volk geschaffen, dem es näher liegt zu kämpfen, durchzuhalten und

›den Helm fester zu binden‹, als subtiles politisches Denken zu pflegen oder die Kunst, Kompromisse zu schließen.«

Wenn es auch höchst unwahrscheinlich ist, daß Sanktionen – von fremden Regierungen verhängt – irgendeinen Einfluß haben werden, so kann daraus doch nicht gefolgert werden, daß man gar nichts tun sollte. Signale müssen gesetzt werden. Vor allem auch für die Schwarzen, die nicht den Eindruck bekommen dürfen, sie seien von aller Welt verlassen. Daß sie selbst am lautesten nach Sanktionen rufen, drückt wahrscheinlich nur ihre emotionale Verzweiflung aus und ist kein nüchterner Ratschlag. Mindestens gilt es zu differenzieren. Es wäre ein Wahnsinn, jene Sanktionen zu realisieren, die das amerikanische Repräsentantenhaus beschlossen hatte: alle amerikanischen Investitionen aus Südafrika zurückzuziehen.

Eines Tages – wann auch immer das sein mag – wird dort ein Staat entstehen, der den Schwarzen gleiche Rechte gewährt. Dann müssen im großen Stil Schulen und Wohnungen für die Schwarzen gebaut werden, dann muß die Wirtschaft auf vollen Touren laufen – und das kann sie nicht, wenn sie zuvor in die Katastrophe getrieben wird. Denn kein Land, das sich heute aus Südafrika zurückzieht, wird bereit sein, morgen oder übermorgen dorthin wieder zurückzukehren.

Schließlich ist zu bedenken, daß die Bereitschaft zum Einlenken in einem Klima, das durch harte Sanktionen aufgeheizt wird, nicht gerade wächst. Schon heute ist es so, daß beide Seiten auf Sieg setzen. Weder Weiß noch Schwarz ist auf der Suche nach Kompromissen. Die Regierung glaubt, es werde sehr bald Ruhe eintreten, wenn jene, die sie für »Rädelsführer und kommunistische Agenten« hält, hinter Schloß und Riegel sitzen und die Presse unter Kontrolle ist. Die durch brutale Polizeimaßnahmen radikalisierten Schwarzen ihrerseits aber meinen voreilig, die Tage der Regierung seien gezählt. Die Gefahr besteht also, daß harte Sanktionen beide Seiten in ihrer jeweils unzutreffenden Diagnose noch bestärken.

Doch gibt es sicherlich Sanktionen, die für Schwarze und Weiße Signale setzen. Signale, die der Regierung Kopfzerbrechen bereiten, ohne die Wirtschaft zu ruinieren; beispielsweise die vorgeschlagene Streichung aller Landerechte in Europa und Amerika, sowie das Einfrieren aller Konten.

Besser wäre es freilich, wenn durch politische Verhandlungen und nicht durch wirtschaftlichen Druck, der ja auch die benachbarten schwarzen Staaten betrifft, das erreicht würde, was die Befürworter von Sanktionen anstreben. Aber der einzige, der vielleicht in der Lage wäre, den ersten Schritt zu tun, der amerikanische Präsident, ist offensichtlich dazu einstweilen nicht bereit – ebensowenig wie Botha zu seinem ersten Schritt bereit ist: zur Freilassung des potentiellen Verhandlungspartners Nelson Mandela.

Während der ersten sechs Monate dieses Jahres sind in Südafrika im Durchschnitt jeden Tag fünf Schwarze ermordet worden. Schon vor dreißig Jahren hat die Regierung jeden beschuldigt, Kommunist zu sein, der gegen die auch damals unhaltbaren Zustände protestierte. Wenn die gegenwärtigen Umstände anhalten oder noch chaotischer werden, dann wird sich die Prophezeiung, alle Oppositionellen seien Kommunisten, doch noch erfüllen. Nur daß dafür dann nicht Intellektuelle verantwortlich sind, die der Theorie über das Entstehen von Revolutionen eine neue Variante hinzugefügt haben, sondern die Praxis südafrikanischer Bürokraten, Farmer und mittelständischer Kleinbürger. Sie sind es, die geduldige Schwarze in radikale Umstürzler verwandeln.   *Hamburg, im Juli 1986*

Das südafrikanische
Null-Summen-Spiel

Die Buren können
sich keinen Kompromiß vorstellen, bei dem beide –
Weiße und Schwarze – gewinnen

Ob es das irgendwo in der Welt noch einmal gibt: ein Land, in dem man drei Wochen lang herumreisen und mit Hunderten von Leuten sprechen kann, ohne auch nur ein einziges Mal die Namen Reagan oder Gorbatschow zu hören? Es ist, als sei Südafrika eine Insel. Als einzige übriggeblieben in Zeit und Raum. Die Weltgeschichte scheint ausgelöscht, der Blick auf das Territorium innerhalb der eigenen Grenzen beschränkt. Ein Ost-West-Konflikt? Ein Nord-Süd-Dilemma? Ganz uninteressant. Alles dreht sich um die eigene Problematik, und die ist, das muß man zugeben, überwältigend kompliziert – sowohl aus sachlichen wie aus emotionalen Gründen.

Aus sachlichen Gründen, weil die Wirtschaft lang vor den Sanktionen in die Krise geraten ist, seit 1984 verunsichert durch Streiks und Terror, beeinträchtigt durch den Verfall der Währung auf ein Drittel ihres früheren Wertes. Schlimm ist auch der *brain-drain* – also die Abwanderung qualifizierter Leute. Einer der großen Industriellen des Landes erzählte, aus seinem Konzern seien sieben jüngere Manager im Laufe des vorigen Jahres abgewandert. Und mit traurigem Gesicht fügte er, der in der vierten Generation ein riesiges Unternehmen leitet, hinzu: »Meine Tochter ist nach England gegangen, weil sie hier keine Karriere machen kann.«

Im Jahr 1986 gingen 80 Ärzte, 263 Lehrer und 616 Ingenieure ins Ausland. Die Hälfte der Mediziner, die im vorigen Jahr an der Witwatersrand-Universität Examen gemacht haben, sind gleich darauf ausgewandert. Die Flüge nach Australien,

Kanada und England sind auf viele Wochen hinaus ausgebucht.

Und die Sanktionen, was haben sie bewirkt? Sie ermöglichten es den multinationalen Unternehmen, die angesichts der zur Zeit und für die Zukunft ungewissen Lage einen Vorwand suchten, um sich abzusetzen, dies nun – geschmückt mit einem moralischen Mäntelchen – in die Tat umzusetzen. Buthelezi, der Chef der Zulus, meint: »Die Regierung wird schon dafür sorgen, daß die Kosten für sie und die Weißen minimiert werden. Am Ende wird dann doch alles den Schwarzen angelastet.«

Im übrigen haben die Sanktionen, wie vorauszusehen, die Widerborstigkeit der Regierung nur verstärkt. »Wir lassen uns nicht von fremden Regierungen vorschreiben, was wir zu tun haben«, erklärte Außenminister Pik Botha. Er sah mich dabei so zornig an, als sei ich der Erfinder der Sanktionen. Erschwerend kommt hinzu, daß die Regierung jede Verhandlung über Macht, und nur darum handelt es sich, als ein Null-Summen-Spiel auffaßt. Daß bei einem Kompromiß beide Seiten gewinnen können – auf den Gedanken kommt offenbar keiner. Die Psychologie, die Emotionen stehen dem entgegen.

Da ist zum einen die *National Party* der Buren, die seit 1948 an der Macht ist. Eine Regierung, ausgezeichnet durch unbeirrbare Arroganz und dank der fast religiösen Gewißheit, zum auserwählten Volk zu gehören, durch keinerlei Zweifel angefochten. Ein Umstand, der die Einsicht in die Notwendigkeit, historische Prozesse nicht zu blockieren, sondern zu gestalten, auf unselige Weise beeinträchtigt.

Da sind zum anderen die Schwarzen, die keinerlei politische Rechte haben und denen die neue Verfassung von 1984 demonstriert hat, daß sie aller Voraussicht nach auch in Zukunft keine erhalten werden. Da sind die Mittelständischen unter ihnen, die Besitz erworben haben und die sich ebenso vor den schwarzen Radikalen ängstigen wie vor der weißen Polizei. Und da ist die schwarze Jugend, die zu 60 Prozent arbeitslos ist und nach menschlichem Ermessen auch nie einen Job kriegen wird. Diese jungen Menschen sind total frustriert und ganz ohne Hoffnung. Sie wissen, daß sie zu einer verlorenen Generation gehören – wie ihre Kameraden, von denen Hunderte im Jahr 1976 ihr Leben in Auseinandersetzungen mit der Polizei verloren haben, ohne daß sich seither etwas Entscheidendes geändert hätte. Sie, die nichts zu verlieren haben, sind zum Äußersten entschlossen.

Als 1984 die Aufstände in den Townships begannen, stürzten sie sich, mit Steinen und Flaschen bewaffnet, auf die eindringenden Panzer. Unvergessen die Bilder, wie andere junge Leute, oft noch Kinder, ihre Brust entblößten und wehrlos die heranstürmende Polizei erwarteten.

Seither haben sich Gewalt und Terror der Radikalen vorwiegend gegen schwarze Polizisten und Angehörige der Kommunalverwaltungen gerichtet, die, so heißt es, als Kollaborateure dem System dienen. Das Ziel der Radikalen ist es, die Townships unregierbar zu machen. Oft freilich handelt es sich weniger um die Verfolgung klar definierter politischer Ziele, als vielmehr um Ausbrüche anarchischer Aggression. In vielen Townships ist die Administration mehr oder weniger zusammengebrochen, weil die Einwohner sich seit Monaten weigern, ihre Miete zu zahlen.

Angesichts der großen Armut ist es nicht weiter verwunderlich, daß das Informanten- und Denunziantentum blüht. Selbst in den Ausbildungslagern jenseits der Grenzen kommt es immer wieder vor, daß sich Leute bereitfinden, für Geld bestimmte Fragen zu beantworten, so daß heimlich Zurückkehrende dann von der Polizei geschnappt werden. Bei Gesprächen in Soweto wurde mir erzählt, wie die Polizei immer wieder versucht, einzelne Schwarze als Informanten anzuwerben. Eine weiße Ärztin berichtete von einem Bekannten, der mit vierzig anderen Schwarzen sechs Wochen lang verhaftet war. Auf die Frage, ob man sich in solcher Situation aufeinander verlassen könne, lautete die Antwort des Betreffenden, er habe nur zwei Mithäftlingen getraut.

Gewalt und Gegengewalt, Verrat und Denunziantentum sind die natürliche Folge von Rechtlosigkeit, Armut und Ungerechtigkeit. Und selbst das barbarische *necklacing*, Lynchen, Brennen und Morden mag in einer Gesellschaft, in der frustrierte Menschen in engen Häusern zusammengepfercht leben, der Reaktion von Versuchstieren gleichen, die im engen Käfig sonst nicht vorhandene Aggressionen gegeneinander entwickeln. Nach offiziellen Angaben fehlen 500 000 Wohnungen für Schwarze, während 25 000 bis 30 000 »weiße« Wohnungen leerstehen.

Nun muß man bei aller Verwunderung darüber, daß die Regierung es soweit hat kommen lassen, wohl einräumen, daß es für einen Fremden immer einfacher ist, Absurditäten zu erkennen. Wir mögen uns darüber wundern, daß die Regierung in Pretoria keine Schlüsse aus der Tatsache zieht, daß viele weiße Rhodesier, die aus Angst vor einer schwarzen Regierung nach Südafrika geflüchtet waren, heute nach Simbabwe zurückkehren. Aber wie lange haben *wir* gebraucht, um einzusehen, daß ein zweiter real existierender deutscher Staat durch die Behauptung eines Alleinvertretungsrechts nicht zum Verschwinden gebracht werden kann? Zwei Jahrzehnte hat es gedauert.

Unbegreiflich aber bleibt die Unmenschlichkeit vieler Regierungsmaßnahmen. Seit im Juni 1986 aus Angst vor Unruhen am zehnten Jahrestag des Aufstands von Soweto etwa tausend Führer von politischen Organisationen, schwarzen Gewerkschaften und Kirchen verhaftet worden und zum Teil bis heute nicht freigelassen worden sind und seit kurz danach der Ausnahmezustand proklamiert wurde, werden ständig Schwarze mit und ohne Grund eingesperrt. Die Regierung gab bekannt, daß von Mitte Juni 1986 bis Mitte Februar 1987 – also in acht Monaten – 13 244 Personen für mehr als 30 Tage (die unter einem Monat nicht mitgerechnet) verhaftet worden sind. Der *Minister of Law and Order* teilte ferner mit, daß 281 Kinder unter 15 Jahren zur Zeit unter den Verhafteten sind. Nach inoffiziellen Angaben waren 1986 insgesamt 10 000 Jugendliche unter 18 Jahren in Haft.

Während wir in Kapstadt waren, kehrte ein zweijähriges Kind, das mit seiner Mutter acht Monate lang verhaftet war, abgemagert und ganz verstört nach Hause zurück: »Richard mußte mitkommen, weil ich niemanden hatte, der nach ihm sehen konnte.« Die Mutter ist in dieser Zeit nicht ein einziges Mal vernommen worden.

Eines Tages waren wir bei dem *Detainee's Parents Support*

Committee (DPSC) in Johannesburg – (also dem Elternkomitee für Verhaftete. Zwei schmale, enge Räume, zwei weiße Frauen und eine schwarze sitzen an Holztischen und nehmen die Aussagen der hereindrängenden Entlassenen auf: »Ja, es wurde geprügelt, einige sind wohl auch gefoltert worden.« Zwei Zwanzigjährige sind in anderen Lagern gestorben.

Wir setzen uns zu der Schwarzen, die zwei zwölfjährige Knaben in deren Muttersprache vernimmt und ihre Antworten für uns übersetzt. Sie sind nicht etwa beim Steinewerfen erwischt worden, sondern sie wurden von der Polizei mitten in der Nacht aus ihren Betten geholt und mitgenommen. »Ja, wir wurden getreten, gelegentlich auch geschlagen ... Sechs Wochen waren wir dort.« Sie berichten fast gelangweilt, ohne Verwunderung oder Empörung, so als sei dies etwas Selbstverständliches. »Hattet ihr Angst?« – »Ja, denn sie erzählten uns, in den dunklen Zellen gäbe es Geister.«

Einmal kam – offenbar zur Ablösung – eine junge, blonde Frau herein mit ihrem dreijährigen Kind. Während sie im Nebenraum etwas zu besprechen hatte, betrachtete das kleine Mädchen neugierig die beiden Jungen, die sofort ihre Aussagen vergaßen und mit ihr zu spielen begannen. Das Kind strahlte sie an – sie streichelten ihm immer wieder über das faszinierend blonde Haar und küßten es andächtig auf beide Wangen. Mein Gott, was für Terroristen ...

Um die Entwicklung der akuten Krise zu verstehen, muß man sich immer wieder deren Genesis vergegenwärtigen.

1983 Referendum unter den Weißen über die neue Verfassung. Dabei scharfe Gegensätze zwischen der *National Party* und der *Progressive Party*. Als Gegenbewegung entstehen die beiden außerparlamentarischen, oppositionellen Gruppierungen: 1. *United Democratic Front* (UDF), eine Allianz aus Aktivisten, Gewerkschaftern, Kirchenleuten. 2. *The National Forum Committee* (NFC), eine Allianz von *Black Consciousness* und anderen radikalen Gruppen.

1984 Einführung der neuen Verfassung, die Inder und Mischlinge ins Parlament aufnimmt, aber die schwarze Mehrheit endgültig ausschließt. Unmittelbar danach beginnen schwere

Unruhen, die bis heute andauern. Von September 1984 bis Januar 1987 sind 2300 Tote zu beklagen.

1985 Im Juni Verhängung des Ausnahmezustandes: Sondergesetze, Pressezensur, ungezählte Verhaftungen.

Die Zensurgesetze sind umfangreich und streng, die darin vorgesehenen Strafen sehr hart. Ohne Rechtsanwalt kann eine Zeitung gar nicht mehr auskommen, denn es gibt keinen Zensor, sondern der Chefredakteur muß Selbstzensur üben. In der Zeitung, die ich jeden Morgen lese – *Business Day* –, steht in jeder Ausgabe folgender Satz auf der ersten Seite: »Diese Zeitung wurde unter Ausnahmegesetzen produziert. Die Restriktionen bewirken, daß Informationen von öffentlichem Interesse unterdrückt und in einer Weise entstellt werden, die höchst irreführend sein kann.«

Eine Wochenzeitung – *Weekly Mail* – fällt durch ihren außergewöhnlichen Mut auf. Sie informiert eingehender als andere und wird von fünf jungen Leuten gemacht, die alle bei der im vorigen Jahr eingegangenen, ausgezeichneten *Rand Daily Mail* angestellt waren. Sie haben damals die drei oder vier Monatsgehälter, die jeder als Abfindung bekam, zusammengelegt, ein paar Aktien ausgegeben, die wohlmeinende Leute – gewiß nicht in der Hoffnung auf Dividenden – gekauft haben, und bringen nun diese unentbehrliche Wochenzeitung heraus.

Was das Verhältnis zwischen der regierenden Partei und den Schwarzen so schwierig macht, ist der Mangel an Vertrauen. Kein Schwarzer glaubt mehr ein Wort von dem, was P. W. Botha sagt – und viele Weiße auch nicht. Der Staatspräsident hat zu oft einander widersprechende Erklärungen abgegeben. Erst hat er allen Schwarzen die südafrikanische Staatsbürgerschaft aberkannt – dann versprach er, sie einer bestimmten Kategorie wieder zu verleihen, jetzt dagegen gibt es Gerüchte über eine doppelte Staatsangehörigkeit.

Bei der Parlamentseröffnung im Jahr 1985 versprach er, ein System zu schaffen, »bei dem keine Bevölkerungsgruppe über eine andere die Herrschaft ausüben werde« – aber dann zeigte sich, daß er dieses Versprechen nur abgeben konnte, weil er dem Begriff der »Gruppe« eine besondere Definition verleiht.

Im Mai 1985 sagte er in einem Interview mit dem britischen Fernsehen, er glaube an die Formel »Ein Mann, eine Stimme« – aber dann stellte sich heraus, daß er dabei an getrennte Stimmabgaben denkt: die Schwarzen in den Homelands, die Weißen in ihrem Gebiet.

Diese Akrobatik wechselnder Definitionen läßt einen an jenen Begriffsgaukler denken, der auf die Frage, warum einige Leute eine Glatze haben, antwortet: »Alle Leute haben eine Glatze, nur bei einigen wachsen Haare darauf, bei anderen nicht.«

Mitte 1986 erschien in allen deutschen Tageszeitungen eine ganzseitige Anzeige von Botha, die Apartheid sei überholt, Reformen würden jetzt alles verändern. In der Tat waren kurz vorher die Paßgesetze abgeschafft worden, aber seit jenen Anzeigen »Adieu Apartheid« hat es keine weitere Reform mehr gegeben. Diese Gesetze, deren Übertretung jedes Jahr mehr als 200 000 Schwarze ins Gefängnis gebracht hat, waren jahrzehntelang mit der Begründung aufrechterhalten worden, ohne Paßzwang würde das weiße Gebiet von einer schwarzen Sturmflut überspült. Nichts davon ist jetzt eingetreten – doch wohl ein Beweis dafür, daß viele weiße Südafrikaner allzuleicht eine Beute ihrer eigenen Vorurteile werden.

So ist es ihnen wohl auch mit ihrer Kommunistenfurcht gegangen. Seit Jahren sehen sie sich Tag und Nacht vom Kommunismus bedroht, dem sie alle Verbrechen anlasten, die sich in Südafrika ereignen. Offenbar können sie sich nicht vorstellen, daß Millionen, die entrechtet, unterdrückt und ausgebeutet werden, keine kommunistischen Aufwiegler brauchen, um schließlich ihre Zuflucht zu Gewalt und Terror zu nehmen. Zumal, wenn so deutlich geworden ist, daß die ANC-Führer, die Maß hielten – wie Luthuli in den fünfziger Jahren und Mandela bis 1961 – von der Regierung nie respektiert, sondern immer nur gedemütigt worden sind, während die Radikalen mit Gewalt inzwischen eine ganze Menge erreicht haben.

Mandela war sein Leben lang gegen Rassismus, er hat nie gegen die Weißen gehetzt. Und Oliver Tambo, der heutige Präsident des *African National Congress* (ANC), hat noch Ende Januar in New York erklärt, er würde gern auf dem Verhandlungsweg einen Waffenstillstand mit der weißen Regierung aushandeln, um eine nicht-rassistische, demokratische Gesellschaft zu bilden. Daß dies nicht, mit Rücksicht auf den Ort der Verkündung, eine zweckgebundene Erklärung war, ist daraus zu ersehen, daß Tambo zum 75. Jubiläum des ANC Anfang Januar in Lusaka vor afrikanischen Führern genau dasselbe gesagt hat: »Die Massen unseres Volkes sind durch die Idee eines vereinigten, demokratischen, nicht-rassistischen Südafrika enorm inspiriert worden.«

Tambo hat von jeher christliche Neigungen gehabt. Als die Vertreter des südafrikanischen *big business* im September 1985 nach Lusaka flogen, um mit ihm zu reden, waren sie höchst erstaunt, daß der »Kommunisten-Chef« vor dem Essen ein Tischgebet sprach.

Die Regierung ist ein Opfer ihrer eigenen Propaganda geworden. So lange hat sie ihren Bannfluch wiederholt, daß jetzt vom Taxifahrer bis zum Minister alle überzeugt sind, der ANC sei an allen terroristischen Unruhen schuld; da wird sie es schwer haben, zu begründen, warum sie eines Tages mit diesen Leuten verhandeln muß – denn das muß sie, anders geht es gar nicht.

Ich fragte Professor Tom Lodge von der Witwatersrand-Universität, den besten Kenner: »Ist der ANC marxistisch?«

Seine Antwort: »Die Führer sind auch heute noch in erster Linie Nationalisten, aber sie sind zugleich Pragmatiker und nehmen Hilfe, wo immer sie sie bekommen. Marxismus hat für sie nur als philosophisches System Bedeutung.«

»Aber es stimmt doch wohl, daß viele Mitglieder der Kommunistischen Partei in den ANC eingetreten sind?«

»Ja, weil die Kommunistische Partei, die übrigens damals vorwiegend aus Weißen bestand, zehn Jahre vor dem ANC – also schon 1950 – verboten worden ist.«

Vieles, nein eigentlich alles, was zu der scheinbar unlösbaren Problematik von heute geführt hat, ist »hausgemacht« und selbstverschuldet. Es läßt sich weder den Kommunisten noch irgend jemand anderem in die Schuhe schieben. Schon 1961 sagte Nelson Mandela vor Gericht: »Wir haben die Regierung immer wieder davor gewarnt, daß, wenn sie nichts Besseres weiß, als immer nur mit Gewalt auf Veränderungswünsche zu antworten, sie Gegengewalt im Lande provozieren wird, bis schließlich, wenn nicht Vernunft Platz greift, der Streit zwischen der Regierung und meinem Volk nur noch durch Gewalt beendet werden kann.«

Hätte man damals, als dies alles deutlich vorauszusehen war, damit begonnen, die Schwarzen sozial und ökonomisch besserzustellen, so sähe es in Südafrika heute politisch nicht so trostlos aus.   *Johannesburg, im Februar 1987*

Südafrika vor einer Wende?

Die Geister scheiden sich, aber bis
zur Entscheidung ist es noch weit

Eine sehr wesentliche Veränderung fällt mir auf, wenn ich das heutige Klima in Südafrika mit dem Eindruck vergleiche, den ich bei früheren Besuchen gewann. Zweifel hat sich in die Herzen und Hirne so mancher Mitglieder der Regierungspartei gefressen: Nicht nur, daß Denis Worrall, der bisherige Botschafter Südafrikas in London, sowohl seinem Posten wie auch der Partei Valet gesagt hat, um als Unabhängiger in einer Hochburg der *National Party* gegen einen der wichtigsten amtierenden Minister zu kandidieren; zwei andere bekannte Parteigänger unternehmen das gleiche Wagnis; eine Reihe berühmter Professoren der Stellenbosch-Universität – die als exemplarisches Zentrum burischer Intelligenz gilt – ist ostentativ aus der Partei ausgetreten; 28 andere Akademiker dieser Universität haben in einer Eingabe den Staatspräsidenten beschworen, die Apartheid abzuschaffen und den Schwarzen die Zusage zum *power sharing,* zur Machtteilhabe, zu geben.

Allenthalben stößt man auf Bedenken, ob das, was bisher doch ganz selbstverständlich war, wirklich noch eine Berechtigung hat. Der *Group Area Act*, ein bisher unangefochtenes Grundgesetz der Apartheid, der getrennte Wohnbereiche vorschreibt, wird in privaten Gesprächen diskutiert, Seminare mit dem Thema *Post-Apartheid-Economy* werden abgehalten. Und nun ist auch noch der Chefredakteur der größten Afrikaans-Zeitung *Rapport,* Dr. de Klerk, zurückgetreten. Er ist der Bruder von F. W. de Klerk, dem voraussichtlichen Nachfolger Bothas – der Blitz hat also in unmittelbarer Nähe der Macht eingeschlagen.

Überall rumort es. Das Vertrauen zum Staatspräsidenten P. W. Botha ist geschwunden, der Mangel an Führung wird beklagt, immer deutlicher wird die Konzeptionslosigkeit der Regierung. Unruhe, Unbehagen, Unzufriedenheit hat viele erfaßt. Der Schnitt, der die Beharrenden von den Veränderungsbereiten trennt, geht durch die Partei, die Kirche, die Gesellschaft, ja manchmal auch mitten durch die Familien. Eine Umfrage im Januar hat ergeben, daß 42 Prozent der weißen Wähler eine nicht rassenbestimmte neue Verfassung wollen. Nur 27 Prozent ziehen die derzeitige ethnisch bestimmte Politik vor.

Eine Befragung der Schwarzen förderte gleichzeitig die Erkenntnis zutage, daß drei von vier Schwarzen Verhandlungen noch immer wollen und nicht Gewalt, daß sie einer Mehr-Rassen-Gesellschaft den Vorzug geben vor einer ausschließlich schwarzen. Während bei meinem letzten Besuch 1985 eine Reihe führender Schwarzer glaubte, die Regierung sei bereits am Kippen und die Revolution soweit fortgeschritten, daß sie sich um Verhandlungen gar nicht mehr zu mühen brauchten, sprechen die gleichen Leute jetzt von einer Entwicklung, die wahrscheinlich viele Jahre in Anspruch nehmen werde.

Das Zusammentreffen jener Zustandsveränderung bei den Weißen mit der neuen Erkenntnis der Schwarzen berechtigt zu gewissen Hoffnungen. Vielleicht sollte das für die Welt ein Signal sein, jetzt erst einmal mit dem Druck von außen innezuhalten, damit diese Entwicklung nicht gestört wird. Schließlich muß man bedenken, daß die Buren in ihrer eigenen Vorstellung seit eh und je in einer belagerten Festung leben. Vieles, was uns unbegreiflich erscheint, halten sie für ganz normal. Wenn dies nicht so wäre, dann hätten sie nicht im letzten Viertel des 20. Jahrhunderts mit großer Zuversicht so leben können, wie die Europäer vor 1789 – also vor 200 Jahren.

Jetzt muß man erst einmal das Ergebnis der Wahlen vom 6. Mai abwarten. Es sind die spannendsten Wahlen seit 1948. Nicht, daß die Regierung abgewählt werden könnte, dazu ist ihre Mehrheit zu groß (127 von 178 Abgeordneten), aber es wäre denkbar, daß Pretoria einen gewaltigen Schlag hinnehmen muß. Es könnte sein, daß, anders als Botha es immer befürchtet, Abtrünnige nicht nach rechts zu den rechtsradikalen Konservativen wegbrechen, sondern daß sie nach »links« zu den Liberalen abschwimmen. Daß sie zur Oppositionspartei übertreten, ist sehr unwahrscheinlich, denn das würde wohl als Verrat »am Volk« angesehen, aber eine spätere Koalition ließe sich wohl denken.

Geradezu verblüffend ist der Wandel in der *Nederduitse Gereformeerde Kerk* (NGK). Dieser größten Kirche des Landes gehören 80 Prozent aller Kabinettsminister und 70 Prozent aller Parlamentsmitglieder an. Bisher hatte die NGK das Kunststück fertiggebracht, die Rassentrennung innerhalb des kirchlichen Raumes sowohl theologisch wie ethisch zu rechtfertigen. Demagogisch formuliert: Die Schwarzen durften zwar die Kirche fegen, aber nicht mit den Weißen gemeinsam dort beten. Jetzt sagt dieselbe Kirche: »Vor Gott sind alle Menschen gleich« – was für ein Fortschritt.

Kürzlich hat die NGK einen neuen Präses gewählt: Johan Heyns, Chef des Fachbereichs Dogmatik und Ethik an der Universität von Pretoria, ein offener, tapferer Mann. In einem Interview mit der Zeitschrift *Leadership* antwortete er auf die Frage nach seiner Einstellung zum Ausnahmezustand: »Es ist tragisch, wenn eine Regierung ihre Zuflucht zu solchen Maßnahmen nehmen muß, denn es zeigt, daß in dieser Gesellschaft irgend etwas grundlegend falsch ist ... Man ändert nicht eines Menschen Herz, indem man ihn aus der Gemeinschaft ausschließt und ihn einsperrt. Die Kirche ist dazu da, bei den Menschen einen Wandel der Herzen herbeizuführen. Ohne diesen kann es keine politische Lösung geben.«

Grund zu wirklichem Optimismus gibt es freilich noch nicht. Dazu ist die gegenwärtige Lage im Lande keineswegs angetan: Die Abkehr von der Rechtsstaatlichkeit wird immer radikaler, weil Polizeiverbrechen grundsätzlich nicht geahndet werden; auch gilt ein Angeklagter nicht als unschuldig bis zum Beweis des Gegenteils, er ist es vielmehr, der selber nachweisen muß, daß er unschuldig ist. Die Presse schließlich, die unter schwersten Bedrohungen arbeitet, ist genötigt, nach opportunistischen Gesichtspunkten zu recherchieren und nicht die Wahrheit zu ihrem Kompaß zu machen.

Und noch etwas, was gewöhnlich übersehen wird, obgleich es sich um einen sehr entscheidenden Faktor handelt, ist bedenklich: Der militärisch-industrielle Komplex, der seit Jahren eine ganz systematische Verstärkung erfahren hat, gewinnt eine gewisse Eigengesetzlichkeit. Nach den Ereignissen von Sharpeville 1960, als der *African National Congress* (ANC) und der von ihm abgesplitterte *Pan African Congress* (PAC) verboten wurden, ist in Stufen die allgemeine Wehrpflicht eingeführt worden. Der Wehretat betrug 1960: 44 Millionen Rand; 1970: 300 Millionen; 1981: 2,5 Milliarden; 1986: 5,123 Milliarden Rand.

Das inzwischen wichtigste Organ der Regierung, der *State Security Council* (SSC), der seit 1972 als beratendes Gremium eingesetzt wurde, ist, seit Botha 1978 die Regierung übernahm, immer mehr zu einem Führungsgremium geworden. Alle wichtigen Fragen werden dort, noch ehe sie ins Kabinett kommen, beraten. Der SSC setzt sich aus Politikern, Gewerkschaftsleuten, Polizei und Militärs zusammen; die Militärs sind die einflußreichsten. Ein Kritiker ging so weit zu sagen: »Das Militär ist nichts anderes als die National Party in Uniform.«

»Was ist eigentlich Armscor?« fragte ich einen Kenner der Materie. »Armscor – *Armaments Development and Production Corporation* – ist eine staatliche Rüstungsgesellschaft. Sie wurde 1978 von der Regierung gegründet, nachdem der UN-Sicherheitsrat 1977 das Waffenembargo verschärft hatte. Konsequenz: Heute deckt Südafrika 95 Prozent seines Bedarfs an militärischer Hardware selber. Vor diesen Sanktionen waren es nur 40 Prozent. Auch werden Waffen in größerem Umfang exportiert, beispielsweise nach Südamerika, Indonesien, Marokko. Schließlich ist Südafrika inzwischen zur zehntgrößten Waffenschmiede der Welt geworden.«

Der Verkauf von Feuerwaffen an Zivilisten ist sprunghaft gestiegen. Besonders bevorzugt wird eine halbautomatische Schrotflinte, die zwölf Schuß in drei Sekunden feuern kann. Der Verkaufsdirektor der Firma rühmt die Waffe mit den Worten, ein zwölfjähriges Kind könne sie leicht handhaben.

Seit im Jahr 1984 die Armee zum erstenmal zusammen mit der Polizei in den schwarzen Townships eingesetzt worden ist, hat sich das Unbehagen auch der Soldaten bemächtigt. Im Jahr darauf haben sich 7589 Rekruten, die aufgerufen worden waren, nicht gemeldet. Für 1986 sind die Zahlen nicht mehr veröffentlicht worden. Viele von jenen haben wahrscheinlich das Land verlassen, aber es gibt auch eine *end-conscription*-Bewegung, die allerdings mehr oder weniger im Untergrund operieren muß. Gerade in diesen Wochen hat Verteidigungsminister Malan mitgeteilt, daß sich in der südafrikanischen »Wehrmacht« im vorigen Jahr 350 Selbstmordversuche – etwa 20 davon mit tödlichem Ausgang – ereignet haben. Auch dies ist doch wohl ein Zeichen für die anormalen Zustände.

»Könnte man sich vorstellen, daß die Armee einen Coup gegen die Regierung führt, um einen starken Mann ans Ruder zu bringen, der dann alle Beteiligten zwingt, in gemeinsamen Verhandlungen ein Konzept und einen Terminkalender zu erarbeiten?« »Um Gottes willen«, rief die junge, gescheite Professorin aus, »dann bekämen wir ja eine Regierung, die noch reaktionärer wäre.«

Ja, was könnte man sich eigentlich vorstellen? Wie soll es weitergehen? Ganz gewiß kann die Verfassung von 1984 nicht der Rahmen sein, in dem sich die notwendigen Veränderungen vollziehen. Aber mit Sicherheit wird es ein irgendwie geartetes föderales System sein, auch wenn die bisherigen Homelands sich als Fehlkonstruktion erwiesen haben.

Seit zwei Monaten gibt es ein höchst interessantes Modell, genannt Indaba, welches das zerstückelte Gebiet von Buthelezis Zulus (Kwa Zulu) mit der weißen Provinz Natal zu einem »Land« vereinigen möchte. 37 weiße und schwarze Organisatoren, auch indische, haben während acht Monaten daran gearbeitet. Vorgesehen ist ein Zwei-Kammer-Parlament von 100 Abgeordneten aller Rassen, die in allgemeinen Wahlen nach dem Verhältniswahlrecht bestimmt werden. Die vorauszusehende Mehrheit der Zulus im Parlament wird kompensiert durch die zweite Kammer, die aus 50 Mitgliedern besteht: Jeweils zehn Schwarze, Inder, Buren und Engländer sowie zehn Abgeordnete, die sich nicht entsprechend ihrer Rasse kategorisieren lassen wollen. Die Verfassung sieht Grundrechte vor und gesicherte

Rechte für die Minderheiten. Hier wurde also der Beweis erbracht, daß Weiße und Schwarze sehr wohl gemeinsam arbeiten und zu vernünftigen Kompromissen kommen können. Aber weil es ein Kompromiß ist, haben die Puristen beider Couleurs das Modell auch abgelehnt. Der ANC ist erst gar nicht gekommen, und Pretoria hat, obgleich die weiße Natal-Regierung an der Ausarbeitung beteiligt war, den Vorschlag ohne Prüfung als total unzulänglich abgetan. Vielleicht wäre hier ein nützliches Betätigungsfeld für die Europäer, denn besser als Strafen anzudrohen sind allemal Hilfsversprechen. Die EG könnte doch beispielsweise sagen, wenn Indaba durchgeführt wird, dann geben wir die Kredite für den Bau von Schulen in diesem Gebiet; es fehlen dort 9500 Klassenräume.

Auch die Schwarzen, die sich auf eine lange Übergangsphase einrichten, sind nicht untätig. Oppositionelle Gruppen und verschiedene Einzelgänger versuchen in den Townships, in denen sich sogenannte *Street Committees* gebildet haben, gemeinsam mit diesen die radikalen *comrades* aus ihrer Zerstörungswut zu lösen. Sie gründen kleine Handwerksbetriebe und versuchen, die Jungen anzulernen, ihnen Arbeit zu geben. Es ist ein Tropfen auf dem heißen Stein, aber zum erstenmal entstehen damit Strukturen, die von unten aufgebaut werden – und das ist entscheidend wichtig.

Mit welchen Gedanken man Südafrika verläßt? Ich würde mir wünschen, daß Pretoria sich John F. Kennedys Einsicht zu eigen macht: »*If a free society cannot help the many who are poor, it cannot save the few who are rich.*« *Kapstadt, im März 1987*

Personenregister